Л.В. ДОЛГОПОЛЬСКАЯ

ОДЕЖДА
ДЛЯ ВЫДАЮЩИХСЯ
ЖЕНЩИН

модная · стильная

Москва
2011

УДК 646/649
ББК 37.248
   Д 64

Иллюстрации Э. *Гринько*

Долгопольская Л.
Д 64   Одежда для выдающихся женщин / Л. В. Долгопольская. — М. : Эксмо ; Донецк : СКИФ, 2011. — 304 с. : ил. — (Рукоделие. Домашнее ателье).

ISBN 978-5-699-47943-6

Для некоторых женщин 90—60—90 – это размеры фигуры, на которую легко подобрать одежду в магазине. Для многих же это мечта – заветная, но несбыточная. И так было всегда... пока не появилась данная книга.

В первой части книги «Одежда для выдающихся женщин» вы найдете информацию о том, как правильно снять мерки, построить выкройки юбок различных форм, получить основные детали плечевых изделий и т.д.

Во вторую часть включены 27 моделей оригинальной и модной одежды с рекомендациями, которые помогут подобрать изделие, скрывающее недостатки фигуры и акцентирующее внимание на ее достоинствах. Также указан расход ткани и последовательность пошива.

УДК 646/649
ББК 37.248

ISBN 978-5-699-47943-6

© ЧП «Издательство «СКИФ», 2011
© Оформление. ООО «Издательство «Эксмо», 2011

Введение

Книга написана для тех, у кого фигура не соответствует модельным размерам 90—60—90, а роскошна и колоритна по-славянски, для тех, у кого существуют проблемы с покупкой вещей в магазине, для тех, кто уже умеет или только хочет научиться кроить и, наконец, для тех, кто любит изобретать собственный стиль в одежде.

Первая часть книги содержит теоретический материал. Здесь подробно рассматривается, как правильно снять мерки, построить выкройки юбок различных форм, получить основные детали плечевых изделий. В главе «Моделирование» вы познакомитесь с существующими силуэтными формами изделий, узнаете, как построить различные варианты рельефов, как правильно и легко выполнить перенос вытачки в любое место конструкции и т.д. Кроме того, вы прочитаете, что делать, если ваша фигура далека от идеала, и как изменить конструкцию, чтобы все-таки получить хорошую посадку.

Во вторую часть книги включены 27 конкретных моделей. В описании каждой из них рассказывается, какую использовать основу, как ее преобразовать, чтобы получить интересующую вас форму, как выполнить моделирование, какие в итоге необходимы детали, а также как сделать раскладку лекал и какие припуски применять для обработки срезов. Кроме того, дан приблизительный расход ткани и последовательность пошива данного изделия.

Итак, у вас есть все необходимое, чтобы мечты превратить в реальность!

Двенадцать этапов для получения хорошего результата при пошиве любого изделия

Любой процесс состоит из последовательно чередующихся друг за другом этапов. Только выполнив до конца один отрезок работы, можно спокойно переходить к другому. Тогда пошив любой вещи займет у вас минимальное количество времени, сил и вы получите удовлетворение от конечного результата.

1 этап. Выбор модели

Сначала необходимо изучить особенности своей фигуры и подобрать те формы, которые подчеркнут достоинства и скроют недостатки. Затем в соответствии с этим выбирается модель.

Любые попытки что-то посоветовать в этом направлении будут бесполезными, поскольку каждый человек индивидуален. В выборе модели значительную роль играет возраст, особенности тела, пропорции, цвет волос, глаз, а также темперамент, социальная направленность, профессия и т.д. Здесь необходимо найти разумное соответствие между тем, что нравится, и тем, что вам действительно подходит.

2 этап. Снятие мерок

После выбора модели приступают к снятию мерок. Это достаточно сложный и ответственный этап, от правильности выполнения которого во многом зависит конечный результат.

На первых порах вам придется несколько раз измерять фигуру, пока количество не перейдет в качество, а значит, от повторяемости действий вначале сложное и непонятное покажется легким и простым. Почему сложно правильно снять размерные признаки? Во-первых, практически невозможно измерить себя. Значит, сначала вам придется досконально изучить правила снятия мерок, а затем объяснить это тому, кто будет вас измерять. Во-вторых, сложность снятия мерок заключается в отсутствии на фигуре человека четко выраженных точек и линий. При этом отклонение от необходимого положения даже на несколько миллиметров вызывает значительные изменения в конструкции и, соответственно, неправильное положение изделия на фигуре. Сложности перечисляются с той целью, чтобы обратить ваше внимание на необходимость внимательно и точно выполнять все рекомендации. Чем точнее мерки, тем лучше изделие сидит на фигуре.

Для начала рассмотрим фигуру и определим, какие участки тела нас будут интересовать и на что нужно обратить особое внимание. При выполнении изделий важными участками являются шея (ее форма и размеры), грудная область и ее особенности, талевая и бедренная области. На теле достаточно хорошо видны точки (рис. 1): спереди — передние углы подмышечных впадин (четко определяются при опущенных руках) и точки центров груди (сосковые точки), сзади — задние углы подмышечных впадин и точка седьмого шейного позвонка (самая верхняя выступающая точка при опущенной голове). Эти точки мы будем называть **опорными** и ориентироваться на них во время снятия мерок.

Еще одна интересующая нас точка — крайняя плечевая. На фигуре она не выражена четко — есть только округлая область плеча. Поэтому крайнюю плечевую точку придется мысленно представить, а затем произвести измерения. Также неявно выражена точка основания шеи, но в то же время она очень важна для обеспечения правильной посадки изделия на фигуре. Поэтому, чтобы сократить вероятность ошибки, будем пользоваться измерениями, опирающимися на проявленные точки тела.

Во время снятия мерок на теле не должно быть одежды, которая скрывает опорные точки. Лучше снимать мерки, когда на фигуре

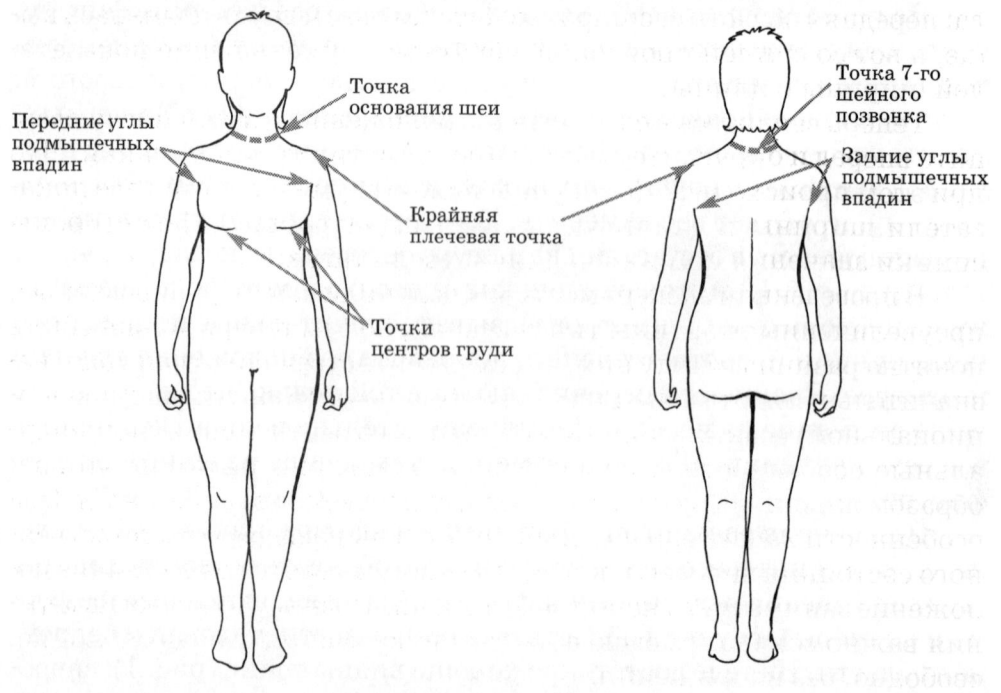

Рис. 1. Опорные точки фигуры

только бельё или — в крайнем случае — тонкое лёгкое платье без рукавов.

Очень важным моментом является необходимость соблюдать естественную осанку. Что это такое? Каждый человек имеет свой собственный тип телосложения и осанку. Осанка — это положение корпуса тела относительно вертикали. Условно она бывает трёх типов: нормальная, перегибистая и сутулая.

Нормальная осанка характеризуется средними показателями: прямая постановка корпуса, плечи средней высоты, грудная клетка ровная со средним положением грудных желёз, живот слегка выступающий, спина слегка округлая, с умеренным прогибом в области талии и т.д.

Чтобы понять, что такое перегибистая осанка, разверните плечи назад и обратите внимание, как изменились все показатели тела: передняя область расширилась, удлинилась, грудь поднялась выше, а вот со спиной произошло обратное — уменьшение показателей ширины и длины.

Теперь вернитесь в свое обычное положение, а затем плечи сверните вперед и округлите спину. Получили тип сутулой осанки. Что при этом происходит? Со стороны полочки уменьшаются все показатели ширины и длины, опускаются центры груди, со стороны спинки значения ширины и длины увеличиваются.

В проведенном эксперименте мы получили как бы утрированные, преувеличенные картины типов осанок, но вам теперь должна быть понятна разница между ними. Чаще всего встречаются фигуры с незначительными отклонениями от нормальной (или условно-пропорциональной) осанки, причем это даже не отклонения, а индивидуальные особенности фигуры. Обусловлены они рядом факторов: образом жизни, наследственностью, здоровьем, питанием и т.д. Эти особенности характерны для обычного, так называемого естественного состояния человека, когда он не задумывается о том, какое положение занимает его корпус в это время. Поэтому во время измерения важно сохранять свою естественную осанку, стоять спокойно, свободно, без напряжения.

Для снятия мерок подготовьте сантиметровую ленту, эластичную тесьму шириной 2—3 см, булавку, чистый лист бумаги и фломастер.

Далее рассмотрим, что нужно знать об измерениях тела, как правильно снять каждый размерный признак, как записать мерку, чтобы в дальнейшем было удобно ею пользоваться.

Еще в совсем недавнем прошлом с фигуры человека снимали небольшое количество размерных признаков, а участки конструкции определялись расчетным путем. Но такие методы приемлемы только для условно-пропорциональной фигуры, они не учитывают индивидуальных особенностей. Поэтому в настоящее время делается упор именно на измерения конкретного тела, а не на расчеты. Применяемые формулы просты и состоят из суммы измерения и соответствующей этой мерке прибавки.

Различают основные и дополнительные измерения. Основные мерки снимаются в обязательном порядке. Они служат основой для построения любой конструкции. Дополнительные измерения снимаются только в том случае, если фигура нестандартная и требует индивидуального подхода. Поэтому важно правильно снять свои мерки и сравнить их с типовыми (то есть с измерениями условно-пропорциональной фигуры).

Внимание! Для начала нужно построить конструкцию и пошить макет по типовым измерениям из таблиц близкого вашей фигуре размера. И только если эта конструкция вам не подходит, снимите дополнительные мерки и внесите изменения в построенную основу.

Каждое измерение имеет свое название, характеризующее область или участок, где оно снимается. Например, мерка называется «обхват талии». Снимается вокруг тела по линии талии фигуры. Для того чтобы было проще пользоваться измерениями, существуют их условные обозначения. Они состоят из большой буквы и индекса внизу. Большая буква показывает, какое это измерение — ширина, высота, длина, обхват и т.д. Исключение составляют только мерки полуобхватов, которые принято обозначать большой буквой «С». Индекс внизу характеризует область снятия мерки. Например, мерка ширина спинки обозначается Шс, а мерка высота груди обозначается Вг. Если в одной и той же области снимается несколько мерок, то применяют наряду с буквенным индексом числовой. Например, снимается несколько мерок ширины груди (у ее основания и через наиболее выступающие точки). Эти мерки обозначают как $Ш_{г_1}$ и $Ш_{г_2}$.

Кроме того, одни измерения записываются в полном размере (то есть какое число получили, такое же и записали). Это мерки длины и высоты. А такие мерки, как ширина, обхват и так далее, записываются сразу в половинном значении (полученное число делится пополам). Связано это с тем, что тело человека симметрично, и достаточно выполнить только половину каждой детали. В последней колонке таблицы № 1 буква «Ц» указывает на то, что мерка записывается в полном размере, то есть целое число, а буква «П» обозначает половину.

Последнее, на что нужно обратить внимание: выполняя измерение, следите за тем, чтобы сантиметровая лента ложилась строго по туловищу, не провисала, но и не была натянута.

Основные измерения

Таблица № 1

№ п/п	Название измерения	Усл. обозн.	Правило снятия мерки	Ц/П
1.	*Полуобхват шеи*	$С_ш$	Сантиметровую ленту уложите сзади на седьмой шейный позвонок, проведите по основанию шеи и замкните у яремной впадины. Обратите внимание на определение «основание шеи» — это линия перехода шеи в туловище. Сантиметровая лента в этой области укладывается на ребро с небольшим наклоном в сторону шеи.	П
2.	*Полуобхват груди первый*	$С_{г_1}$	Сантиметровую ленту уложите сзади на наиболее выступающие части лопаток, потом проведите по подмышечным впадинам и замкните спереди на основании грудных желез.	П
3.	*Полуобхват груди второй*	$С_{г_2}$	Сантиметровую ленту оставьте сзади на наиболее выступающих частях лопаток, далее проведите по подмышечным впадинам и замкните спереди, укладывая ее на самые выступающие части грудных желез.	П
4.	*Полуобхват груди третий*	$С_{г_3}$	Сантиметровую ленту уложите строго горизонтально вокруг туловища через выступающие точки грудных желез. Полученное число является размером фигуры человека.	П
5.	*Полуобхват талии*	$С_т$	Сантиметровую ленту уложите строго горизонтально вокруг туловища по линии талии.	П
6.	*Полуобхват бедер*	$С_б$	Сантиметровую ленту уложите сзади на наиболее выступающие части ягодиц, затем проведите строго горизонтально вокруг туловища и спереди замкните с учетом выступа живота.	П

№				
7.	Ширина груди первая	Шг₁	Измерьте расстояние по горизонтали между передними углами подмышечных впадин.	П
8.	Ширина груди вторая	Шг₂	Измерьте расстояние по горизонтали через центры грудных желез между вертикалями, мысленно проведенными из верхних углов подмышечных впадин.	П
9.	Центр груди	Цг	Измерьте расстояние между центрами грудных желез.	П
10.	Высота груди первая	Вг₁	Измерьте расстояние между точкой основания шеи и центром груди.	Ц
11.	Высота груди вторая	Вг₂	Сантиметровую ленту уложите сзади на седьмой шейный позвонок, далее проведите по основанию шеи до центра груди.	Ц
12.	Длина талии полочки первая	Дт.п₁	Измерьте расстояние от точки основания шеи через центр груди до нижнего среза резинки, закрепленной на линии талии.	Ц
13.	Длина талии полочки вторая	Дт.п₂	Сантиметровую ленту уложите сзади на седьмой шейный позвонок, далее проведите по основанию шеи, через центр груди до нижнего среза резинки, закрепленной на линии талии. Мерка является продолжением мерки высота груди вторая, данные мерки снимаются друг за другом без отделения сантиметровой ленты от тела.	Ц
14.	Высота плеча косая полочки	Вп.к.п	Измерьте расстояние между крайней плечевой точкой и центром груди. Для того чтобы правильно определить положение крайней плечевой точки, мысленно соедините передний и задний углы подмышечной впадины, образуя линию проймы. Ее пересечение с мысленно проведенным плечевым срезом даст крайнюю плечевую точку. На теле ее можно отметить фломастером.	Ц

Двенадцать этапов пошива любого изделия

14.			Если в фигуре плечи разной высоты, то выполните измерения отдельно каждого плеча и учтите это при построении конструкции.	Ц
15.	*Ширина плеча*	Шп	Измерьте расстояние между точкой основания шеи и крайней плечевой точкой.	Ц
16.	*Длина руки*	Др	Измерьте расстояние от крайней плечевой точки до запястья, проводя сантиметровую ленту посередине слегка согнутой в локте руки.	Ц
17.	*Обхват плеча*	Оп	Измерьте руку по горизонтали в самом широком месте.	Ц
18.	*Длина талии общая*	Дт.о	Измерьте расстояние от нижнего среза резинки сзади вертикально вверх через точку основания шеи, потом вертикально вниз через линейку, уложенную на выступающие части грудных желез, до нижнего среза резинки спереди.	Ц
19.	*Высота бочка*	Вб	Измерьте расстояние по боку от верха линейки, вставленной в подмышечную впадину, до нижнего среза резинки, закрепленной на талии. Линейка должна располагаться строго горизонтально.	Ц
20.	*Ширина проймы*	Шпр	Измерьте расстояние между задним и передним углами по линейке, которая вставлена в подмышечную впадину.	Ц
21.	*Ширина спинки*	Шс	Измерьте расстояние по горизонтали между задними углами подмышечных впадин.	П
22.	*Длина талии спинки первая*	Дт.с$_1$	Измерьте расстояние вдоль позвоночника от седьмого шейного позвонка до нижнего среза резинки, закрепленной на линии талии.	Ц
23.	*Высота плеча косая спинки*	Вп.к.с	Измерьте расстояние от крайней плечевой точки до точки пересечения позвоночника с нижним срезом резинки, закрепленной на линии талии.	Ц

| 24. | Длина изделия | Ди | Измерьте расстояние от седьмого шейного позвонка вдоль позвоночника до желаемой длины. | Ц |
| 25. | Длина юбки | Дю | Измерьте расстояние от точки пересечения позвоночника с линией талии до желаемой длины юбки. | Ц |

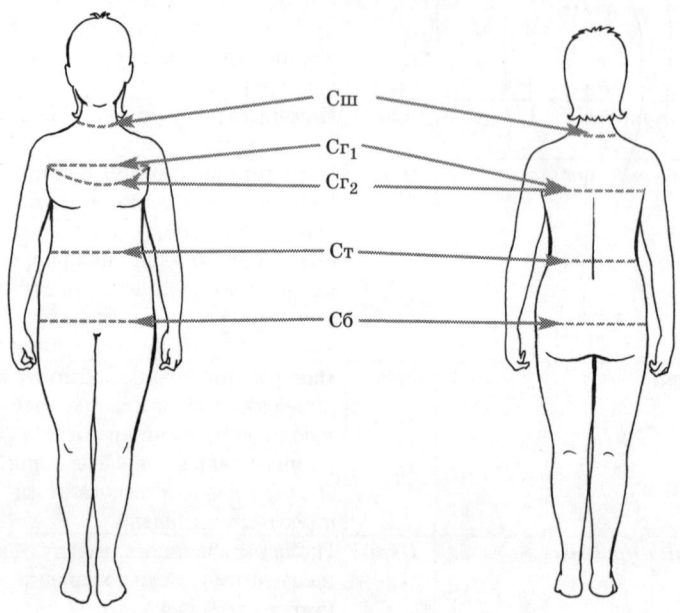

Рис. 2. Измерение обхватов (полуобхватов) фигуры

3 этап. Проверка правильности снятия мерок и сравнение с табличными (типовыми) значениями

После измерения фигуры выполните проверку. Для этого проверьте равенство:

$$Шс + Шпр + Шг_2 = Сг_2.$$

Допустимая погрешность составляет 1,5 см за счет наклонного положения сантиметровой ленты при выполнении измерения $Сг_2$.

Двенадцать этапов пошива любого изделия

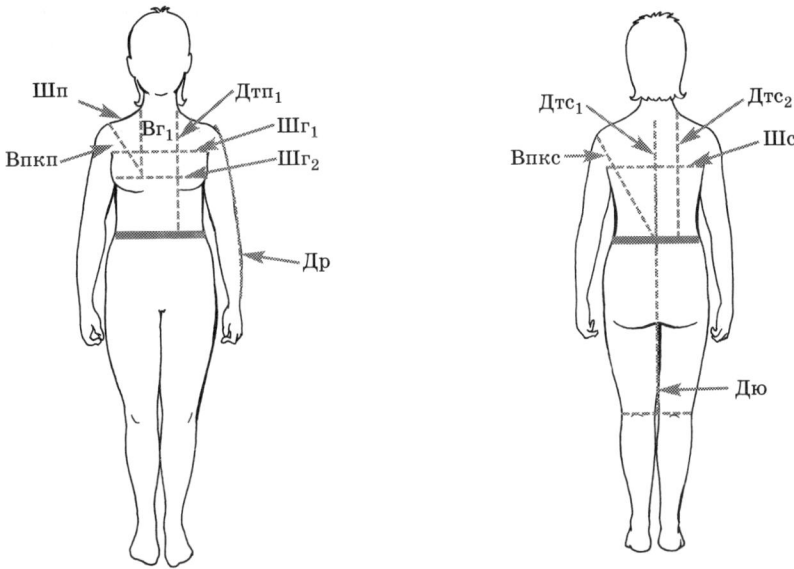

Рис. 3. Измерение ширин, длин, высот

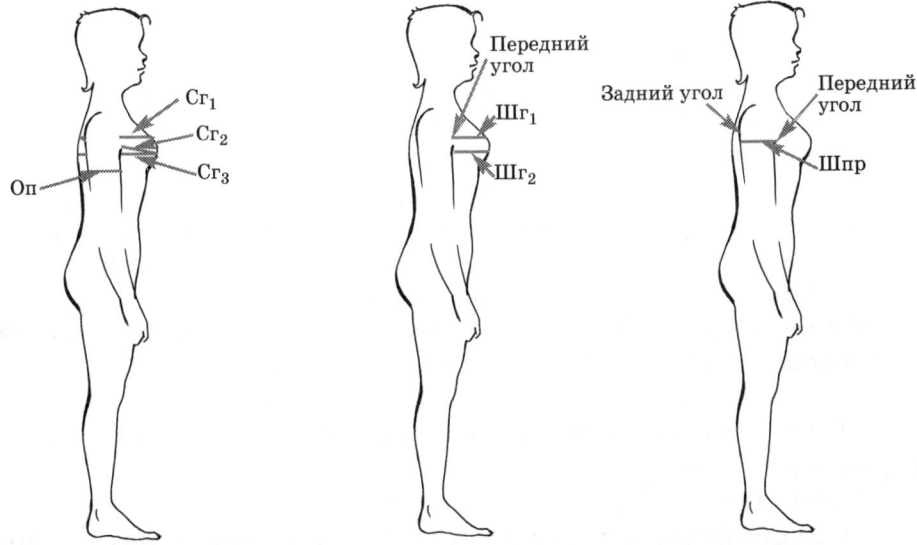

Рис. 3. Измерение ширин, длин, высот (продолжение)

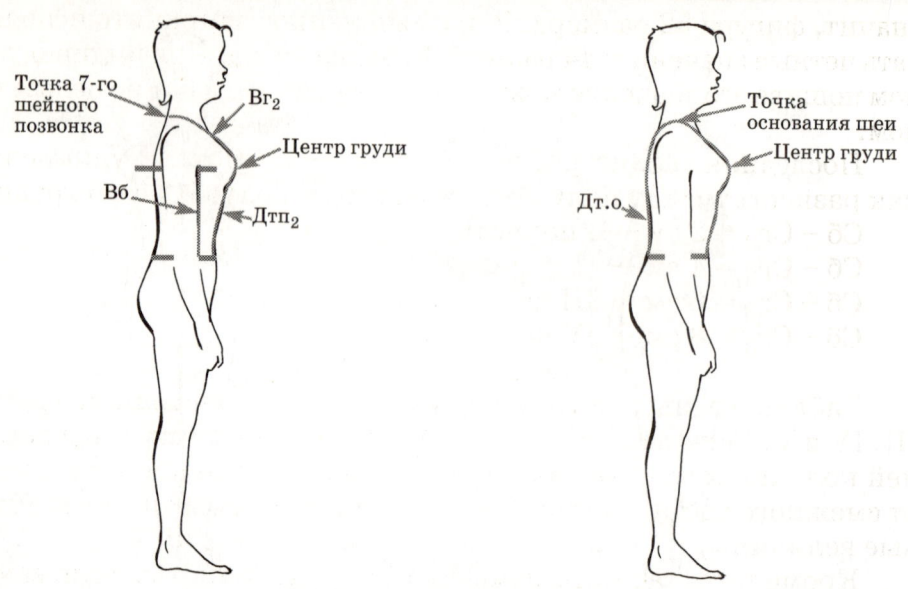

Рис. 3. Измерение ширин, длин, высот (окончание)

Если у вас получилось больше, необходимо повторно снять мерки и добиться выполнения равенства.

Последнее, что необходимо сделать, — это сравнить свои мерки с типовыми. Если значения сильно расходятся, лучше пересними́те мерки, которые вызывают у вас сомнения.

Приведенные ниже таблицы (№ 2—4) достаточно полно охватывают типовое разнообразие женских фигур. Основными размерными признаками, которые характеризуют определенный тип телосложения, являются рост, размер и полнота.

В массовом производстве одежды приняты 5 ростов:
I рост — 146 см (интервал 143—148,9 см);
II рост — 152 см (интервал 149—154,9 см);
III рост — 158 см (интервал 155—160,9 см);
IV рост — 164 см (интервал 161—166,9 см);
V рост — 170 см (интервал 167—173 см).

Размер определяется по величине мерки полуобхват груди третий ($Сг_3$), которая учитывает выступ грудных желез. Если $Сг_3 = 52$ см, значит, фигура 52 размера. В промышленности принято использовать четные значения: 44 размер, 46 размер и т.д. При индивидуальном пошиве это значение может быть нечетным и даже не целым числом.

Последняя характеристика фигуры — полнота. Ее определяют как разность между полуобхватом бедер и полуобхватом груди.

Сб − Сг$_3$ = 2 см — I полнота;
Сб − Сг$_3$ = 4 см — II полнота;
Сб − Сг$_3$ = 6 см — III полнота;
Сб − Сг$_3$ = 8 см — IV полнота.

Таблицы даны для трех наиболее часто встречающихся ростов: III, IV и V. Если ваш рост относится к другой группе, то в последней колонке таблиц вы найдете, насколько отличаются значения от смежного роста, и сможете самостоятельно рассчитать все типовые величины.

Кроме того, таблицы даны для фигур II полноты. Если вам необходима другая полнотная группа, то изменится только шестая горизонталь таблицы (со значением Сб). Для I полноты значения Сб для всех размеров уменьшатся на 2 см, для III полноты они увеличатся на 2 см, для IV полноты — увеличатся на 4 см.

Размерные признаки типовых фигур женщин II полнотной группы III роста

Таблица № 2

Размерный признак	Условное обозначение	Рост	Обхват груди (размер)				Разность между смежными	
			108 (54)	112 (56)	116 (58)	120 (60)	размерами	ростами
			Обхват бедер					
			116	120	124	128		
Полуобхват шеи	Сш	158	19,4	19,8	20,2	20,6	0,4	0,1
Полуобхват груди первый	Сг$_1$	158	50,1	51,5	52,9	54,3	1,4	0,2
Полуобхват груди второй	Сг$_2$	146—170	56,2	58,2	60,2	62,2	2	0,1
Полуобхват груди третий	Сг$_3$	146—170	54	56	58	60	2	0

Полуобхват талии	Ст	158	45,2	47,6	50	52,4	2,4	−0,6
Полуобхват бедер	Сб	146—170	58	60	62	64	2	0
Ширина спинки	Шс	146—170	19,6	20,1	20,6	21,1	0,5	0
Ширина проймы	Шпр	158	12,4	12,9	13,4	13,9	0,5	−0,1
Ширина груди вторая	$Шг_2$	158	24,2	25,2	26,2	27,2	1,0	0,2
Ширина груди первая	$Шг_1$	158	18,3	18,7	19,1	19,5	0,4	0,2
Ширина плеча	Шп	158	13,3	13,4	13,5	13,6	0,1	0,2
Длина руки до запястья	Др.зап	158	54,4	54,5	54,6	54,7	0,1	1,9
Обхват плеча	Оп	158	34,4	35,5	36,6	37,7	1,1	−0,2
Обхват запястья	Озап	158	17,2	17,5	17,8	18,1	0,3	0,1
Длина спины до линии талии первая	$Дт.с_1$	158	39,5	39,6	39,7	39,8	0,1	1,1
Высота плеча косая спинки	Вп.к.с	158	43,9	44,3	44,7	45,1	0,4	0,9
Высота боковой части	Вб	158	18,9	18,7	18,5	18,3	−0,2	−
Длина спинки до линии талии вторая	$Дт.с_2$	158	42,7	43	43,3	43,6	0,3	1,2
Длина переда до линии талии первая	$Дт.п_1$	158	44,5	45	45,5	46	0,5	1
Длина переда до линии талии вторая	$Дт.п_2$	158	53,1	53,8	54,5	55,2	0,7	1,2
Высота груди первая	$Вг_1$	158	29,3	30,3	31,3	32,3	1	0,1
Высота груди вторая	$Вг_2$	158	37,9	39,1	40,3	41,5	1,2	0,3
Расстояние между центрами груди	Цг	158	11,1	11,4	11,7	12	0,3	0
Высота плеча косая переда	Вп.к.п	158	25,3	26,1	26,9	27,7	0,8	0,1
Длина до талии общая	Дт.о	158	87,2	88	88,8	89,6	0,8	2,2

Размерные признаки типовых фигур женщин II полнотной группы IV роста

Таблица № 3

Размерный признак	Условное обозначение	Рост	Обхват груди (размер)				Разность между смежными	
			108 (54)	112 (56)	116 (58)	120 (60)	размерами	ростами
			Обхват бедер					
			116	120	124	128		
Полуобхват шеи	Сш	164	19,5	19,9	20,3	20,7	0,4	0,1
Полуобхват груди первый	$Сг_1$	164	50,3	51,7	53,1	54,5	1,4	0,2
Полуобхват груди второй	$Сг_2$	146—170	56,3	58,3	60,3	62,3	2	0,1
Полуобхват груди третий	$Сг_3$	146—170	54	56	58	60	2	0
Полуобхват талии	Ст	164	44,8	47	49,4	51,8	2,2/2,4	−0,6
Полуобхват бедер	Сб	146—170	58	60	62	64	2	0
Ширина спинки	Шс	146—170	19,6	20,1	20,6	21,1	0,5	0
Ширина проймы	Шпр	164	12,3	12,8	13,3	13,8	0,5	−0,1
Ширина груди вторая	$Шг_2$	164	24,4	25,4	26,4	27,4	1,0	0,2
Ширина груди первая	$Шг_1$	164	18,5	18,9	19,3	19,7	0,4	0,2
Ширина плеча	Шп	164	13,5	13,6	13,7	13,8	0,1	0,2
Длина руки до запястья	Др.зап	164	56,3	56,4	56,5	56,6	0,1	1,9
Обхват плеча	Оп	164	34,2	35,3	36,4	37,5	1,1	−0,2
Обхват запястья	Озап	164	17,3	17,6	17,9	18,2	0,3	0,1
Длина спины до линии талии первая	$Дт.с_1$	164	40,6	40,7	40,8	40,9	0,1	1,1
Высота плеча косая спинки	Вп.к.с	164	44,8	45,2	45,6	46,0	0,4	0,9
Высота боковой части	Вб	164	18,9	18,7	18,5	18,3	−0,2	—
Длина спинки до линии талии вторая	$Дт.с_2$	164	43,9	44,2	44,5	44,8	0,3	1,2
Длина переда до линии талии первая	$Дт.п_1$	164	45,5	46	46,5	47	0,5	1

Размерный признак	Усл. обозн.	Рост				Разность	
Длина переда до линии талии вторая	Дт.п₂	164	54,3	55	55,7	56,4	0,7	1,2
Высота груди первая	Вг₁	164	29,4	30,4	31,4	32,4	1	0,1
Высота груди вторая	Вг₂	164	38,2	39,4	40,6	41,8	1,2	0,3
Расстояние между центрами груди	Цг	164	11,1	11,4	11,7	12	0,3	0
Высота плеча косая переда	Вп.к.п	164	25,4	26,2	27	27,8	0,8	0,1
Длина до талии общая	Дт.о	164	89,4	90,2	91	91,8	0,8	2,2

Размерные признаки типовых фигур женщин II полнотной группы V роста

Таблица № 4

Размерный признак	Условное обозначение	Рост	Обхват груди (размер)				Разность между смежными	
			108 (54)	112 (56)	116 (58)	120 (60)		
			Обхват бедер				разме- рами	рос- тами
			116	120	124	128		
Полуобхват шеи	Сш	170	19,6	20	20,4	20,8	0,4	0,1
Полуобхват груди первый	Сг₁	170	50,5	51,9	53,3	54,7	1,4	0,2
Полуобхват груди второй	Сг₂	146—170	56,4	58,4	60,4	62,4	2	0,1
Полуобхват груди третий	Сг₃	146—170	54	56	58	60	2	0
Полуобхват талии	Ст	170	44,2	46,4	48,8	51,2	2,2/2,4	−0,6
Полуобхват бедер	Сб	146—170	58	60	62	64	2	0
Ширина спинки	Шс	146—170	19,6	20,1	20,6	21,1	0,5	0
Ширина проймы	Шпр	170	12,2	12,7	13,2	13,7	0,5	−0,1
Ширина груди вторая	Шг₂	170	24,6	25,6	26,6	27,6	1,0	0,2
Ширина груди первая	Шг₁	170	18,7	19,1	19,5	19,9	0,4	0,2
Ширина плеча	Шп	170	13,7	13,8	13,9	14	0,1	0,2

Двенадцать этапов пошива любого изделия

Признак	Усл. обоз.							
Длина руки до запястья	Др.зап	170	58,2	58,3	58,4	58,5	0,1	1,9
Обхват плеча	Оп	170	34	35,1	36,2	37,3	1,1	−0,2
Обхват запястья	Озап	170	17,4	17,7	18	18,3	0,3	0,1
Длина спины до линии талии первая	$Дт.с_1$	170	41,7	41,8	41,9	42	0,1	1,1
Высота плеча косая спинки	Вп.к.с	170	45,7	46,1	46,5	46,9	0,4	0,9
Высота боковой части	Вб	170	18,9	18,7	18,5	18,3	−0,2	−
Длина спинки до линии талии вторая	$Дт.с_2$	170	45,1	45,4	45,7	46	0,3	1,2
Длина переда до линии талии первая	$Дт.п_1$	170	46,5	47	47,5	48	0,5	1
Длина переда до линии талии вторая	$Дт.п_2$	170	55,5	56,2	56,9	57,6	0,7	1,2
Высота груди первая	$Вг_1$	170	29,5	30,5	31,5	32,5	1	0,1
Высота груди вторая	$Вг_2$	170	38,5	39,7	40,9	42,1	1,2	0,3
Расстояние между центрами груди	Цг	170	11,1	11,4	11,7	12	0,3	0
Высота плеча косая переда	Вп.к.п	170	25,5	26,3	27,1	27,9	0,8	0,1
Длина до талии общая	Дт.о	170	91,6	92,4	93,2	94	0,8	2,2

Определив свой рост и размер, обязательно заполните предложенную ниже таблицу:

Размерный признак	Усл. обоз.	Табличное значение, см	Ваша мерка, см	Отклонение от типового, см
Полуобхват шеи	Сш			
Полуобхват груди первый	$Сг_1$			
Полуобхват груди второй	$Сг_2$			
Полуобхват груди третий	$Сг_3$			
Полуобхват талии	Ст			

Полуобхват бедер	Сб
Ширина спинки	Шс
Ширина проймы	Шпр
Ширина груди вторая	$Шг_2$
Ширина груди первая	$Шг_1$
Ширина плеча	Шп
Длина руки до запястья	Др.зап
Обхват плеча	Оп
Обхват запястья	Озап
Длина спины до линии талии первая	$Дт.с_1$
Высота плеча косая спинки	Вп.к.с
Высота боковой части	Вб
Длина спинки до линии талии вторая	$Дт.с_2$
Длина переда до линии талии первая	$Дт.п_1$
Длина переда до линии талии вторая	$Дт.п_2$
Высота груди первая	$Вг_1$
Высота груди вторая	$Вг_2$
Расстояние между центрами груди	Цг
Высота плеча косая переда	Вп.к.п
Длина до талии общая	Дт.о

Проанализируйте степень отклонения ваших значений от типовых, чтобы в дальнейшем знать, какие участки конструкции нуждаются в корректировке.

4 этап. Снятие дополнительных мерок

Дополнительные мерки снимаются только тогда, когда фигура достаточно сильно отличается от условно-пропорциональной. В противном случае вместо облегчения процесса можно столкнуться с его усложнением. Возможно, выкройка будет нуждаться в незначительной подгонке на фигуру. Только со временем, когда весь процесс станет понятным, вы сможете самостоятельно анализировать и находить оптимальный вариант решения для каждого отдельного случая. Тем не менее дополнительные измерения значительно облегчают процесс пошива одежды для фигур с индивидуальными особенностями. Поэтому рассмотрим их подробно.

Фигуру характеризуют величины выступания грудных желез, живота, лопаток и ягодиц. Эти особенности телосложения определяют либо дуговыми, либо проекционными измерениями. Их описание вынесено в таблицу № 5.

Чтобы правильно снять проекционные измерения, человека в естественной позе ставят вплотную к вертикальной плоскости сначала передом, а затем спиной так, чтобы фигура касалась плоскости наиболее выступающими точками. Кроме того, вертикальной плоскостью может служить длинная линейка. При таком варианте снятия мерок сразу видно, какая часть фигуры выступает по отношению к другой. А измерив расстояние по горизонтали до вертикальной плоскости, определяют степень выступания в числовом виде.

Дополнительные измерения

Таблица № 5

№ п/п	Название измерения	Усл. обозн.	Правило снятия мерки	Ц/П
	Дополнительные мерки для поясных изделий			
1.	*Длина спереди*	Дсп	Измерьте расстояние от нижней линии эластичной тесьмы через выступ живота вертикально вниз до плоскости пола.	Ц
2.	*Длина сбоку*	Дсб	Измерьте расстояние от нижней линии эластичной тесьмы через выступ бедер вертикально вниз до плоскости пола.	Ц
3.	*Длина сзади*	Дсз	Измерьте расстояние от точки пересечения нижней линии эластичной тесьмы с позвоночником через выступ ягодиц вертикально вниз до плоскости пола.	Ц
4.	*Выступ живота первый*	$Вж_1$	Измерьте расстояние по горизонтали от линии талии спереди до вертикальной плоскости, касательной к самой выступающей части живота.	Ц

5.	*Выступ бедер*	*Вб*	Измерьте расстояние по горизонтали от линии талии сбоку до вертикальной плоскости, касательной к самой выступающей части бедра.	Ц
6.	*Выступ ягодиц первый*	*Вя$_1$*	Измерьте расстояние по горизонтали от линии талии сзади до вертикальной плоскости, касательной к самой выступающей части ягодиц.	Ц
	Дополнительные мерки для плечевых изделий			
7.	*Выступ груди*	*Вг*	Измерьте расстояние по горизонтали от вертикальной плоскости, касательной к грудным железам, до поверхности живота.	Ц
8.	*Выступ живота второй*	*Вж$_2$*	Измерьте расстояние по горизонтали от выступающих точек грудных желез до вертикальной плоскости, касательной к выпуклости живота.	Ц
9.	*Выступ лопаток*	*Вл*	Измерьте расстояние по горизонтали от выступающих точек ягодиц до вертикальной плоскости, касающейся лопаток.	Ц
10.	*Выступ ягодиц второй*	*Вя$_2$*	Измерьте расстояние по горизонтали от вершин лопаток до вертикальной плоскости, касающейся ягодиц.	Ц
11.	*Ширина бедер спереди*	*Шб.сп*	Измерьте расстояние по горизонтали на уровне живота между вертикалями, проведенными вниз от передних углов подмышечных впадин.	П
12.	*Ширина бедер сзади*	*Шб.сз*	Измерьте расстояние по горизонтали через выступающие точки ягодиц между вертикалями, проведенными вниз от задних углов подмышечных впадин.	П

Двенадцать этапов пошива любого изделия

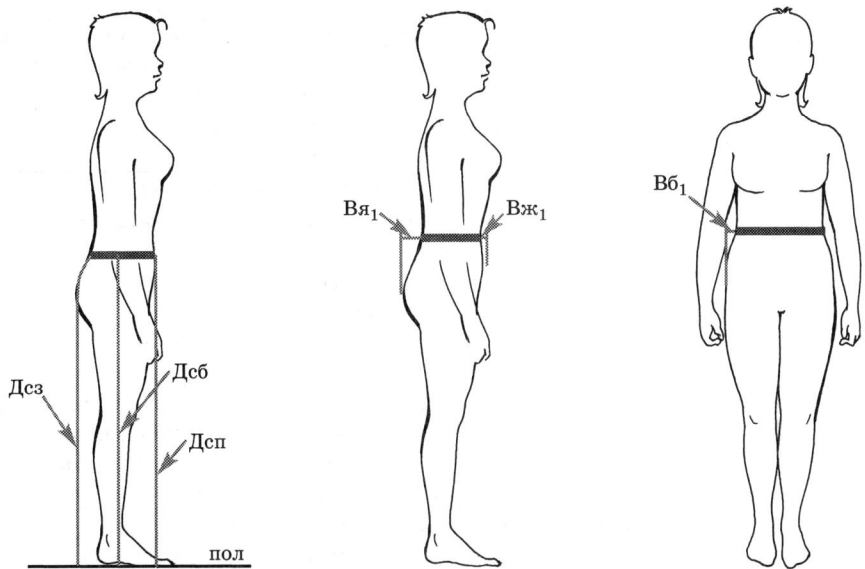

Рис. 4. Дополнительные измерения

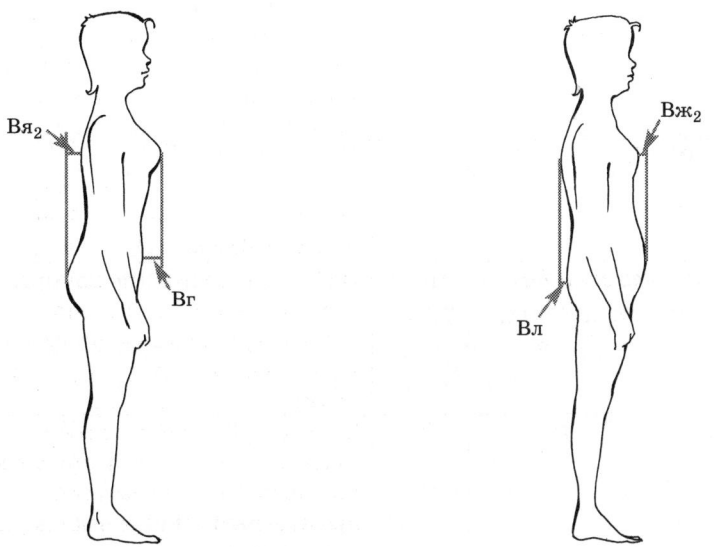

Рис. 4. Дополнительные измерения (продолжение)

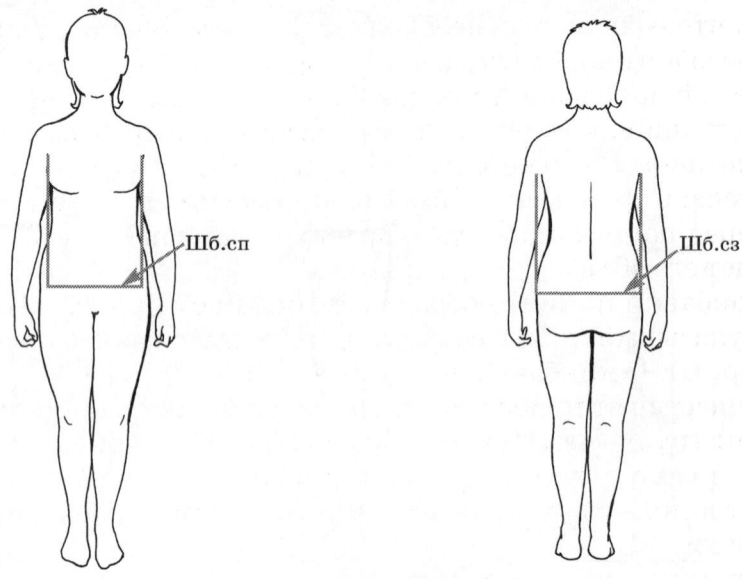

Рис. 4. Дополнительные измерения (окончание)

5 этап. Выбор прибавок

Для того чтобы построить конструкцию любого изделия, необходимо уметь правильно выбрать объем. Понятие объема включает в себя непосредственно измерения фигуры человека и дополнительные величины (прибавки). С помощью последних создается силуэтная форма и появляется возможность (при удачном подборе) скрыть некоторые недостатки фигуры.

Различают прилегающую, полуприлегающую и свободную степень облегания изделия. Вам должно быть понятно, что степень прилегания — это то, насколько близко изделие расположено к телу человека. Бывают изделия, плотно облегающие фигуру, то есть полный контакт с телом, а бывают объемные, широкие формы, тогда контактирует с телом только опорная поверхность, например плечевая область фигуры. Отсюда вытекает понятие прибавки (припуска). Прибавка — это величина, на которую необходимо увеличить мерку, чтобы получить необходимый объем. Значит, ширина изделия по любому конструктивному поясу равна мерке плюс соответствующая ей прибавка. А так как измерения тела — величины постоянные, то ширина будет зависеть от выбранной прибавки. Например, к мерке прибавляем небольшую величину, при этом получаем плотную степень прилегания. Чем большую величину будем прибавлять к измерению, тем шире будет изделие в данной области и тем больше будет его объем.

Прибавки принято обозначать большой буквой «П». Индекс внизу указывает, какой области соответствует данная прибавка. Например, Пг — прибавка по груди.

Существуют прибавки к ширине изделия по конструктивным поясам: грудному (Пг), талевому (Пт) и бедренному (Пб). Сюда также можно отнести прибавку к обхвату плеча (По.п), которая создает ширину рукава и тесно связана с шириной изделия по линии груди.

Ориентировочные значения прибавок вынесены в таблицы.

Среднее значение прибавок по конструктивным поясам для поясных изделий

Таблица № 6

Наименование прибавки	Усл. обозн.	Степень прилегания		
		Прилегающая	Полуприлегающая	Свободная
Прибавка по талии	Пт	0,5—0,7 см	0,8—1,0 см	Свыше 1 см
Прибавка по бедрам	Пб	0,7—1,0 см	1,5—2,0 см	Свыше 2 см

Среднее значение прибавок по конструктивным поясам для плечевых изделий

Таблица № 7

Наименование прибавки	Усл. обозн.	Степень прилегания		
		Прилегающая	Полуприлегающая	Свободная
Прибавка по груди	Пг	2—4 см	5—6 см	Свыше 6 см
Прибавка по талии	Пт	1,5—3 см	5—7 см	Свыше 7 см
Прибавка по бедрам	Пб	0,5—2,5 см	3—5 см	Свыше 5 см

Среднее значение прибавок к обхвату плеча

Таблица № 8

Наименование прибавки	Усл. обозн.	Степень прилегания		
		Прилегающая	Полуприлегающая	Свободная
Прибавка к обхвату плеча	По.п	3,5—4 см	4—7 см	Свыше 7 см

Кроме того, различают прибавки для обеспечения свободы дыхания и движения. Считается, что минимальная прибавка по линии груди должна составлять 2 см. Именно эта величина необходима для того, чтобы не стеснять движение грудной клетки в процессе дыхания. Исключение составляют растяжимые ткани. В этих случаях можно применять понятие отрицательной прибавки, то есть из размерного признака вычитается определенная величина, и ширина изделия будет меньше мерки. Уменьшение зависит от степени растяжимости ткани и достаточно индивидуально в каждом конкретном случае.

Свободу движения рук обеспечивает прибавка на свободу проймы (Пс.пр). Она зависит от ширины изделия под проймой. Для построения конструкции платья с втачными рукавами достаточно прибавку на свободу проймы рассматривать как половину прибавки по груди:

Пс.пр = 0,5 · Пг.

Прибавка на свободу движения шеи заложена в вычислениях при построении конструкции и отдельно рассматриваться не будет.

6 этап. Построение чертежа-основы

В соответствии с моделью выбирается методика построения конструкции.

Например, если необходимо пошить юбку прямой прилегающей формы, значит, и чертеж-основу выполняют по описанию построения прямой юбки, если юбка клиньевая, значит, строят клин и т.д.

При пошиве блуз, платьев, жакетов сначала выполняют построение чертежа-основы.

7 этап. Моделирование изделия

На данном этапе в чертеж-основу вносятся все модельные особенности изделия. Это могут быть рельефы, подрезы, складки, кокетки и т.д. Кроме того, на лекала основных деталей наносят форму накладных элементов (карманы, клапаны, аппликации и тому подобное). Рассчитывают и выполняют построение дополнительных деталей изделия (пояс, обтачка, подборта, шлевки и т.д.). Конечным результатом данного этапа являются готовые лекала всех деталей изделия.

8 этап. Выбор ткани и предварительная раскладка лекал

Ткань выбирают в соответствии с моделью, рассчитывают ее количество путем предварительной раскладки лекал. На этом же этапе продумывают, какие другие дополнительные элементы (нитки, прокладочные материалы, фурнитура и т.д.) необходимы, и рассчитывают их количество.

9 этап. Подготовка ткани

Перед раскроем ткань необходимо подготовить.

10 этап. Раскладка лекал и раскрой

Если ткань подготовлена, можно приступать к раскрою.

11 этап. Подготовка изделия к первой примерке, ее проведение

После раскроя соединяют все основные детали, прикалывают дополнительные.

Затем выполняют примерку изделия и при необходимости вносят изменения.

12 этап. Пошив изделия

Как видим, процесс работы над изделием состоит из большого количества различных действий. От того, насколько хорошо оно подготовлено к пошиву, будет зависеть конечный результат. Поэтому каждый из рассмотренных этапов важен сам по себе и требует старания, внимания и терпения.

Поясные изделия. Юбки

Прямые юбки

Наиболее распространены юбки прямой прилегающей формы. Прилегание достигается за счет введения вытачек по линии талии. Юбки данной формы могут быть с одним, двумя или тремя швами. Мы с вами выполним построение чертежа-основы, который будет являться базовым для получения различных моделей.

Чтобы выполнить построение, необходимо иметь измерения конкретной фигуры. Воспользуемся типовыми размерными признаками женщины 54 размера II полнотной группы 164 роста:

Ст = 44,8 см;
Сб = 58 см;
Дю = 70 см.

Будем считать, что изделие имеет плотную степень прилегания по основным конструктивным поясам (талевому и бедренному), а значит:

Пт = 0,2 см;
Пб = 1 см.

Обратите внимание, что прибавки могут быть немного больше или меньше тех, которые рекомендованы в таблице. С чем это связано? Во-первых, значения в таблице даны для того, чтобы вы могли приблизительно сориентироваться в числах и объемах, подстроиться под конкретный случай. Во-вторых, необходимо гибко подходить к выбору прибавки и, возможно, немного отойти от табличных значений с тем, чтобы в результате получить целое число. Дело в том, что при расчетах используются значения мерок плюс соответствующие им прибавки. Удобно, когда эти числа являются целыми.

Поясные изделия

Построение чертежа-основы прямой прилегающей юбки

1. Постройте две взаимно перпендикулярные прямые с пересечением в точке 1 (рис. 5). При этом горизонталь определяет положение условной линии талии, а вертикаль — среднюю линию заднего полотнища юбки.

2. Вниз от точки 1 отложите отрезок [1—2], равный 18—20 см.
[1—2] = 19 см.

Через точку 2 проведите горизонталь, определяющую положение линии бедер юбки.

3. Вниз от точки 1 отложите отрезок [1—3], равный длине юбки:
[1—3] = Дю = 70 см.

Через точку 3 проведите горизонталь, определяющую положение линии низа.

4. От точки 2 вправо отложите ширину юбки по линии бедер, которая равна мерке полуобхват бедер (Сб) плюс прибавка Пб, и поставьте точку 4:
[2—4] = Сб + Пб;
[2—4] = 58 + 1 = 59 см.

5. Через точку 4 проведите вертикаль, пересечение с горизонталью, проведенной через точку 1, обозначьте цифрой 5, а с горизонталью через точку 3 — цифрой 6. Отрезок [5—6] является средней линией переднего полотнища юбки.

6. Определите положение бокового среза. От точки 2 вправо отложите отрезок [2—7], равный:
[2—7] = [2—4] : 2 — 1,5—2 см;
[2—7] = 59 : 2 — 1,5 = 28 см.

Через точку 7 проведите вертикаль. Места ее пересечения с линией талии и с линией низа обозначьте точками 8 и 9.

7. Оформите линию талии. Посмотрите внимательно на конструкцию. Отрезки [1—5] и [2—4] равны, то есть ширина сетки по линии талии равна ширине по линии бедер. В готовом изделии ширина по линии талии равна мерке Ст плюс прибавка. Разность между тем, что мы имеем в конструкции, то есть [1—5], и тем, что необ-

ходимо иметь в изделии, то есть Ст + Пт, и составит суммарный раствор вытачек (ΣВ):

$ΣВ = (Сб + Пб) - (Ст + Пт);$
$ΣВ = (58 + 1) - (44,8 + 0,2) = 14$ см.

8. Суммарный раствор вытачек распределяется между вытачками переднего и заднего полотнищ и боковыми срезами. Половина всей величины ΣВ отводится боковым срезам и распределяется относительно оси [8—9] равномерно влево и вправо. Таким образом:
— боковая вытачка = 0,5 ΣВ;
— вытачка заднего полотнища = 0,3 ΣВ;
— вытачка переднего полотнища = 0,2 ΣВ.

Для нашего примера:
— боковая вытачка = 0,5 · 14 = 7 см;
— вытачка заднего полотнища = 0,3 · 14 = 4,2 см;
— вытачка переднего полотнища = 0,2 · 14 = 2,8 см.

Итого: 14 см.

Раствор вытачки откладывается равномерно относительно средней линии, поэтому если цифры получились нечетными, необходимо слегка их откорректировать, перебросив миллиметры с одного участка на другой.

9. Рассчитанные значения необходимо внести в конструкцию. В точке 8 выполните повышение на 1—1,5 см и поставьте точку 10.

10. Через точку 10 проведите небольшую горизонталь.

11. От точки 10 влево и вправо отложите по половине раствора боковой вытачки и поставьте точки 11 и 12:

[10—11] = [10—12] = 7 : 2 = 3,5 см.

12. Через точки 11, 7 и 9 оформите боковой срез заднего полотнища, причем на участке [11—7] линия плавная, выпуклая, а на [7—9] — прямая. Выпуклость верхнего участка бокового среза зависит от формы фигуры. Для условно-пропорциональной фигуры отрезок [11—7] делится пополам, к полученному центру восстанавливается перпендикуляр и по нему откладывается 0,6—0,8 см.

13. Аналогично оформите линию бокового среза переднего полотнища через точки 12, 7 и 9.

14. Вытачки внесите в конструкцию. Для этого постройте их средние линии (их также называют осевыми).

Поясные изделия

От точки 2 вправо отложите отрезок [2—13], равный:
[2—13] = 0,4 [2—7];
[2—13] = 0,4 · 28 = 11,2 см.

Через точку 13 вверх проведите вертикаль. Пересечение с горизонталью через точку 1 обозначьте точкой 14. Отрезок [13—14] является средней линией, или осевой, вытачки заднего полотнища юбки.

От точки 4 влево отложите отрезок [4—16], равный:
[4—16] = 0,4 [4—7];
[4—16] = 0,4 · 31 = 12,4 см.

Через точку 16 вверх проведите вертикаль. Пересечение с горизонталью через точку 1 обозначьте точкой 17. Отрезок [16—17] является средней линией, или осевой, вытачки переднего полотнища юбки.

15. Раствор каждой вытачки отложите равномерно относительно своей осевой.

Для нашего примера:
4,2 : 2 = 2,1 см;
2,8 : 2 = 1,4 см.

16. Средняя длина передней вытачки 8—10 см, задняя вытачка по длине не доходит до линии бедер на 3—4 см. Стороны вытачки оформите прямыми линиями.

17. Точки 1 и 11, а также 5 и 12 соедините плавными, слегка вогнутыми линиями. Стороны вытачек уравняйте: заднюю — по большей стороне, переднюю — по меньшей. Окончательно оформите линии талии каждого полотнища с учетом повышения (понижения) верхних точек вытачек.

Если раствор задней вытачки велик, ее можно разбить на две. Большую располагают так же, как указано выше. Ее раствор составляет две трети общего раствора задней вытачки. Меньшую намечают посередине между первой вытачкой и боковым срезом. По длине она на 3,5—4,5 см короче.

Для удобства дальнейшего использования измерения, последовательность построения и расчеты внесем в таблицы.

Поясные изделия

Таблица № 9

Условные обозначения	Ст	Сб	Дю
Типовой размер 54, рост 164 см	44,8	58,0	70,0 (по модели)
Ваши мерки			

Прибавки:
Пт = 0,2 см
Пб = 1,0 см

Ваши значения прибавок:
Пт =
Пб =

Таблица № 10

Последовательность построения	Расчетные формулы	Примеры расчета	Ваши вычисления
1. Точка 1			
2. ↓ [1—2]	18—20 см	19,0 см	
3. ↓ [1—3]	Дю	70,0 см	
4. Через точки 2, 3 – горизонтали			
5. → [2—4]	Сб + Пб	58 + 1 = 59,0 см	
6. Через точку 4 – вертикаль (точки 5, 6)			
7. → [2—7]	[2—7] = [2—4] : 2 – – 1,5—2 см	59 : 2 – 1,5 = 28,0 см	
8. Через точку 7 – вертикаль (точки 8, 9)			
9. ΣВ (суммарная вытачка)	(Сб + Пб) – (Ст +Пт)	(58 + 1) – (44,8 + 0,2) = = 14,0 см	
10. Боковая вытачка	0,5 · ΣВ	0,5 · 14 = 7,0 см	
11. Задняя вытачка	0,3 · ΣВ	0,3 · 14 = 4,2 см	
12. Передняя вытачка	0,2 · ΣВ	0,2 · 14 = 2,8 см	
13. ↑ [8—10]	1—1,5 см	1,0 см	
14. Через точку 10 – горизонталь			
15. ← [10—11], → [10—12]	По 1/2 боковой вытачки	7 : 2 = 3,5 см	
16. Точки 11, 7, 9 и 12, 7, 9 соединить			
17. → [2—13]	0,4 [2—7]	0,4 ·?28 = 11,2 см	
18. Через точку 13 – вертикаль (точка 14)			

19. От точки 14 вправо и влево	По 1/2 задней вытачки	4,2 : 2 = 2,1 см	
20. ↑ [13—15]	3—4 см	4 см	
21. Оформить заднюю вытачку			
22. ← [4—16]	0,4 [4—7]	0,4 · 31 = 12,4 см	
23. Через точку 16 – вертикаль (точка 17)			
24. От точки 17 вправо и влево	По 1/2 передней вытачки	2,8 : 2 = 1,4 см	
25. ↓ [17—18]	8—10 см	9 см	
26. Оформить переднюю вытачку			
27. Точки 1 и 11, 12 и 5 соединить лекально			

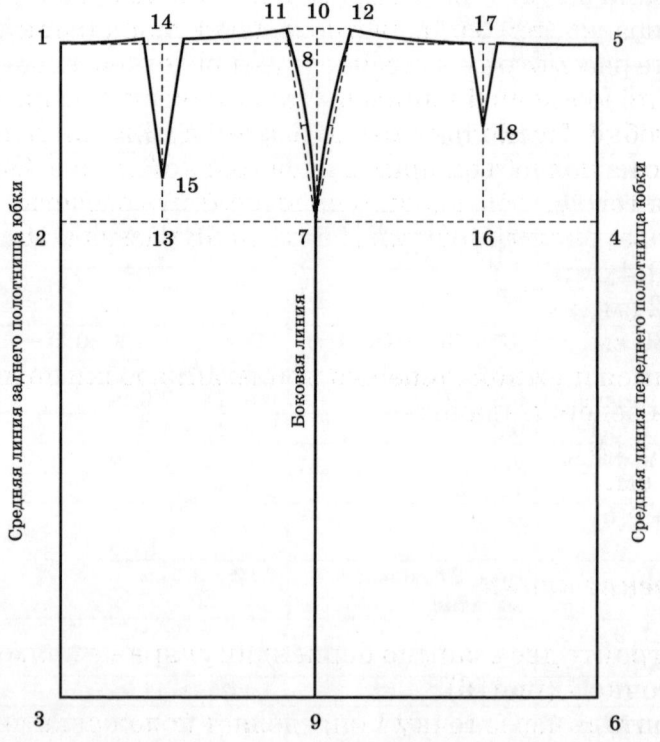

Рис. 5. Построение основы прямой юбки

Клиньевые юбки

Одними из самых простых, но очень интересных форм являются клиньевые юбки. На их основе можно выполнить большое разнообразие моделей. Построение конструкции всей юбки сводится к построению одного клина. Размеры клина зависят от их количества в изделии. Чаще всего используют 6 или 8 клиньев, хотя это число может быть любым. Приступая к построению клина, необходимо задаться объемом изделия, то есть продумать, насколько плотно будет прилегать изделие по линии талии и бедер. Как правильно выбрать объем, мы с вами уже рассматривали в теме «Выбор прибавок», я только напомню, что чем меньше прибавка, тем более плотно изделие прилегает к телу.

Давайте рассмотрим классическую последовательность расчета и построения юбки из 6 клиньев. Это количество клиньев относится ко всей юбке. Поскольку мы пользуемся половинными мерками ширины, то на полуобъем приходится только 3 клина. Это важно понимать для того, чтобы правильно выполнить расчеты.

Воспользуемся типовыми мерками 58 размера 164 роста:
Ст = 49,4 см;
Сб = 62 см;
Дю = 80 см.

Зададимся плотной степенью прилегания юбки по линии талии и по линии бедер, а значит:
Пт = 0,4 см;
Пб = 1 см.

Построение клина

1. Постройте две взаимно перпендикулярные прямые с пересечением в точке 1 (рис. 6).

Горизонталь через точку 1 определяет положение линии талии, вертикаль является средней линией клина.

2. От точки 1 вниз отложите 18—20 см и поставьте точку 2:

[1—2] = 18—20 см;

[1—2] = 19 см.

Через точку 2 проведите горизонталь, которая будет определять положение линии бедер клина.

3. От точки 1 вниз отложите длину изделия (Дю), точку обозначьте 3:

[1—3] = Дю;

[1—3] = 80 см.

Через точку 3 проведите горизонталь, определяющую положение линии низа клина.

Выполненные построения представляют собой базисную сетку для нанесения формы клина.

4. Выполним расчет ширины одного клина по линии талии. Для этого к мерке полуобхват талии (Ст) добавим значение прибавки (Пт) и все это разделим на количество клиньев, приходящихся на полуобъем изделия:

(Ст + Пт) : n, где n — количество клиньев на полуобъем;

(Ст + Пт) : 3 = (49,4 + 0,4) : 3 = 16,6 см.

Ширина одного клина по линии талии в нашем примере составляет 16,6 см. Это значение откладывается равномерно относительно средней линии, то есть от точки 1 влево и вправо необходимо отложить по 8,3 см:

[1—4] = [1—5] = 16,6 : 2 = 8,3 см.

5. Ширина клина по линии бедер равна мерке полуобхват бедер (Сб) плюс прибавка (Пб), разделить на количество клиньев, приходящихся на полуобъем изделия:

(Сб + Пб) : n, где n — количество клиньев на полуобъем;

(Сб + Пб) : 3 = (62 + 1) : 3 = 21 см.

От точки 2 вправо и влево отложите по 10,5 см:

[2—6] = [2—7] = 21 : 2 = 10,5 см.

6. Точки 4 и 6, а также 5 и 7 соедините прямыми до пересечения с линией низа (точки 8 и 9 соответственно). Линии 4—8 и 5—9 являются условными боковыми сторонами клина.

7. Оформите линию талии клина. Для этого из середин отрезков [1—4] и [1—5] к продолжению боковых сторон восстановите перпен-

Поясные изделия

дикуляры. С учетом точек подъема окончательно оформите линию талии лекальной вогнутой линией.

8. От линии талии клина (точки подъема) вдоль боковых сторон отложите длину юбки, то есть величину отрезка [1—3] (в нашем примере это 80 см). В результате нижние боковые точки клина поднимутся относительно горизонтали 8—9. Полученные точки соедините через точку 3 плавной выпуклой линией, образуя линию низа клина.

Для удобства дальнейших построений оформим последовательность в виде таблиц.

Таблица № 9

Условные обозначения	Ст	Сб	Дю
Типовой размер 58, рост 164 см	49,4	62	80,0 (по модели)
Ваши мерки			

Прибавки:
Пт = 0,4 см
Пб = 1,0 см

Ваши значения прибавок:
Пт =
Пб =

Таблица № 11

Последовательность построения	Расчетные формулы	Примеры расчета	Ваши вычисления
1. Точка 1			
2. ↓ [1—2]	18—20 см	19,0 см	
3. ↓ [1—3]	Дю	80,0 см	
4. Через точки 2, 3 – горизонтали			
5. Ширина клина по талии	(Ст + Пт) : n	(49,4 + 0,4) : 3 = = 16,6 см	
6. ← [1—4], → [1—5]	1/2 ширины клина по талии	16,6 : 2 ≈ 8,4 см	
7. Ширина клина по бедрам	(Сб + Пб) : n	(62 + 1) : 3 = 21 см	
8. ← [2—6], → [2—7]	1/2 ширины клина по бедрам	21 : 2 = 10,5 см	

38 Поясные изделия

9. Точки 4 и 6, 5 и 7 соединить (т.8, т.9)			
10. В точках 4 и 5 ↑	0,5—0,7 см		
11. Линия талии клина – вогнутая			
12. Дю – по боковым сторонам	80 см		
13. Линия низа клина – выпуклая			

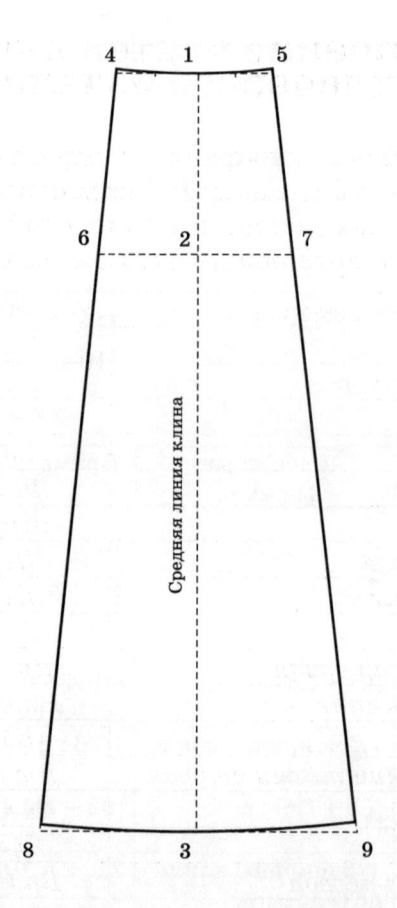

Рис. 6. Построение основы клина

Плечевые изделия. Блузы, платья, сарафаны

Построение чертежа-основы плечевого изделия

Построение основы плечевого изделия также выполняется в определенной последовательности. Рассмотрим расчет и построение на примере размерных признаков типового 56 размера 170 роста.

I. Выпишем интересующие нас измерения из таблицы № 4:

Наименование измерения	Усл. обозн.	Величина, см
Полуобхват шеи	Сш	20,0
Полуобхват груди второй	$Сг_2$	58,4
Полуобхват талии	Ст	46,4
Полуобхват бедер	Сб	60,0
Ширина спинки	Шс	20,1
Ширина проймы	Шпр	12,7
Ширина груди вторая	$Шг_2$	25,6
Ширина груди первая	$Шг_1$	19,1
Ширина плеча	Шп	13,8
Длина талии спинки первая	$Дтс_1$	41,8
Высота плеча косая спинки	Вп.к.с	46,1
Высота бочка	Вб	18,7
Длина переда до линии талии вторая	$Дт.п_2$	56,2
Высота груди вторая	$Вг_2$	39,7
Центр груди	Цг	11,4
Высота плеча косая переда	Вп.к.п	26,3
Длина до талии общая	Дт.о	92,4

II. Выберем среднюю степень прилегания изделия по линии груди. Прибавка, соответствующая такому объему, составляет 5 см.

III. Выполним предварительный расчет изделия. Рассчитывается ширина всего изделия и отдельных его участков. Расчет и построение плечевого изделия выполняется относительно ширины всего изделия по линии груди, которая равна мерке полуобхват груди плюс прибавка по груди:

ширина изделия = $С_{г_2}$ + Пг.

Всю ширину необходимо распределить между участками конструкции. Измерение $С_{г_2}$ равно сумме его составляющих, а именно:

$С_{г_2}$ = Шс + Шпр + $Ш_{г_2}$.

Прибавка Пг дается к ширине всего изделия и распределяется между участками конструкции неравномерно. Ее наибольшее значение (50—60 %) приходится на пройму, поскольку именно этот участок подвержен наибольшей нагрузке (движение рук в разные стороны). 30—40 % прибавки Пг приходится на участок спинки до проймы и 10—20 % — на участок полочки до проймы. Такое распределение связано с тем, что движения корпуса в основном направлены вперед и в стороны, что создает дополнительную нагрузку на область спинки изделия. Но следует отметить, что, выбирая числа из предложенных интервалов, в сумме мы должны получить 100 %.

Например, распределение может быть следующим:
50 % + 30 % + 20 % = 100 % или
60 % + 30 % + 10 % = 100 % и т.д.

Выберем для нашего случая такое распределение прибавки:
к ширине спинки   30 %
к ширине проймы   50 %
к ширине груди   20 %
            всего: 100 %

Представим это в виде числового значения:
к ширине спинки   0,3 Пг = 0,3 · 5 = 1,5 см;
к ширине проймы   0,5 Пг = 0,5 · 5 = 2,5 см;
к ширине груди   0,2 Пг = 0,2 · 5 = 1,0 см.
            всего: 5,0 см

Плечевые изделия

Полученные прибавки сложим с соответствующими мерками и будем различать понятия:

1) мерка ширина спинки (Шс):
ширина спинки конструкции = Шс + 0,3 Пг;
2) мерка ширина проймы (Шпр):
ширина проймы конструкции = Шпр + 0,5 Пг;
3) мерка ширина груди вторая (Шг$_2$):
ширина полочки конструкции = Шг$_2$ + 0,2 Пг.

Выполним расчет участков конструкции в нашем примере:
ширина спинки = 20,1 + 1,5 = 21,6 см;
ширина проймы = 12,7 + 2,5 = 15,2 см;
ширина полочки = 25,6 + 1,0 = 26,6 см.

Выполним проверку:
Сг$_2$ + Пг = (Шс + 0,3 Пг) + (Шпр + 0,6 Пг) + (Шг$_2$ + 0,1 Пг);
58,4 + 5 = 21,6 + 15,2 + 26,6;
63,4 = 63,4.

Равенство верное, значит, расчеты выполнены правильно.

Вам может показаться, что предложенные действия сложны для понимания и громоздки, но это только на первый взгляд. Выполнив эти расчеты несколько раз, вы без труда в течение нескольких минут будете распределять прибавку и определять ширины участков конструкции.

IV. Выполним построение базисной сетки изделия.

1. Проведите две взаимно перпендикулярные прямые, пересекающиеся в точке 1 (рис. 7).

2. От точки 1 вниз отложите отрезок [1—2], равный мерке Дт.с$_1$ плюс прибавка 0,5 см:

[1—2] = Дт.с$_1$ + 0,5 см;
[1—2] = 41,8 + 0,5 = 42,3 см.

Через точку 2 проведите горизонталь.

3. От точки 2 вниз отложите отрезок [2—3], равный 18—20 см. Чтобы точно определить это значение для своей фигуры, измерьте сзади расстояние по вертикали от линии талии до наиболее выступающей точки ягодиц.

[2—3] = 20 см.

Через точку 3 проведите горизонталь.

4. От точки 1 вниз отложите величину мерки длина изделия (Ди) и поставьте точку 4. В нашем примере Ди = 100 см.

[1—4] = 100 см.

Через точку 4 проведите горизонталь.

Линию низа можно построить с помощью мерки длина юбки (Дю). В этом случае мерку снимают от линии талии до желаемой длины и в конструкции откладывают полученное значение от точки 2:

[2—4] = Дю.

5. От точки 2 вверх отложите отрезок [2—5], равный:

[2—5] = Вб − Пс.пр;

[2—5] = 18,7 − 2,5 = 16,2 см.

Через точку 5 проведите горизонталь.

6. От точки 5 вправо отложите ширину спинки по предварительному расчету и поставьте точку 6:

[5—6] = Шс + 0,3 Пг;

[5—6] = 20,1 + 0,3 · 5 = 21,6 см.

Через точку 6 вверх проведите вертикаль до пересечения с горизонталью через точку 1.

7. От точки 6 вправо отложите отрезок [6—7], равный ширине проймы по предварительному расчету:

[6—7] = Шпр + 0,5 Пг;

[6—7] = 12,7 + 0,5 · 5 = 15,2 см.

Через точку 7 вверх проведите вертикаль до пересечения с горизонталью через точку 1.

8. От точки 7 вправо отложите ширину полочки по предварительному расчету и поставьте точку 8:

[7—8] = $Шг_2$ + 0,2 Пг;

[7—8] = 25,6 + 0,2 · 5 = 26,6 см.

Через точку 8 проведите вертикаль. Пересечение с горизонталью через точку 2 обозначьте точкой 9, с горизонталью через точку 3 — точкой 10, с горизонталью через точку 4 — точкой 11.

Базисная сетка построена.

Рассмотрим, как называется каждая линия:

горизонталь через точку 1 — уровень 7-го шейного позвонка;

горизонталь через точку 5 — линия проймы;

Плечевые изделия

горизонталь через точку 2 — линия талии;
горизонталь через точку 3 — линия бедер;
горизонталь через точку 4 — линия низа;
вертикаль через точку 5 — средняя линия спинки;
вертикаль через точку 6 — задняя вертикаль проймы;
вертикаль через точку 7 — передняя вертикаль проймы;
вертикаль через точку 8 — средняя линия полочки.

V. Выполним построение основы спинки.

1. От точки 1 вправо отложите отрезок [1—12], равный:
[1—12] = 0,3 Сш + 1 см;
[1—12] = 0,3 · 20 + 1 = 7 см.

Этот отрезок является шириной ростка (ростком называется горловина спинки). Формула приемлема для типовой формы шеи, имеющей в основании окружность. Поэтому ширина ростка является как бы радиусом этой окружности и рассчитывается чисто математическим путем. Величина 1 см является минимально приемлемой прибавкой, обеспечивающей свободу движения шеи.

Если шея в основании имеет форму овала, лучше ширину ростка измерить прямо на фигуре. Для этого определите расстояние между 7-м шейным позвонком и вертикалью, проведенной через точку основания шеи.

2. От точки 12 вверх отложите 3,6 см и поставьте точку 13 (для других типовых размеров величина отрезка вынесена в таблицу № 12):
[12—13] = 3,6 см.

Точки 12 и 13 соедините лекально, образуя линию ростка. Точка 13 конструкции соответствует на фигуре точке основания шеи.

Высота ростка типовых размеров (ростов), см

Таблица № 12

Рост, см	Размеры			
	54	56	58	60
158	3,2	3,4	3,6	3,8
164	3,3	3,5	3,7	3,9
170	3,4	3,6	3,8	4

Разность между смежными размерами для 54–60 размеров — 0,2 см. Разность между смежными ростами для всех размеров равна 0,1 см.

Плечевые изделия

3. Из точки 13 вниз опустите вертикаль, пересечение с линией талии обозначьте точкой 14. Отрезок [13—14] является длиной детали спинки. В нашем примере эта величина составляет 45,9 см.

4. Выполним построение крайней плечевой точки спинки. Она определяется пересечением двух дуг.

Первую дугу проведите из точки основания шеи (точка 13 на чертеже) радиусом, равным мерке ширина плеча плюс припуск на выпуклость лопаток. Эту выпуклость можно создать с помощью посадки или плечевой вытачки. Величина посадки составляет 0,7—1,5 см и зависит от структуры ткани. Величина плечевой вытачки равна 2—2,5 см для фигуры с типовой осанкой, 1,5—2 см для перегибистой фигуры и 2,5—3 см — для сутулой.

Вторую дугу проведите из точки пересечения позвоночника с линией талии (точка 2 на чертеже). Радиус дуги равен мерке высота плеча косая спинки плюс прибавка 0,5 см плюс припуск на высоту плечевой накладки (если она предусмотрена в изделии по модели). Точку пересечения двух дуг обозначьте 15.

R_1 = Шп + вытачка (посадка);
R_2 = Вп.к.с + 0,5 см;
R_1 = 13,8 + 2,5 = 16,3 см;
R_2 = 46,1 + 0,5 = 46,6 см.

Точки 13 и 15 соедините прямой линией.

5. Оформите плечевую вытачку. Для этого от точки 13 вдоль отрезка [13—15] отложите 4—5 см. Из полученной точки вверх отложите 0,3—0,5 см и поставьте точку в. Точки 13 и в соедините прямой линией, образуя линию плечевого среза до вытачки. От точки в вниз отложите длину вытачки (8—10 см) и поставьте точку $в_1$. Отрезок [в—$в_1$] является левой стороной плечевой вытачки. От нее вдоль отрезка [13—15] отложите раствор вытачки, равный 2,5 см. Полученную точку и точку $в_1$ соедините прямой линией. Вдоль нее от точки $в_1$ отложите длину отрезка [в—$в_1$] и поставьте точку $в_2$. Точки $в_2$ и 15 соедините прямой, образуя остаток плечевого среза.

6. От точки 6 вверх отложите половину отрезка [6—15] и поставьте точку 16:

[6—16] = 0,5 · [6—15];
[6—16] = 0,5 · 24,4 = 12,2 см.

Плечевые изделия 45

7. От точки 5 вправо отложите отрезок [5—17], равный:
[5—17] = 0,5 · [5—8] − 1 см;
[5—17] = 0,5 · 63,4 − 1 = 30,7 см.

8. Точки 15, 16 и 17 соедините лекальной линией, образуя линию проймы спинки.

Для более точного оформления нижнего участка проймы выполните дополнительное построение:
— точки 16 и 17 соедините прямой;
— середину отрезка [16—17] соедините с точкой 6;
— от точки 6 отложите половину наклонного отрезка плюс 1 см, обозначьте точку 6′;
— нижний участок проймы спинки оформите лекальной линией через точки 16, 6′ и 17.

9. От точки 4 вправо отложите ширину спинки под проймой, то есть длину отрезка [5—17], и поставьте точку 18:
[4—18] = [5—17] = 30,7 см.

Точки 17 и 18 соедините прямой линией, образуя боковой срез спинки.

VI. Выполним построение основы полочки.

1. От точки 9 вверх отложите отрезок [9—19], равный:
[9—19] = Дт.п$_2$ − $l_{ростка}$ + 0,5 см,
где $l_{ростка}$ — длина ростка (измеряется по чертежу спинки вдоль линии ростка сантиметровой лентой, поставленной на ребро), 0,5 см — прибавка на длину полочки.

[9—19] = 56,2 − 9,2 + 0,5 = 47,5 см.

Типовые значения длины ростка ($l_{ростка}$) вынесены в таблицу № 13.

Длина ростка для типовых фигур ($l_{ростка}$), см

Таблица № 13

Рост, см	Размеры			
	54	56	58	60
158	8,6	8,8	9	9,2
164	8,8	9	9,2	9,4
170	9	9,2	9,4	9,6

Точка 19 является уровнем точки основания шеи на детали полочки. Ее положение необходимо проверить с помощью общей мер-

ки Дт.о. Измерение Дт.о с прибавкой 1 см является суммой длины детали спинки от ее линии талии до точки основания шеи (отрезок [13—14]) и длины полочки от точки основания шеи до линии талии (отрезок [9—19]).

Проверьте равенство:
[9—19] + [13—14] = Дт.о + 1 см;
47,5 + 45,9 = 92,4 + 1;
93,4 = 93,4.

Если левая сторона равенства получилась меньше правой в интервале до 0,5 см, просто добавьте эту величину к отрезку [9—19]. Если разница получилась больше, переснимите мерки и добейтесь соответствия чисел друг другу.

2. От точки 19 влево отложите отрезок [19—20], равный величине отрезка [1—2], то есть ширина горловины равняется ширине ростка:
[19—20] = [1—12] = 7 см.

3. От точки 19 вниз отложите высоту горловины, которая на 1 см больше ее ширины, и поставьте точку 21:
[19—21] = [19—20] + 1 см;
[19—21] = 7 + 1 = 8 см.

Точки 20 и 21 соедините лекальной линией, образуя горловину полочки.

4. От точки 8 влево отложите мерку центр груди с прибавкой 0,5 см (для прилегающих изделий 0,5 см можно не прибавлять, для объемных форм прибавку увеличивают до 0,7—1 см) и поставьте точку 22:
[8—22] = Цг + 0,5 см;
[8—22] = 11,4 + 0,5 = 11,9 см.

Через точку 22 проведите вертикаль.

5. Из точки 20 на вертикали, проведенной через точку 22, выполните засечку радиусом, равным мерка высота груди вторая минус длина ростка; обозначьте точку 23:
$R = [20-23] = Вг_2 - l_{ростка}$,
[20—23] = 39,7 − 9,2 = 30,5 см.

Точки 20 и 23 соедините прямой линией, образуя одну сторону нагрудной вытачки.

Плечевые изделия 47

6. От точки 23 вдоль вытачки отложите вверх мерку Цг для типовой фигуры или измерьте расстояние от сосковой точки до горизонтали через передние углы подмышечных впадин. Точку обозначьте 24.

[23—24] = Цг;
[23—24] = 11,4 см.

7. Из точки 23 через точку 24 выполните небольшую засечку, по ней отложите отрезок [24—25], равный:

[24—25] = Шг$_2$ – Шг$_1$;
[24—25] = 25,6 – 19,1 = 6,5 см.

8. Точки 23 и 25 соедините прямой линией, по ней отложите:
[23—26] = [20—23] = 30,5 см.

Отрезок [23—26] является второй стороной нагрудной вытачки. Такое расположение вытачки удобно для переноса ее в любое место конструкции.

9. Построим крайнюю плечевую точку полочки путем пересечения двух дуг. Первую проведите из точки 26 радиусом, равным мерке ширина плеча. Вторую дугу проведите из точки 23 радиусом, равным мерке высота плеча косая полочки плюс высота плечевой накладки, если она предусмотрена в модели. Точку пересечения обозначьте 27.

R_1 = [26—27] = Шп;
R_2 = Вп.к.п;
R_1 = 13,8 см;
R_2 = 26,3 см.

Точки 26 и 27 соедините прямой линией, образуя плечевой срез полочки.

10. От точки 7 вверх отложите половину отрезка [6—16] и поставьте точку 28:

[7—28] = 0,5 · [6—16];
[7—28] = 0,5 · 12,2 = 6,1 см.

11. Точки 27 и 28 соедините прямой линией, к центру отрезка восстановите перпендикуляр. По нему отложите 1—1,5 см.

Нижний участок проймы оформите в следующей последовательности:

— точки 28 и 17 соедините прямой;

— середину отрезка [28—17] соедините с точкой 7;
— от точки 7 отложите половину наклонного отрезка плюс 0,5 см, обозначьте точку 7′;
— нижний участок проймы полочки оформите лекальной линией через точки 28, 7′ и 17.

12. Отрезок [17—18] является линией бокового среза полочки.

VII. Выполним контроль ширины изделия по линии бедер. Для этого проверим значение прибавки по линии бедер, полученное в результате построения. Ширина деталей по линии бедер построенной конструкции равна ее ширине под проймой:

[2—9] = [5—8] = 63,4 см.

Мерка полуобхват бедер Сб = 60 см, значит, прибавка по линии бедер получилась 63,4 − 60 = 3,4 см. Отсюда, получаем формулу:

Пб = Ши − Сб.

Значение прибавки получилось достаточным для изделия средней степени прилегания. Минимальное значение прибавки для нерастяжимых тканей составляет 2 см. Если ваше значение получилось меньше допустимого, нужно недостающую величину равномерно добавить к ширине каждой детали по линии бедер.

VIII. Оформим изложенное выше в виде таблицы (№ 14—15).

Построение основной схемы плечевого изделия

Таблица № 14

Усл. обозн.	Сш	Сг₂	Ст	Сб	Шс	Шпр	Шг₂	Шг₁	Шп	Дт.с₁	Вп.к.с	Вб	Дт.п₂	Вг₂	Цг	Вп.к.п	Дг.о
Типовой разм. 56, рост 170	20,0	58,4	46,4	60,0	20,1	12,7	25,6	19,1	13,8	41,8	46,1	18,7	56,2	39,7	11,4	26,3	92,4
Ваши мерки																	

Плечевые изделия 49

Прибавки:
Пг = 5 см
Пс.пр = 2,5 см
Ши = $С_{г_2}$ + Пг = 58,4 + 5 = 63,4 см

Ваши данные:
Пг =
Пс.пр =
Ши = $С_{г_2}$ + Пг =

Таблица № 15

Последовательность построения	Расчетные формулы	Примеры расчета	Ваши вычисления
Базисная сетка			
1. Точка 1			
2. ↓ [1—2]	$Д_{т.с_1}$ + 0,5 см	41,8 + 0,5 = 42,3 см	
3. ↓ [2—3]	18—20 см	19 см	
4. ↓ [1—4]	Ди	100 см	
5. ↑ [2—5]	Вб – Пс.пр	18,7 – 2,5 = 16,2 см	
6. Через точки 1, 2, 3, 4, 5 – горизонтали			
7. → [5—6]	Шс + 0,3 Пг	20,1 + 0,3 · 5 = 21,6 см	
8. → [6—7]	Шпр + 0,5 Пг	12,7 + 0,5 · 5 = 15,2 см	
9. → [7—8]	$Ш_{г_2}$ + 0,2 Пг	25,6 + 0,2 · 5 = 26,6 см	
10. Через точку 8 – вертикаль – т. 9, 10, 11			
Спинка			
1. → [1—12]	0,3 Сш + 1 см	0,3 · 20 + 1 = 7 см	
2. ↑ [12—13]	Таблица № 12	3,6 см	
3. Из точки 13 ↓ перпендикуляр – т. 14			
4. R_1 из точки 13	Шп + вытачка	13,8 + 2,5 = 16,3 см	
5. R_2 из точки 2	Вп.к.с + 0,5 см	46,1 + 0,5 = 46,6 см	
6. Соединить точки 13 и 15 прямой			
7. Плечевая вытачка	Раствор – 2,5 см, длина – 9 см		
8. ↑ [6—16]	1/2 [6—15]	0,5 · 24,4 = 12,2 см	
9. → [5—17]	1/2 [5—8] – 1 см	0,5 · 63,4 – 1 = 30,7 см	
10. Точки 15, 16 и 17 – лекально			
11. → [4—18]	[5—17]	30,7 см	
Полочка			
1. ↑ [9—19]	$Д_{т.п_2}$ – $l_{ростка}$ + 0,5 см	56,2 – 9,2 + 0,5 = 47,5 см	
2. Проверка точки 19	[9—19] + [13—14] = = Дт.о + 1 см	47,5 + 45,9 = 93,4 см 92,4 + 1 = 93,4 см	
3. ← [19—20]	[1—12]	7 см	

4. ↓ [19—21]	[19—20] + 1 см	7 + 1 = 8 см	
5. Точки 20 и 21 – лекально			
6. ← [8—22]	Цг + 0,5 см	11,4 + 0,5 = 11,9 см	
7. Через точку 22 – вертикаль			
8. R из точки 20 на вертикали – точка 23	$Вг_2 - l_{ростка}$	39,7 – 9,2 = 30,5 см	
9. R из точки 23 – точка 24	Цг	11,4 см	
10. ← [24—25]	$Шг_2 - Шг_1$	25,6 – 19,1 = 6,5 см	
11. Точки 23 и 25 – прямая по ней [23 – 26]	[20—23]	30,5 см	
12. R_1 из точки 26	Шп	13,8 см	
13. R_2 из точки 23	Вп.к.п	26,3 см	
14. Соединить точки 26 и 27 прямой			
15. ↑ [7—28]	1/2 [6—16]	0,5 · 12,2 = 6,1 см	
16. Точки 27, 28 и 17 – лекально			
17. Контроль Пб	Ши – Сб	63,4 – 60 = 3,4 см	

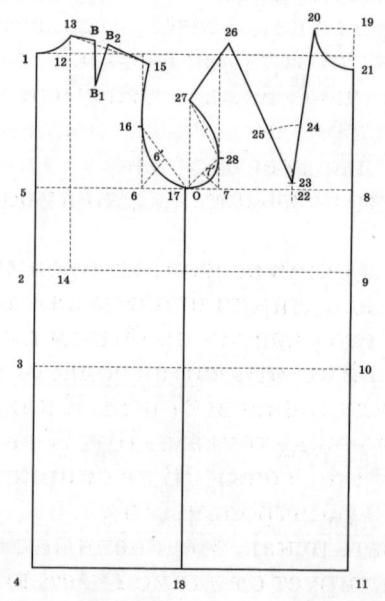

Рис. 7. Построение чертежа-основы плечевого изделия

Построение чертежа-основы втачного рукава

Построение втачного рукава выполняют в четком соответствии с параметрами проймы. Какие из них нас будут интересовать?

1. Высота крайней плечевой точки полочки относительно линии свободы проймы. Определяется по перпендикуляру, проведенному из точки 27 на отрезок [6—7]. Точку пересечения обозначим О (рис. 8). Измерим величину отрезка [27—О] и прибавим к ней 1—1,5 см. В результате получим важную характеристику рукава, которая называется «высота оката» (условное обозначение Вок).

В нашем примере: Вок = [27—О] + 1 см = 17,5 + 1 = 18,5 см.

Высоту оката рукава можно определить другим способом. Постройте детали спинки и полочки, вырежьте их с боковыми и плечевыми припусками. Сколите или склейте детали, чтобы получить замкнутую линию проймы. Наденьте макет на манекен (или повесьте его на руку, используя ее как плечевую область). Теперь измерьте расстояние по вертикали от самой высокой до самой низкой точки проймы. Полученное значение является высотой оката рукава. Этими двумя методами удобно пользоваться для взаимного контроля, поскольку чертежный не всегда точен.

2. Второй параметр называется «длина проймы» (условное обозначение Дпр).

Линия проймы изделия состоит из проймы спинки и проймы полочки. В свою очередь, линия проймы каждой детали состоит из двух частей — верхнего участка проймы и нижнего. На спинке к верхнему участку проймы относится область между точками 15 и 16, на полочке — между точками 27 и 28. К нижним участкам проймы относятся области между точками 16 и 17 на спинке и между точками 17 и 28 на полочке. Точки 16 на спинке и 28 на полочке являются переходными (контрольными).

Если рассматривать рукав, соединенный с проймой, то верхняя часть проймы контактирует с видимой частью рукава. Нижняя же ее часть относится к внутренней половинке рукава, они скрыты при опущенной вниз руке. Точки на рукаве, соответствующие точкам 16 и 28 проймы, также являются переходными между верхней и нижней (видимой и невидимой) частями рукава. Линии, проходящие через эти точки, называются передним и задним перекатами.

Итак, Дпр = [15—16] + [16—17] + [17—28] + [27—28], где каждый из отрезков измеряется вдоль контура проймы, то есть по лекальной линии, а не по прямой.

В нашем примере:
[15—16] = 12,2 см;
[16—17] = 17 см;
[17—28] = 10,5 см;
[27—28] = 13,7 см.
Дпр = 12,2 + 17 + 10,5 + 13,7 = 53,4 см.

В рукаве только нижняя передняя часть, соответствующая области [17—28], четко повторяет контуры проймы. Остальные участки рукава нуждаются в дополнительной прибавке, которая называется посадкой. Эта величина нужна для создания формы рукава и для обеспечения необходимой его ширины.

Величина посадки зависит от свойств ткани. Чем больше в ней натуральных компонентов, тем большее значение прибавки можно выбрать. Средние значения колеблются в пределах от 0,05 до 0,1 длины участка. Например, участок оката рукава длиной 10 см. Минимальная величина посадки составляет $0,05 \cdot 10 = 0,5$ см, максимальная — $0,1 \cdot 10 = 1$ см. Средний приемлемый интервал — 0,5—1 см.

Кроме параметров проймы, для построения рукава необходимо знать его собственные характеристики:

1. Длина рукава (условное обозначение Др). Определяется путем измерения фигуры человека (см. «Снятие мерок»).

2. Обхват плеча (условное обозначение Оп). Определяется путем измерения фигуры человека (см. «Снятие мерок»). Применяется для контроля ширины рукава.

3. Ширина рукава внизу (условное обозначение Шр.н). Определяется опытным путем для каждого изделия. Возьмите сантиметровую ленту, обведите ее вокруг руки, имитируя низ предполагаемого рукава, замкните в кольцо и добейтесь нужной вам ширины. Для удобства построения эту величину будем записывать в половин-

Плечевые изделия

ном размере. Это значение соответствует ширине рукава внизу в готовом виде, то есть соединенного по рукавному срезу.

Выпишем наши данные:
Вок = 18,5 см;
[15—16] = 12,2 см;
[16—17] = 17 см;
[28—27] = 13,7 см;
Др = 58,3 см;
Оп = 35,1 см.

Ширину рукава внизу для основы не выбирают, она определяется построением.

1. Постройте две взаимно перпендикулярные прямые, пересекающиеся в точке 1 (рис. 8).

2. От точки 1 вверх отложите отрезок [1—2], равный высоте оката рукава:
[1—2] = Вок;
[1—2] = 18,5 см.

3. Через точку 2 проведите горизонталь.

4. От точки 1 вверх отложите отрезок [1—3], равный длине отрезка [7—28] с чертежа полочки:
[1—3] = [7—28] (с чертежа полочки);
[1—3] = 6,1 см.

Точка 3 оката рукава соответствует точке 28 проймы полочки и совмещается с ней при соединении.

5. От точки 1 влево отложите отрезок [1—4], равный длине отрезка [17—7] с чертежа полочки:
[1—4] = [17—7] (с чертежа полочки);
[1—4] = 6,1 см.

Точка 4 оката рукава соответствует точке 17 проймы изделия и совмещается с ней при соединении.

6. От точки 1 отложите отрезок [1—1'] по аналогии с [7—7'] (с чертежа полочки):
[1—1'] = [7—7'] (с чертежа полочки);
[1—1'] = 2,7 см.

7. Точки 4, 1' и 3 соедините, образуя нижнюю переднюю часть оката рукава.

8. Из точки 3 на горизонтали через точку 2 выполните засечку радиусом, который равен длине проймы между точками 27 и 28, измеренной вдоль лекального контура проймы, плюс прибавка 0,5—1 см.

Прибавка необходима для образования посадки по окату рукава. Значение из интервала выбирается в зависимости от свойств ткани. Чем больше в ней натуральных компонентов, тем легче сутюжить посадку и тем большее значение можно взять.

$R_1 [3—5] = [27—28] + 0,5—1$ см;
$[3—5] = 13,7 + 1 = 14,7$ см.

9. Точки 3 и 5 соедините прямой, разделите отрезок на три части. От первой верхней трети проведите перпендикуляр, по нему отложите 1,5—2,5 см. С учетом построенной точки оформите верхнюю переднюю часть оката рукава.

Точка 5 оката рукава соответствует точке 27 проймы полочки. Кроме того, она соответствует точке 15 проймы спинки, поскольку точки 15 и 27 совмещаются при соединении плечевого среза.

10. Следующую точку будем получать пересечением двух дуг. Первую проведите из точки 5 радиусом, равным длине проймы между точками 15 и 16 (с чертежа спинки) плюс прибавка 1 см. Вторую дугу проведите из точки 4 радиусом, равным длине проймы между точками 16 и 17 спинки плюс 0,7—1 см. Пересечение двух дуг обозначьте точкой 6.

$R_2 [5—6] = [15—16] + 1$ см;
$R_3 [4—6] = [16—17] + 0,7—1$ см;
$R_2 [5—6] = 12,2 + 1 = 13,2$ см;
$R_3 [4—6] = 17 + 1 = 18$ см.

Точка 6 оката рукава соответствует точке 16 проймы спинки и совмещается с ней при соединении.

11. Через точку 6 проведите вертикаль. Пересечение с верхней горизонталью обозначьте точкой 7, с нижней горизонталью — точкой 8.

12. Точки 5 и 6 соедините прямой, отрезок разделите на три части. От первой верхней трети проведите перпендикуляр, по нему отложите 1—2 см. С учетом полученной точки оформите верхнюю заднюю часть оката рукава.

13. Точки 4 и 6 соедините прямой, отрезок разделите на три части. От первой нижней трети проведите перпендикуляр, по нему отложите 1,5—2,5 см. С учетом построенной точки оформите нижнюю заднюю часть оката рукава.

14. После построения оката рукава необходимо выполнить контроль его ширины. Для этого измерьте длину отрезка [1—8]. В нашем примере эта величина составляет 19,5 см. Значение соответствует ширине рукава под проймой, то есть ширине рукава в готовом виде (с соединенным рукавным швом). Ширина рукава в развернутом виде равна 2 · 19,5 = 39 см. Чтобы определить, достаточна ли ширина рукава, нужно из ширины рукава вверху в развернутом виде вычесть мерку обхват плеча (Оп).

В нашем примере: 39 − 35,1 = 3,9 см ≈ 4 см. Сравним это значение с табличным (№ 8). Прибавка соответствует плотной степени прилегания, а значит, подходит для изделия, которое мы выбрали.

Возможны варианты, когда обхват руки шире типовых значений, и ширина рукава оказывается недостаточной. Если не хватает небольшой величины, можно увеличить посадку по окату рукава, тем самым увеличив его ширину. Если величина прибавки очень мала, нужно либо сделать больше ширину проймы изделия, либо использовать другие конструктивные приемы для увеличения ширины рукава. Это может быть внесение вытачки в окат рукава, образование защипов или сборки и т.д.

Следует отметить, если прибавка получилась больше табличного значения, то можно спокойно использовать выполненное построение рукава, поскольку его размеры соответствуют деталям основы, а значит, изделие в целом будет смотреться гармонично.

15. Продлите вертикаль через точку 2, по ней отложите отрезок [2—9], равный длине рукава изделия:

[2—9] = Др;

[2—9] = 58,3 см.

Через точку 9 проведите горизонталь, определяющую положение линии низа рукава основы. Для различных моделей длина рукава уточняется.

16. От точки 2 вниз отложите отрезок [2—10], равный:

[2—10] = [2—9] : 2 + 5 см;

Плечевые изделия

[2—10] = 58,3 : 2 + 5 = 34,2 см.

Через точку 10 проведите горизонталь, определяющую положение линии локтя.

17. Отрезок [3—9] является линией переднего переката рукава.

18. Через точку 7 продлите вертикаль, образуя линию заднего переката рукава. Пересечение с линией локтя обозначьте точкой 11, с линией низа — точкой 12.

19. Из точки 4 опустите вертикаль, пересечение с нижней горизонталью обозначьте точкой 13. Отрезок [4—13] является рукавным срезом.

20. Разверните вправо всю нижнюю переднюю часть рукава относительно линии переднего переката [3—9]. Верхнюю точку обозначьте 14, нижнюю — 15.

21. Разверните влево всю нижнюю заднюю часть рукава относительно линии заднего переката [6—12]. Верхнюю точку обозначьте 16, нижнюю — 17.

Построение основной схемы рукава выполнено. Она соответствует абсолютно прямой форме рукава с одинаковой шириной по всей длине. Для того чтобы получить другую форму втачного рукава, нужно сначала выполнить построение основы, а затем внести изменения в соответствии с моделью.

Для удобства дальнейшего использования построение рукава оформлено в виде таблиц (№ 16—17).

Построение основной схемы втачного рукава

Таблица № 16

Усл. обозн.	Вок	[15—16]	[16—17]	[27—28]	Др	Оп	Шр.н
Типовой разм. 56, рост 170	18,5 см	12,2 см	17 см	13,7 см	58,3 см	35,1 см	—
Ваши данные							

Плечевые изделия

Таблица № 17

Последовательность построения	Расчетные формулы	Примеры расчета	Ваши вычисления
1. Точка 1			
2. ↑[1—2]	Вок	18,5 см	
3. ↑[1—3]	[7—28] – с чертежа полочки	6,1 см	
4. ←[1—4]	[17—7] – с чертежа полочки	6,1 см	
5. От точки 1 – под наклоном	[7—7'] – с чертежа полочки	2,7 см	
6. Точки 4, 1' и 3 – лекально			
7. R_1 из точки 3	[27—28] + 0,5—1 см	13,7 + 1 = 14,7 см	
8. [3—5] : 3 – перпендикуляр	1,5—2,5 см	2,3 см	
9. R_2 из точки 5	[15—16] + 1 см с чертежа спинки	12,2 + 1 = 13,2 см	
10. R_3 из точки 4	[16—17] + 0,7—1 см с чертежа спинки	17 + 1 = 18 см	
11. Через точку 6 – вертикаль – т. 7, 8			
12. [5—6] : 3 – перпендикуляр	1—2 см	1,5 см	
13. [4—6] : 3 – перпендикуляр	1,5—2,5 см	2 см	
14. Контроль По.п	2 · [1—8] – Оп	2 · 19,5 – 35,1 = 3,9 см	
15. ↓[2—9]	Др	58,3 см	
16. ↓[2—10]	[2—9] : 2 + 5 см	58,3 : 2 + 5 = 34,2 см	
17. Через точку 7 – вертикаль – т. 11, 12			
18. Через точку 4 – вертикаль – т.13			
19. Разворот вокруг [3—9] – т. 14, 15			
20. Разворот вокруг [6—12] – т. 16, 17			

58 Плечевые изделия

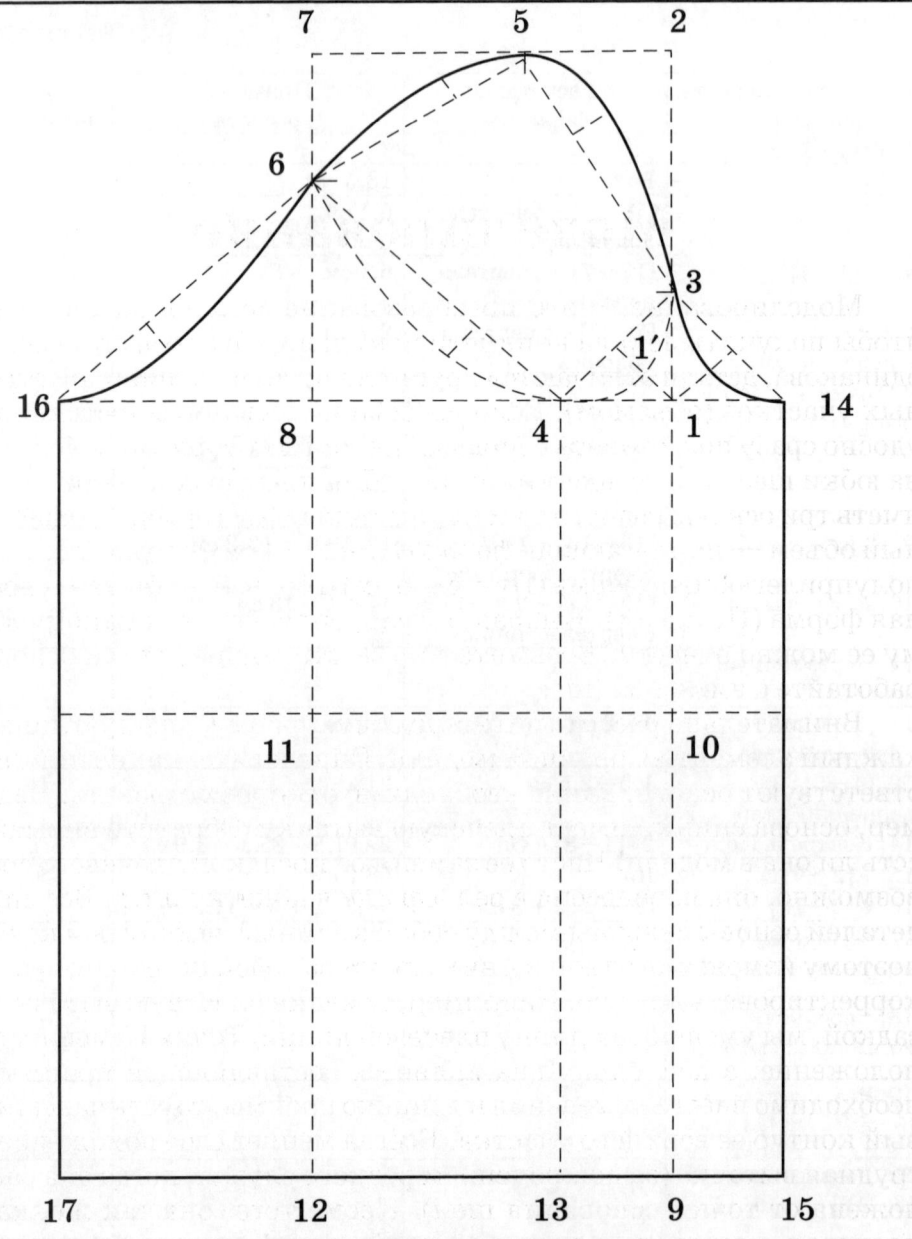

Рис. 8. Построение основы втачного рукава

Моделирование

Моделирование — это преобразование деталей основы с тем, чтобы получить лекала конкретной модели. То есть форма основы одинакова, детали отличаются друг от друга только шириной отдельных участков (объемом). Если вы собираетесь шить постоянно, то удобно сразу подготовить основу юбки прямой формы и основу клина юбки шести- или восьмиклинки. Для плечевых изделий лучше иметь три основы разного объема, о которых мы говорили ранее: малый объем — прилегающая форма (Пг = 2—4 см), средний объем — полуприлегающая форма (Пг = 5—6 см) и большой объем — свободная форма (Пг > 6 см). Выбрав модель, определите, к какому объему ее можно отнести. Возьмите соответствующие детали основы и работайте с ними дальше.

Внимательно рассмотрите силуэтную форму, каждую линию и каждый элемент выбранной модели. Определите, какие линии соответствуют основе, какие необходимо откорректировать. Например, основа спинки имеет плечевую вытачку. Обратите внимание, есть ли она в модели. Часто ее заменяют посадкой плечевого среза, возможно, она перенесена в рельеф или в кокетку и т.д. Все линии деталей основы связаны между собой в единый замкнутый контур, поэтому изменение одной их них влечет за собой необходимость откорректировать другую. Например, заменив плечевую вытачку посадкой, мы уменьшаем длину плечевой линии. Точка 15 меняет свое положение, а поскольку она является составляющей проймы, то необходимо внести изменения и в линию проймы, то есть нанести новый контур ее верхнего участка. Всегда меняет свое положение нагрудная вытачка (за исключением редкого случая, когда она расположена от точки основания шеи). Кроме того, она так же, как и плечевая, может стать составляющей рельефа, подреза, может переноситься целой или по частям, вытачка может быть заменена сборкой, защипами, складками и т.д. Следует отметить, что почти в каждой модели требует оформления контур горловины.

Кроме изменения основных линий, необходимо подготовить дополнительные детали, такие как карманы, воротники, клапаны, манжеты и т.д. Для этих элементов важно, чтобы они пропорционально соответствовали друг другу и всей модели в целом. Обычно для мелких деталей используют макетный способ моделирования. Он заключается в том, что сначала выполняется приблизительная деталь из бумаги, прикрепляется к изделию, подбирается подходящая форма, и только после этого окончательно оформляются лекала.

Дальше мы с вами рассмотрим, как оформляются изделия различных силуэтных форм, разберем некоторые часто используемые приемы моделирования. Кроме того, вы сможете по описанию последовательности подготовки деталей предложенных моделей разобраться с процессом на конкретных примерах, а затем использовать полученные знания для пошива любого изделия.

Оформление силуэтной формы плечевого изделия

Силуэтная форма плечевого изделия создается за счет различных вариантов сочетания ширины изделия по линии груди, талии, бедер и по линии низа. Различают три основные силуэтные формы: прямая, прилегающая (полуприлегающая) и расширенная. Рассмотрим каждую из них более подробно.

1. Прямой силуэт

Прямая силуэтная форма характеризуется тем, что основной контур изделия напоминает прямоугольник (рис. 9). Такая форма достигается за счет одинаковой ширины деталей по всей длине изделия. При этом степень прилегания по грудному конструктивному поясу может быть самой разной: возможен вариант очень плотного

Моделирование 61

Рис. 9

Рис. 10. Оформление прямой силуэтной формы

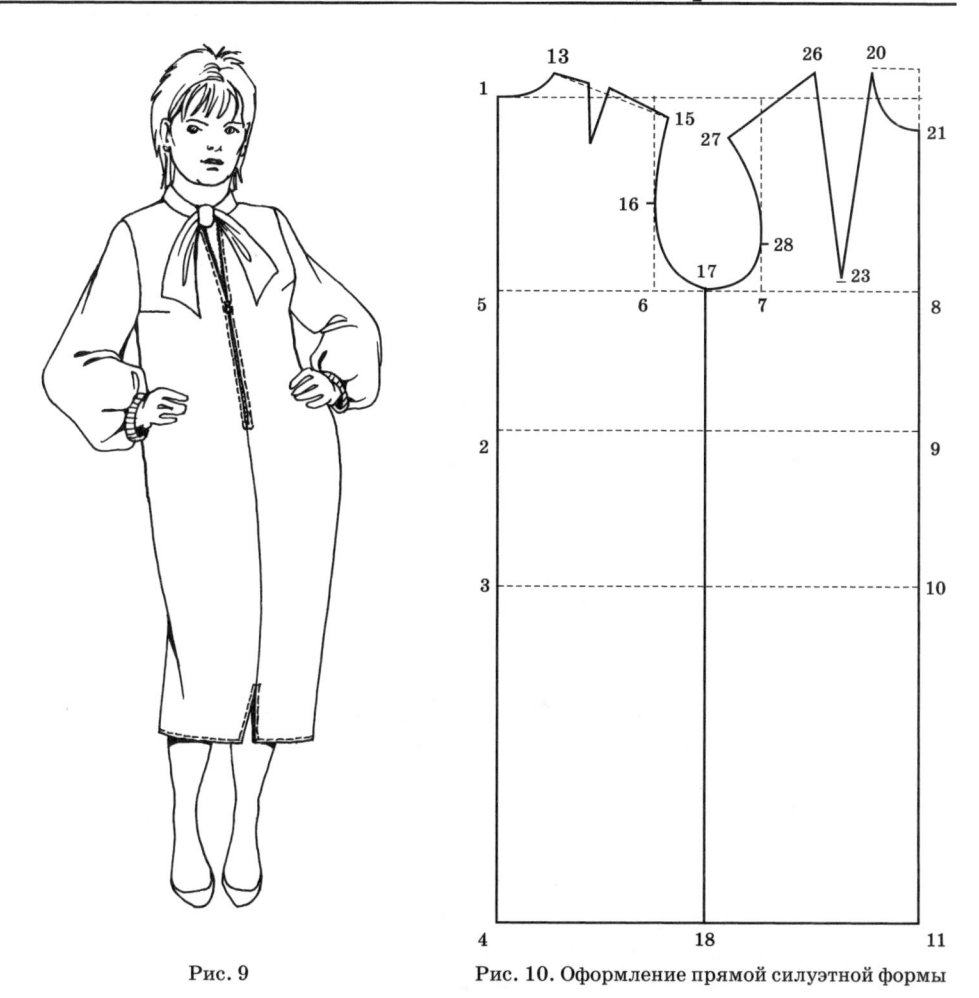

прилегания изделия по груди или менее плотного, изделие может быть прямого силуэта со средней степенью прилегания или достаточно свободное.

Чтобы получить изделие прямого силуэта, выбирают прибавку по груди в зависимости от объема конкретной модели, строят основу и используют ее без изменения. То есть боковая линия и линия низа основы соответствуют боковому и нижнему срезам изделия (рис. 10).

62 Моделирование

2. Прилегающий и полуприлегающий силуэты

Прилегающие силуэты характеризуются тем, что их основной контур полностью или частично повторяет формы тела человека (рис. 11).

Прилегание в изделии достигается за счет введения вытачек по линии талии. Классический пример их расположения следующий:

Рис. 11

две вытачки на спинке, направленные к центру лопаток, две вытачки на полочке, направленные к центру груди, и боковые вытачки, равномерно распределяемые между деталями. Вариантов же расположения вытачек огромное количество. Они могут быть смещены относительно центров, располагаться по одиночке или целыми группами, могут быть заменены рельефами, складками, защипами или войти в линии подрезов и т.д. Поэтому каждая модель требует индивидуального подхода. Но существуют общие правила, на которые можно опираться при выполнении конструкции.

Ориентировочная последовательность этапов при построении прилегающих форм следующая:

1. В соответствии с эскизом модели выбираются прибавки по основным конструктивным поясам: грудному, талевому и бедренному (Пг, Пт, Пб).

2. Выполняется расчет и построение основы спинки и полочки в соответствии с выбранной прибавкой по груди.

3. Выполняется расчет изделия по линии талии.

4. Выполняется расчет изделия по линии бедер.

5. Уточняется ширина основы по линии низа.

6. Вносятся вытачки, оформляются линии боковых срезов.

7. Вносится расширение по линии низа (для расклешенных изделий).

8. Окончательно оформляются линии боковых и нижних срезов.

9. Осуществляется проверка ширины изделия по конструктивным поясам.

Рассмотрим процесс расчетов и построение на конкретном примере.

1. Платье со средней степенью прилегания по основным конструктивным поясам:

Пг = 5,7 см, Пт = 6,2 см, Пб = 3 см.

2. Воспользуемся конструкцией основы, рассмотренной в главе «Построение чертежа-основы плечевого изделия» (размер 54, рост 164 см).

3. Выполним расчет изделия по линии талии.

Ширина изделия по линии талии равна мерке полуобхват талии плюс прибавка, соответствующая данному участку:

ширина изделия по линии талии = Ст + Пт.

В нашем примере ширина изделия по линии талии = 44,8 + 6,2 = = 51 см.

Фактическая ширина на чертеже равна длине отрезка [2—9] и равна мерке полуобхват груди второй плюс прибавка по груди:

ширина конструкции основы по линии талии = $Сг_2$ + Пг.

В нашем примере ширина конструкции по линии талии = = 56,3 + 5,7 = 62 см.

Итак, ширина на чертеже по линии талии равна 62 см, нам же необходимо иметь ширину, равную 51 см, значит, остается лишняя величина 62 – 51 = 11 см. Ее необходимо оформить в виде вытачек, а называется она суммарным раствором вытачек. Условное обозначение — Σ В. Отсюда выведем формулу:

Σ В = ($Сг_2$ + Пг) – (Ст + Пт);

Σ В = (56,3 + 5,7) – (44,8 + 6,2) = 11 см.

Суммарный раствор вытачек распределяется между участками конструкции в следующем соотношении:

50 % — на боковую вытачку;

30 % — на вытачку спинки;

20 % — на вытачку полочки.

В нашем примере:

— боковая вытачка 0,5 · 11 = 5,5 см;

— задняя вытачка 0,3 · 11 = 3,3 см;

— передняя вытачка 0,2 · 11 = 2,2 см.

Для удобства дальнейшего построения перераспределим полученные значения между вытачками так, чтобы получить целые числа. В нашем примере на боковую вытачку возьмем 5,6 см (по 2,8 см на спинку и полочку), а на заднюю вытачку — 3,2 см.

Следует отметить, что предложенное распределение может быть изменено в соответствии с моделью. Например, вы делаете платье со швом в средней линии спинки, тогда рационально внести в эту область вытачку раствором 1—2,5 см, а остаток распределить между остальными участками и т.д.

4. Выполним расчет изделия по линии бедер.

Ширина изделия по линии бедер равна мерке полуобхват бедер плюс прибавка, соответствующая данному участку:

ширина изделия по линии бедер = Сб + Пб.

В нашем примере ширина изделия по линии бедер = 58 + 3 = 61 см.

Фактическая ширина на чертеже равна длине отрезка [3—10] и равна мерке полуобхват груди второй плюс прибавка по груди:

ширина конструкции основы по линии бедер = $Сг_2$ + Пг.

В нашем примере ширина конструкции по линии бедер = 56,3 + 5,7 = 62 см.

Сравним полученные величины.

Ширина основы по линии бедер больше необходимого на 62 − 61 = 1 см. Значит, конструкцию по линии бедер необходимо уменьшить на эту величину. Причем уменьшение распределяется равномерно между полочкой и спинкой (по 0,5 см) и вносится от бокового среза вдоль линии бедер (рис. 12).

Предположим, ширина конструкции получилась меньше необходимого на 3 см. В этом случае каждую деталь по линии бедер расширяют на 1,5 см.

Если в результате сравнения разница получилась незначительной, ею можно пренебречь и оставить ширину конструкции по линии бедер без изменения. Например, фактическая прибавка по линии бедер получилась 5 см, а не 4,5 см, как было выбрано. Прибавка 5 см также соответствует средней степени прилегания и поэтому не меняет конструктивной формы, а значит, может быть применена вместо выбранной ранее.

5. После расчета изделия по линии бедер корректируется линия низа основы. То есть если мы заужали детали по линии бедер, то же необходимо сделать и по линии низа. И наоборот. Только после этого можно выполнять дальнейшее моделирование (вносить дополнительное расширение, оформлять фигурную линию низа и т.д.).

В нашем примере по линии низа каждую деталь заужаем на 0,5 см (рис. 12).

6. Внесем в соответствии с выполненными расчетами вытачки и оформим линии боковых срезов (рис. 12).

Для оформления вытачки спинки отрезок [5—6] разделите пополам, из полученной точки на линию талии восстановите перпендикуляр. Это средняя линия задней вытачки, или как ее еще назы-

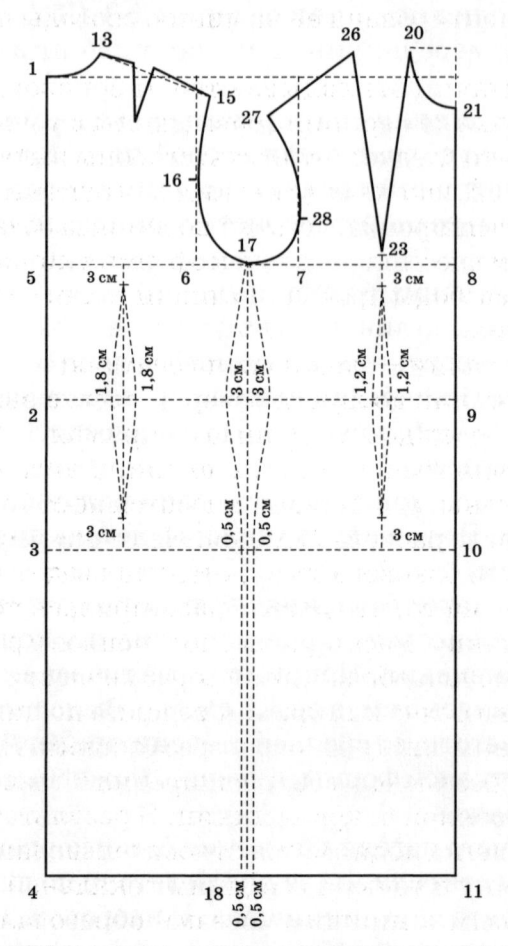

Рис. 12. Оформление полуприлегающей силуэтной формы

вают, осевая. Раствор вытачки откладывается равномерно относительно осевой. В нашем примере — по 3,2 : 2 = 1,6 см.

По длине вытачка не доходит до линии свободы проймы и линии бедер на 2,5—4 см. Значение из предложенного интервала выбирается в зависимости от формы тела человека.

Аналогично оформляется вытачка полочки. Осевая передней вытачки совпадает с вертикалью через точку 23. Верхняя точка вытачки также ориентирована не на линию свободы проймы, а на точку центра груди.

Боковые вытачки откладываются от бокового среза вдоль линии талии, и верхние вершины совмещены с точкой 17.

Последнее, что следует отметить: стороны вытачек в области талии оформляются лекально (с легким закруглением углов).

Заужение (расширение) деталей по линиям бедер и низа уже выполнено. С учетом внесенных вытачек оформим линии боковых срезов:
— от линии свободы проймы до линии талии — прямая или слегка вогнутая линия;
— в области талии — лекальная вогнутая;
— от линии талии до линии бедер — слегка выпуклая;
— от линии бедер до линии низа — прямая.

7. Внесем расширение спинки по линии низа на 3 см (рис. 13). Будьте внимательны: расширение вносится не от точки 18, а от уточненной точки после расчета изделия. Из точки расширения к изгибу бедренной части бокового среза детали проведем касательную. Обратите внимание на то, что деталь расширилась по линии бедер на небольшую величину. Расширение, полученное в результате построения, необходимо для образования соразмерности между шириной изделия по линии бедер и шириной изделия по линии низа.

Теперь уточним длину бокового среза спинки. Для этого измерим длину бокового среза основы без расширения и такое же значение отложим по построенной боковой линии. В результате нижняя точка бокового среза слегка поднимется относительно линии низа основы. Полученную точку и точку 4 соединим лекальной линией так, чтобы между боковым и нижним срезами образовался прямой угол. Аналогично выполним расширение полочки по линии низа и окончательно оформим боковой и нижний срезы.

8. Выполним проверку правильности построения. Для этого сантиметровой лентой измерим ширину деталей по линии талии между вытачками и проверим, соответствует ли это значение 51 см (для нашего примера). Измерим ширину деталей по линии бедер от средней линии спинки до нового бокового среза спинки и от нового бокового среза полочки до средней линии полочки и проверим, не меньше ли это значение 61 см (для нашего примера). Если значения расхо-

68   Моделирование

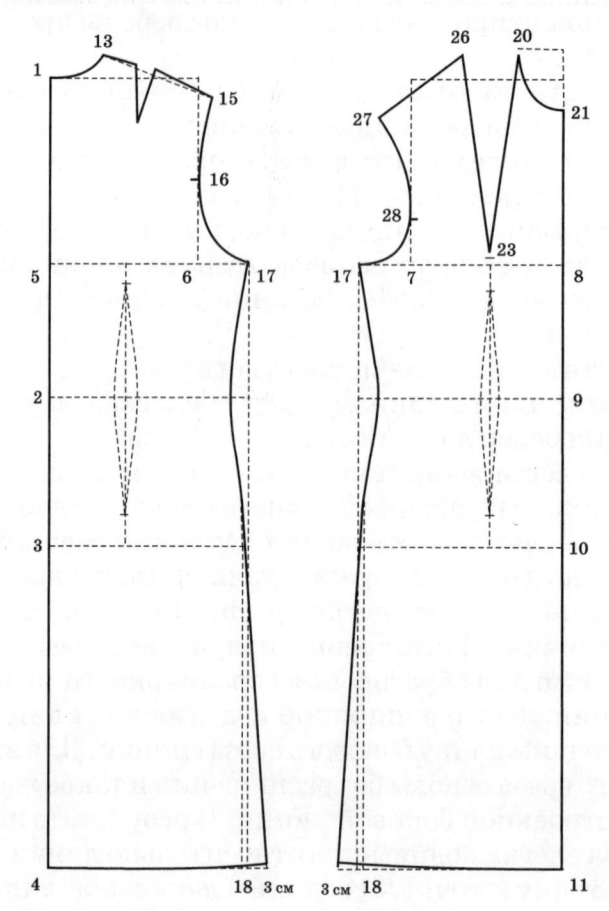

Рис. 13. Расширение деталей по линии низа и окончательное оформление боковых срезов

дятся, проверьте расчеты и правильность внесения чисел в конструкцию.

3. Расширенный силуэт

Контур изделий расширенного силуэта напоминает трапецию (рис. 14). Достигается такая форма за счет различного расширения

Моделирование 69

Рис. 14

по низу и сохранения прямой линии бокового среза. Конструктивные способы оформления изделий расширенного силуэта могут быть разнообразными: отведение боковых срезов от вертикали, перенос нагрудной вытачки в линию низа, расширение с помощью складок, сборок, использование косого кроя и др.

В данном случае трудно дать общие рекомендации по крою, необходимо рассматривать каждую модель отдельно.

Перенос нагрудной вытачки

Нагрудная вытачка в детали основы полочки начинается от точки основания шеи. Такое расположение достаточно редко встречается в моделях, но очень удобно с точки зрения переноса ее в любое другое место. Вытачка может начинаться от любого среза полочки. Важно найти опорную точку, относительно которой можно определить новое положение вытачки. Например, если вытачка располагается в боковом срезе, целесообразно ее положение рассматривать относительно точки 17, если вытачка выходит из проймы, опорными точками могут быть точки 27 или 28. Надо отметить, что вытачка модели отличается от вытачки основы своей длиной. Ее уменьшают, не доводя до точки 23 на 2—3 см для придания более эластичной формы грудной области.

Существует несколько методов переноса вытачки. Самый простой, быстрый и точный получил название «макетный». Его последовательность операций следующая:
— выполнить построение основы полочки;
— вырезать деталь;
— нанести линию вытачки конкретной модели, определив ее положение относительно опорной точки;
— деталь полочки по этой линии разрезать;
— совместить стороны старой вытачки, в результате чего откроется новая;
— уменьшить длину вытачки на 2—3 см.

Рассмотрим перенос вытачки на конкретных примерах, считая, что первые две операции (вырезанную основу полочки) мы уже имеем.

1. Платье, отрезное по линии талии. Нагрудная вытачка располагается вертикально от линии низа лифа (рис. 15)

В данном примере опорной будет точка 23, и последовательность переноса выглядит следующим образом:

Моделирование 71

Рис. 15

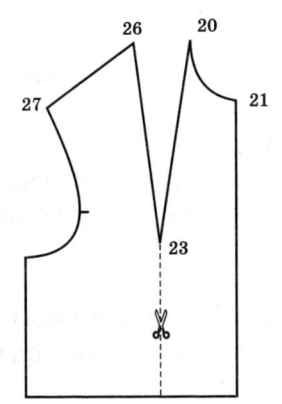

Рис. 16. Перенос вытачки в линию низа лифа

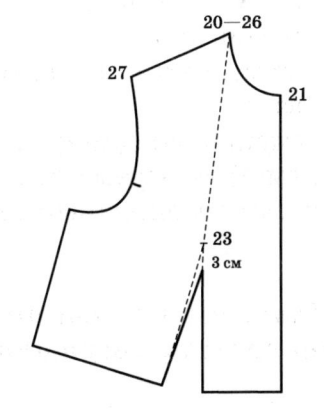

Рис. 17. Окончательная форма полочки с вытачкой от линии низа лифа

72 Моделирование

— через точку 23 провести вертикаль до пересечения с линией низа лифа (рис. 16);
— полочку по этой линии разрезать;
— совместить стороны старой вытачки (рис. 17);
— длину образовавшейся новой вытачки уменьшить на 3 см.

2. Вытачка в модели располагается от бокового шва (рис. 18)

В этом примере опорной является точка 17. От нее визуально определяется расстояние до вытачки. Это может быть 3 см, 4 см, 5 см и так далее, то есть любое расстояние, но предусмотренное для кон-

Рис. 18

Рис. 19. Перенос вытачки в боковую линию

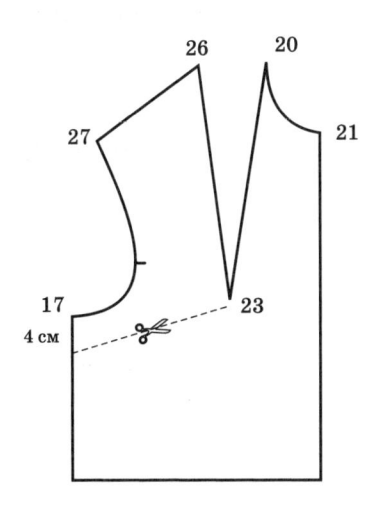

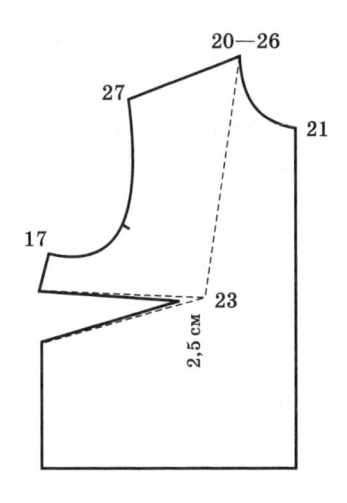

Рис. 20. Окончательная форма полочки с вытачкой от бокового среза

кретной модели. Последовательность построения аналогична таковой в предыдущем варианте, то есть:

— от точки 17 вдоль боковой линии отложить 4 см (или по модели), полученную точку и точку 23 соединить прямой линией (рис. 19);
— полочку по проведенной линии разрезать;
— совместить стороны старой вытачки (рис. 20);
— длину образовавшейся новой вытачки уменьшить на 2,5 см.

Вариантов моделирования вытачки огромное количество: иногда ее разбивают на несколько вытачек и располагают их в разных срезах, причем раствор старой вытачки можно делить пополам, а можно распределять неравномерно; кроме того, частично раствор вытачки можно использовать на посадку среза, а оставшуюся часть оформлять в виде вытачки; бывают варианты, когда всю вытачку распределяют между срезами и используют на посадку (это возможно только в случае определенных свойств ткани); вытачка может быть перенесена в линию кокетки, подреза или рельефа и т.д.

3. Модель со средним центральным швом и с двумя вытачками, расположенными под углом друг к другу и выходящими из бокового среза и средней линии полочки (рис. 21)

В данном варианте несколько опорных точек — 17 и 9. Последовательность оформления следующая:

— от точки 17 вдоль боковой линии отложить 8 см (или по модели), полученную точку и точку 23 соединить прямой линией (рис. 22);

— от точки 9 вверх отложить 9 см (или по модели), полученную точку и точку 23 соединить прямой линией;

— полочку по проведенным линиям разрезать;

Рис. 21

Моделирование 75

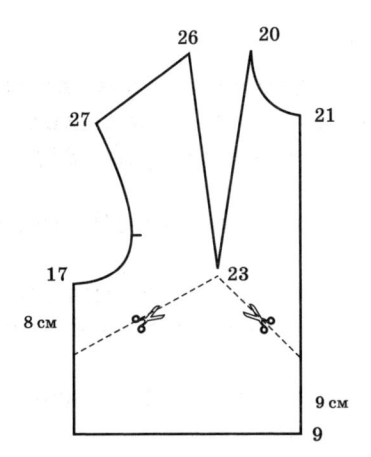

Рис. 22. Разметка двух вытачек

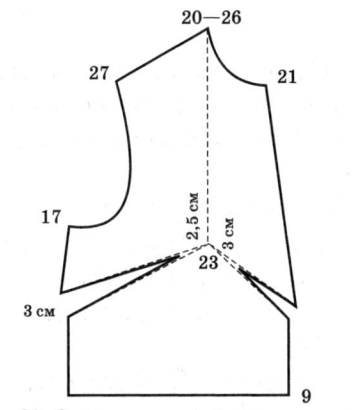

Рис. 23. Окончательная форма полочки с двумя вытачками

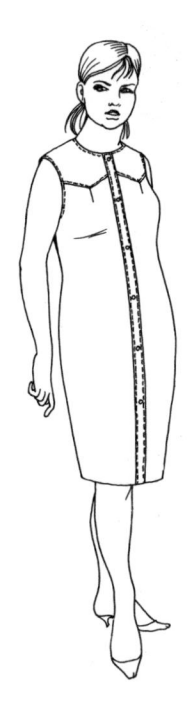

Рис. 24

76 Моделирование

— совместить стороны старой вытачки, боковую вытачку раскрыть на 3 см (рис. 23);

— длину боковой вытачки уменьшить на 2,5 см, длину вытачки от средней линии уменьшить на 3 см.

Иногда вытачку временно переносят в область, где она не мешает выполнить моделирование участка конструкции. Например, изделие с кокеткой, из-под которой выходит вертикальная вытач-

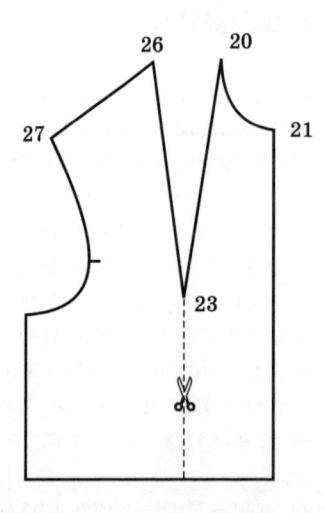

Рис. 25. Перенос вытачки в нейтральную зону

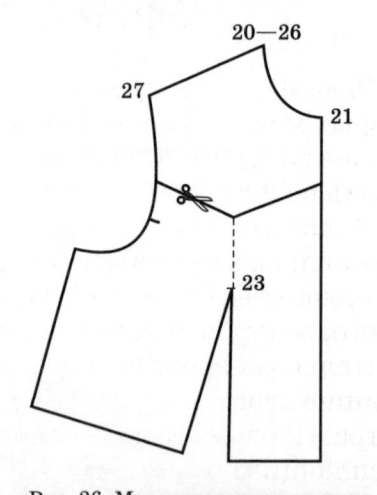

Рис. 26. Моделирование полочки с положением вытачки в нейтральной зоне

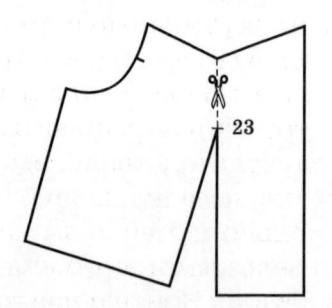

Рис. 27. Разметка постоянного положения вытачки

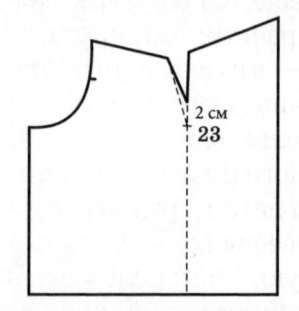

Рис. 28. Окончательная форма полочки

ка (рис. 24). В этом случае вытачку сначала переносят в так называемую нейтральную зону (например, вниз или в боковую линию, причем в любое место без ориентира на опорную точку), выполняют построение кокетки, а затем вновь переносят в необходимое по модели место (рис. 25—28).

Оформление рельефов

Рельефы — это декоративно-конструктивные линии, с помощью которых можно создать большое разнообразие форм и улучшить зрительное восприятие фигуры (то есть подчеркнуть ее достоинства и скрыть недостатки).

В зависимости от того, откуда начинаются рельефы, различают: вертикальные (от плечевого среза), круглые (от проймы), фигурные (от горловины, от средней линии или от бокового среза детали). Кроме того, рельефы рассматривают с точки зрения расположения их относительно центров груди, поэтому различают также: рельефы, проходящие через центр груди, и рельефы со смещением относительно центра. Первые создают наиболее выпуклую форму изделия, вторые же сплющивают объем.

Иногда при разработке конструкции используют несколько одноименных или разноименных рельефов. Например, изделие может иметь несколько вертикальных рельефов, расположенных на определенном расстоянии друг от друга, или один вертикальный рельеф, а второй — круглый (имеется в виду половина объема изделия). В изделии чаще всего используется симметричное расположение рельефов относительно средней линии детали, но встречаются и варианты асимметричного их расположения. В редких случаях применяется с одной стороны детали рельеф, с другой — вытачка, посадка, подрез и т.д.

Рельефы делят целую деталь на несколько частей: центральную и боковую. Если изделие с несколькими рельефами, применяют понятия центральной, средней и боковой детали. Зрительное восприятие рельефа в готовом изделии определяется характером линии центральной детали.

78 Моделирование

Линии рельефов украшают отделочными строчками, кантами, рюшами, шнуровкой, вставками, «молниями», складками, шлицами и т.д.

Рассмотрим некоторые классические варианты построения рельефов.

Рельефы на полочке, проходящие через центр груди, для различных силуэтных форм

I. Построение вертикального рельефа на полочке, проходящего через центр груди, для изделия прямого силуэта (рис. 29)

1. Выполняется построение основы полочки (рис. 30).

Рис. 29

Моделирование 79

Рис. 30. Временный перенос вытачки в нейтральную зону

Рис. 31. Оформление линии рельефа

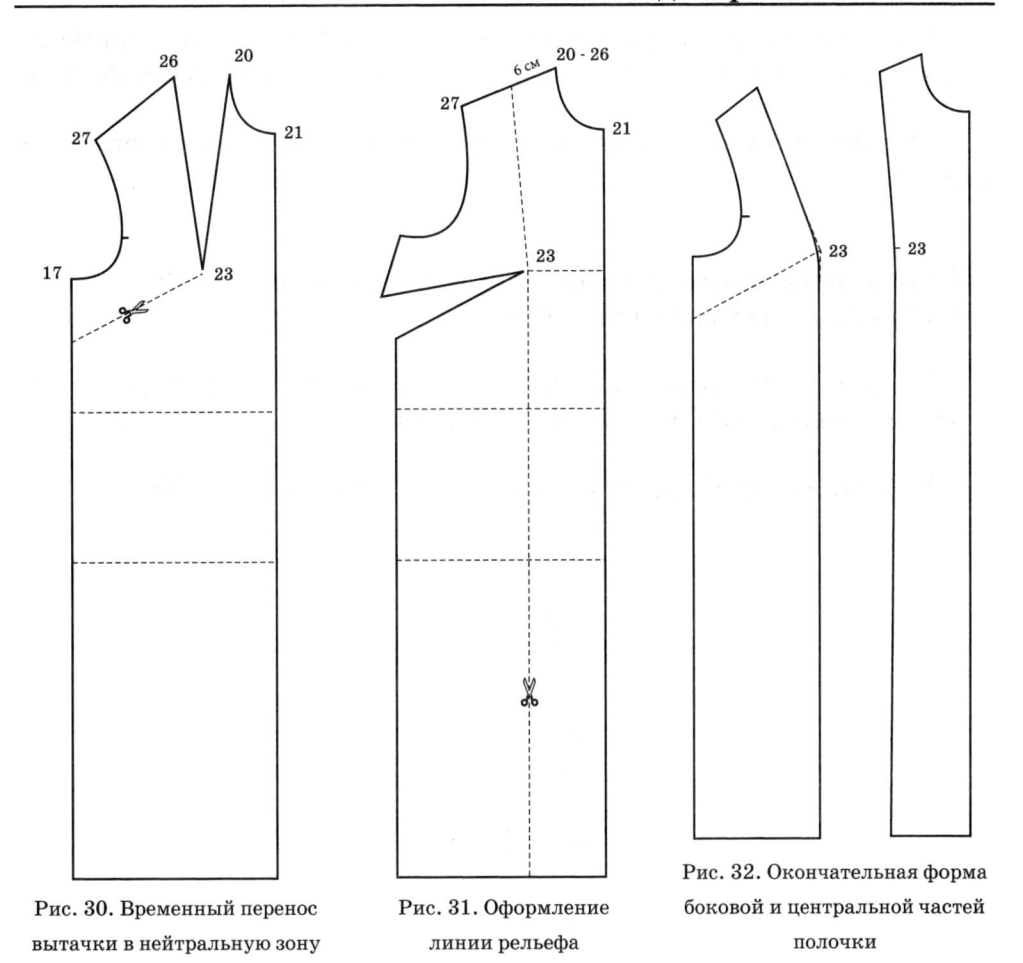

Рис. 32. Окончательная форма боковой и центральной частей полочки

2. Нагрудная вытачка переносится в нейтральную зону (то есть в место, где она не будет мешать нанесению рельефа).

В данном примере перенесем вытачку в линию бокового среза (рис. 31).

3. Выбирается опорная точка (по аналогии с переносом вытачки), от нее наносится расстояние до начала рельефа (верхняя его точка), определяется положение рельефа на линиях груди, талии, бедер и низа. Через полученные точки оформляется линия рельефа.

Опорной в данном примере будем считать точку 20, от нее вдоль плечевого среза отложим 6 см (точка начала рельефа). Поскольку рельеф в данном случае проходит через центр груди, полученную точку и точку 23 соединим прямой линией. Далее линию рельефа продлим вертикально вниз до пересечения с линией низа.

4. Полочка по линии рельефа разрезается.
5. Совмещаются стороны нагрудной вытачки (рис. 32).
6. Окончательно корректируются контуры рельефа боковой части. Для этого слегка закругляется образовавшийся угол в точке 23.

II. Построение круглого рельефа на полочке, проходящего через центр груди, для изделия прямого силуэта (рис. 33)

1. Выполняется построение основы полочки (рис. 34).

Рис. 33

Моделирование 81

Рис. 34. Временный перенос вытачки в нейтральную зону

Рис. 35. Оформление линии рельефа

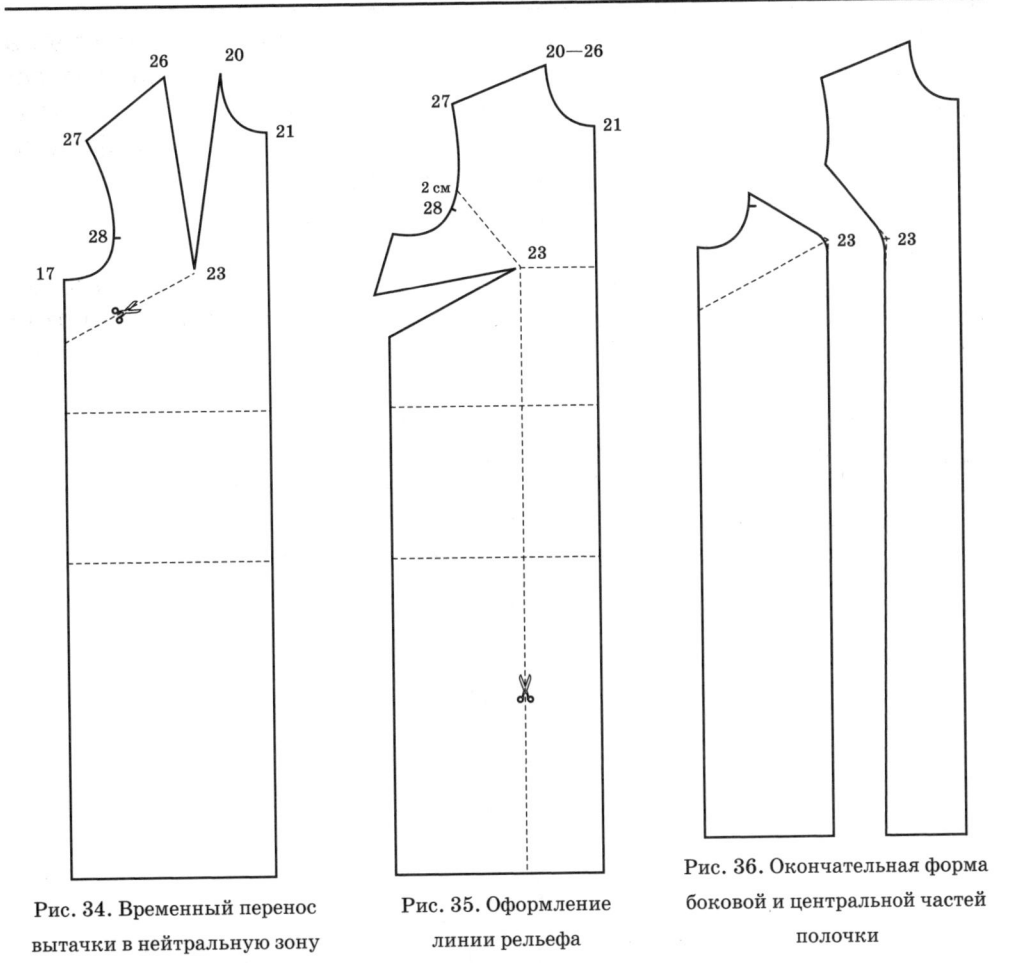

Рис. 36. Окончательная форма боковой и центральной частей полочки

2. Нагрудная вытачка переносится в нейтральную зону (то есть в место, где она не будет мешать нанесению рельефа).

В данном примере перенесем вытачку в линию бокового среза (рис. 35).

3. Выбирается опорная точка. В данном случае это точка 28. От нее вдоль линии проймы вверх отложим 2 см (точка начала рельефа). Поскольку рельеф в данном случае проходит через центр груди, полученную точку и точку 23 соединим прямой линией. Далее линию

рельефа продлим вертикально вниз до пересечения с линией низа. Откорректируем линию рельефа, слегка закруглив образовавшийся угол в точке 23.

4. Полочка по линии рельефа разрезается.
5. Совмещаются стороны нагрудной вытачки (рис. 36).
6. Окончательно корректируются контуры рельефа боковой части. Для этого слегка закругляется образовавшийся угол в точке 23.

III. Построение вертикального рельефа на полочке, проходящего через центр груди, для изделия прилегающего (полуприлегающего) силуэта (рис. 37)

1. Выполняется построение основы полочки (рис. 38).
2. Нагрудная вытачка переносится в нейтральную зону (то есть в место, где она не будет мешать нанесению рельефа). В данном примере перенесем вытачку в линию проймы (рис. 38—39).

Рис. 37

Моделирование 83

Рис. 38. Временный перенос вытачки в нейтральную зону

Рис. 39. Оформление линии рельефа

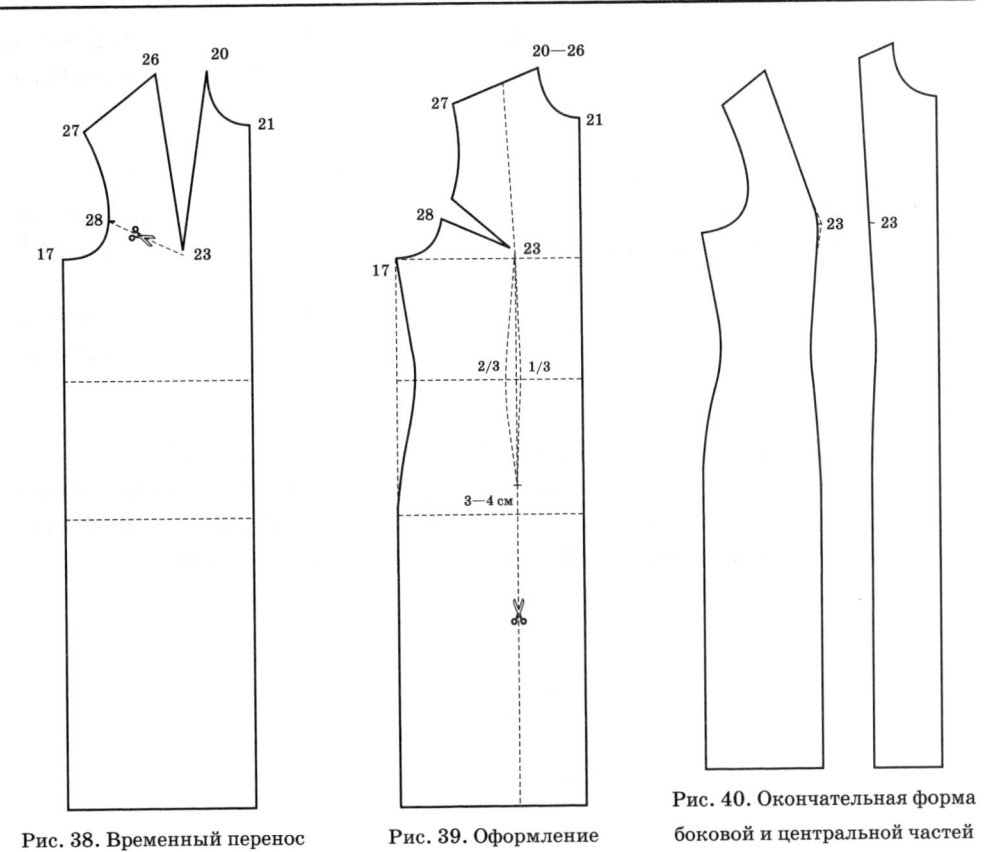

Рис. 40. Окончательная форма боковой и центральной частей полочки

3. Выполняется расчет изделия по линии талии. С учетом этого оформляется линия бокового среза (рис. 39). Талевая вытачка для изделий прилегающих (полуприлегающих) форм вносится в линию рельефа. Раствор вытачки относительно осевой распределяется неравномерно: одна его треть приходится на центральную деталь и две трети — на боковую (рис. 39).

Например, раствор передней вытачки 2,4 см, значит, к центральной детали нужно отложить 0,8 см, к боковой — 1,6 см. Полученные точки соединяют с точкой 23 прямыми линиями. Линию рельефа, относящуюся к центральной части, продлевают вверх до пересечения с плечевым срезом. Нижняя часть от линии талии оформляется по аналогии с обычной вытачкой (то есть по длине вытачка не доходит до линии бедер на 3—4 см). Далее рельеф проводится вертикально вниз до пересечения с линией низа.

4. Полочка по линии рельефа разрезается.

5. Совмещаются стороны нагрудной вытачки (рис. 40).

6. Окончательно корректируются контуры рельефа боковой части. Для этого слегка закругляется образовавшийся угол в точке 23.

IV. Построение круглого рельефа на полочке, проходящего через центр груди, для изделия прилегающего (полуприлегающего) силуэта с расширением книзу (рис. 41)

Начальное построение такое же, как в предыдущем варианте, отличие состоит в оформлении деталей от линии талии до низа.

1. Выполняется построение основы полочки (рис. 42).

Рис. 41

Моделирование 85

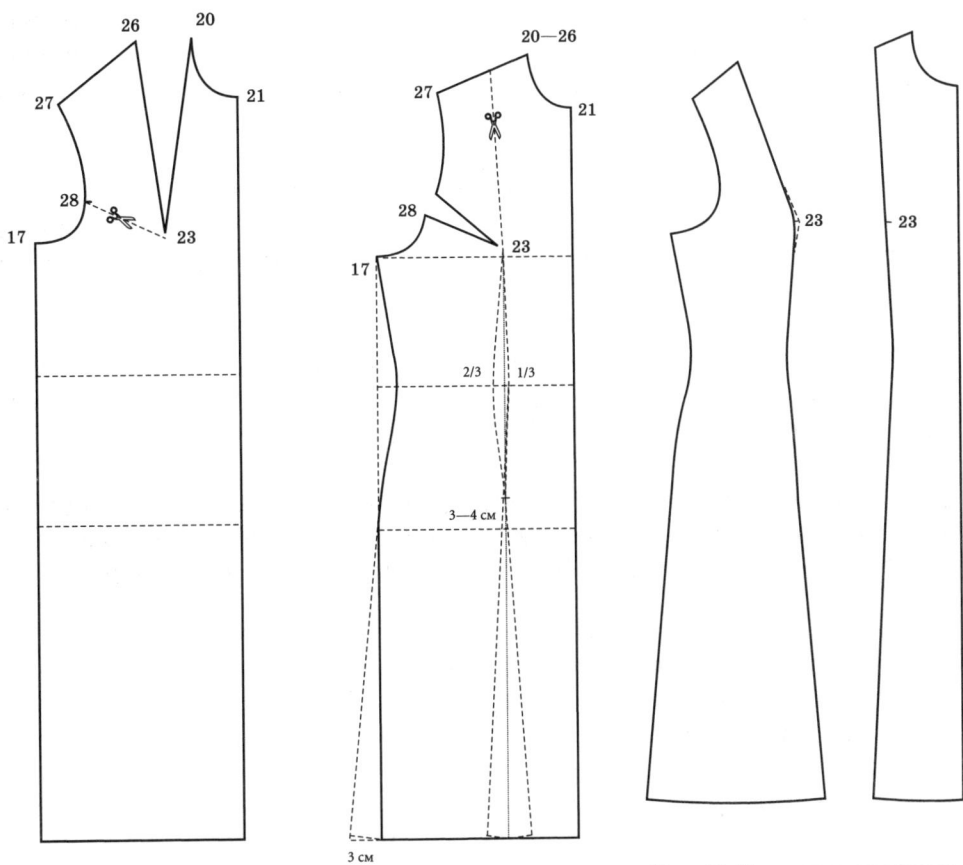

Рис. 42. Временный перенос вытачки в нейтральную зону

Рис. 43. Оформление линии рельефа

Рис. 44. Окончательная форма боковой и центральной частей полочки

2. Нагрудная вытачка переносится в нейтральную зону (то есть в место, где она не будет мешать нанесению рельефа). В данном примере перенесем вытачку в линию проймы (рис. 42—43).

3. Выполняется расчет изделия по линии талии. С учетом этого оформляется линия бокового среза с расширением внизу, которое предусмотрено по модели (рис. 43). Примем величину расширения равной 3 см.

Талевая вытачка для изделий прилегающих (полуприлегающих) форм вносится в линию рельефа. Раствор вытачки относительно осевой распределяется неравномерно: одна его треть приходится на центральную деталь и две трети — на боковую (рис. 43). Например, раствор передней вытачки 2,4 см, значит, к центральной детали нужно отложить 0,8 см, к боковой — 1,6 см. Полученные точки соединяют с точкой 23 прямыми линиями. Линию рельефа, относящуюся к центральной части, продлевают вверх до пересечения с плечевым срезом.

Нижняя часть от линии талии оформляется по аналогии с обычной вытачкой (то есть по длине вытачка не доходит до линии бедер на 3—4 см). Далее построение рельефа отличается от прямой формы. Талевую вытачку боковой части продлевают до пересечения с линией низа.

В результате деталь внизу получает некоторое расширение (относительно вертикали — осевой вытачки). Необходимо измерить это расстояние и такое же отложить в другую сторону, придавая расширение центральной детали. Полученную точку соединяют с точкой центрального рельефа по линии талии.

Таким образом, центральная деталь получила дополнительное небольшое расширение по линии бедер. Обратите особое внимание на то, что в результате этого части получились в наложении друг на друга.

Далее окончательно оформляется линия низа каждой детали. Для этого измеряется ее длина без расширения и такое же значение откладывается по новым, расширенным срезам. В результате нижние точки слегка поднимаются относительно линии низа. С учетом этого окончательно оформляются линии низа боковой и центральной деталей.

4. Полочка по линии рельефа разрезается, при этом участок с наложением частей вырезается зигзагом.

5. Совмещаются стороны нагрудной вытачки (рис. 44).

6. Окончательно корректируются контуры рельефов деталей: в боковой части слегка закругляется образовавшийся угол в точке 23 и лекально оформляются линии рельефов каждой части в области талии.

Рельефы на полочке со смещением относительно центра груди

V. Построение вертикального рельефа на полочке с незначительным смещением относительно центра груди для изделия прямого силуэта (рис. 45)

1. Выполняется построение основы полочки (рис. 46).
2. Нагрудная вытачка переносится в нейтральную зону (то есть в место, где она не будет мешать нанесению рельефа).

В данном примере перенесем вытачку в линию бокового среза (рис. 46—47).

Рис. 45

88 Моделирование

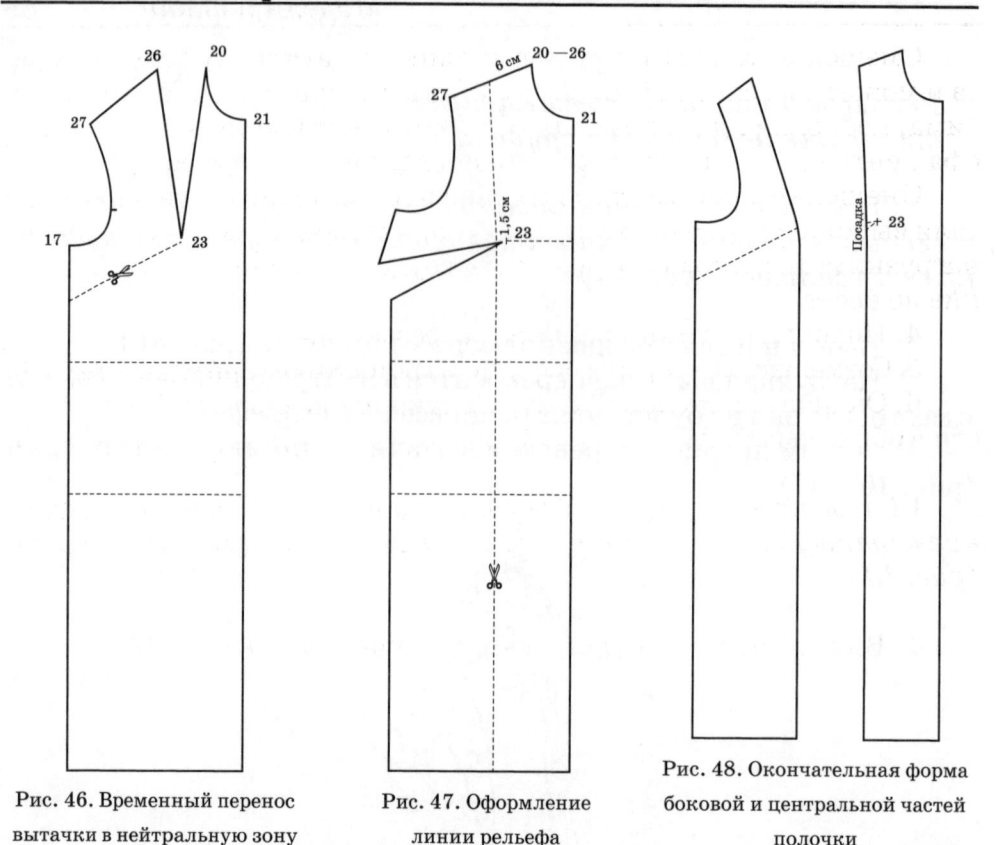

Рис. 46. Временный перенос вытачки в нейтральную зону

Рис. 47. Оформление линии рельефа

Рис. 48. Окончательная форма боковой и центральной частей полочки

3. Выбирается опорная точка. В данном примере ей может быть крайняя плечевая точка 27 или точка основания шеи 20. Примем опорной точку 27, от нее вдоль плечевого среза отложим 6 см (начало рельефа).

Нанесем смещение рельефа относительно центра груди. От точки 23 влево отложим 1,5 см, полученную точку и точку начала рельефа соединим прямой линией и продлим ее вертикально вниз до пересечения с линией низа, образуя линию рельефа. В результате в линии рельефа центральной части остается небольшой раствор нагрудной вытачки, который используется на посадку. Линию рельефа в области точки 23 оформим лекальной линией.

Моделирование 89

Смещение от центра груди выполняется в сторону бокового среза и может составлять 0,5—3 см. Такая величина смещения допустима, поскольку дает возможность остаток вытачки в линии рельефа центральной части заменить посадкой этого среза.

Смещение рельефа относительно центра в сторону середины детали выполняется только с декоративной целью. Конструктивной же нагрузки (то есть трансформации нагрудной вытачки) такое смещение не несет.

4. Полочка по линии рельефа разрезается.
5. Совмещаются стороны нагрудной вытачки боковой части (рис. 48).
6. Окончательно корректируются контуры рельефа боковой части в области груди.

VI. Построение круглого рельефа на полочке с большим смещением относительно центра груди для изделия прямого силуэта (рис. 49)

1. Выполняется построение основы полочки (рис. 50).

Рис. 49

90 Моделирование

2. Выбирается опорная точка (по аналогии с переносом вытачки), от нее наносится расстояние до начала рельефа (верхняя его точка), определяется положение рельефа на линиях груди, талии, бедер и низа. Через полученные точки оформляется линия рельефа.

Верхней точкой рельефа будем считать точку 28 (рис. 50). Величина смещения относительно центра груди должна составлять больше 3 см. В нашем случае примем смещение равным 9 см. Полученные точки соединим лекальной линией и продлим ее вертикально вниз до пересечения с линией низа.

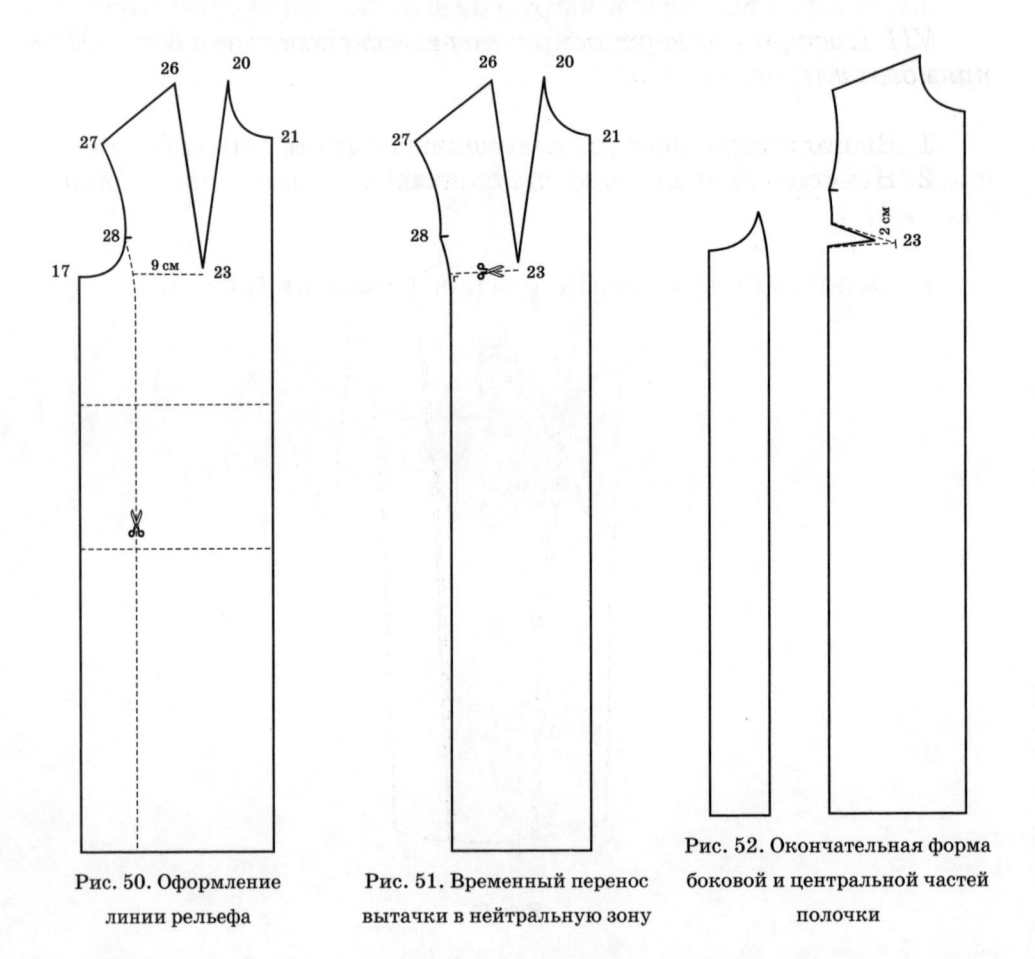

Рис. 50. Оформление линии рельефа

Рис. 51. Временный перенос вытачки в нейтральную зону

Рис. 52. Окончательная форма боковой и центральной частей полочки

3. Полочка по линии рельефа разрезается.

4. Нагрудная вытачка переносится в линию рельефа (рис. 51—52). Для этого из точки 23 к линии рельефа восстанавливается перпендикуляр, деталь по проведенной линии разрезается, совмещаются стороны старой вытачки, в результате открывается новая. Ее длину уменьшают на 1,5—2 см.

Вертикальные и круглые рельефы на спинке

VII. Построение вертикального рельефа на спинке для изделия прямого силуэта (рис. 53)

1. Выполняется построение основы спинки (рис. 54).
2. Наносится линия рельефа (рис. 54).

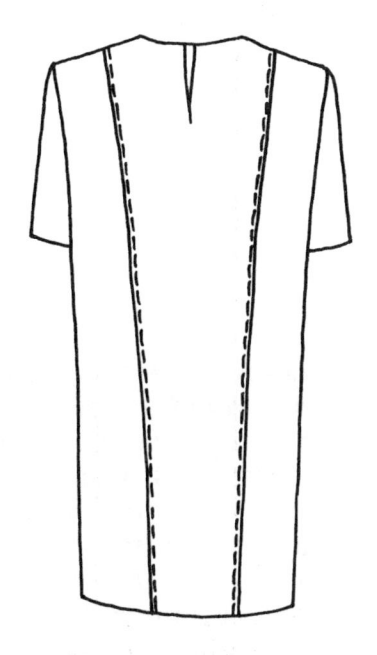

Рис. 53

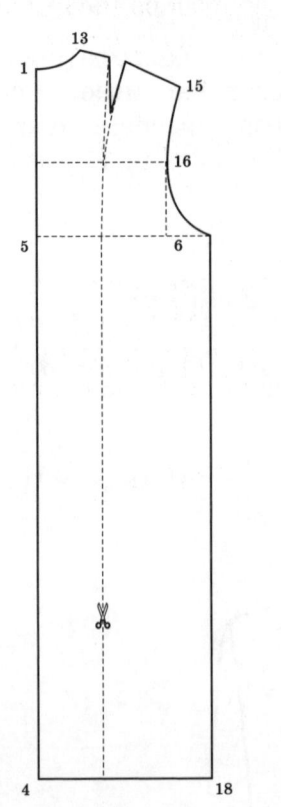

Рис. 54. Оформление вертикального рельефа на спинке

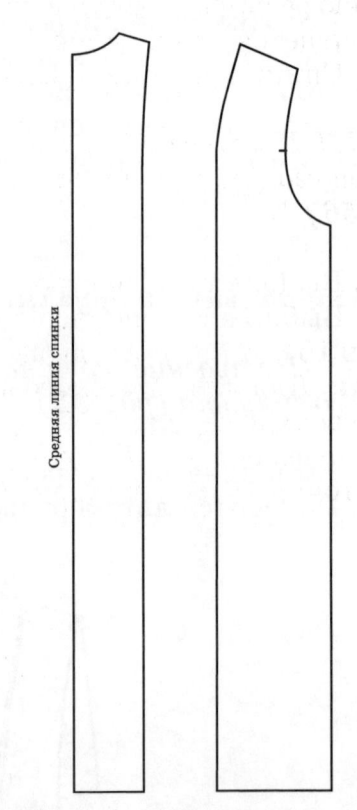

Рис. 55. Окончательная форма боковой и центральной частей спинки

Плечевая вытачка вносится в линию рельефа. Поэтому верхняя точка рельефа центральной детали соответствует точке в, а верхняя точка боковой детали — точке в$_2$. Через точку 16 проводится горизонталь до пересечения со средней линией спинки, отрезок измеряется и делится пополам. Полученную точку и точки в и в$_2$ соединяют лекальными линиями, при этом длина плечевой вытачки, входящей в состав рельефа, удлиняется. Далее линию рельефа продлевают вертикально вниз до пересечения с линией низа.

Классический вариант расположения вертикального рельефа на спинке 0,5 [5—6]. При этом плечевая вытачка всегда вносится в линию рельефа, в остальных случаях преобразование вытачки рассматривается для каждой конкретной модели отдельно.

3. Спинка по линии рельефа разрезается.

VIII. Построение круглого рельефа на спинке для изделия прилегающего (полуприлегающего) силуэта с расширением книзу (рис. 56)

1. Выполняется построение основы спинки (рис. 57).
2. Выбирается опорная точка на пройме (это могут быть точки 15 или 16), от нее откладывается расстояние до начала рельефа по модели. Для классического варианта расположения круглого рельефа верхней его точкой является точка 16.

Плечевая вытачка переносится в точку 16 (рис. 57—58). Для этого точки 16 и в соединяются прямой линией, спинка по постро-

Рис. 56

Рис. 57. Перенос плечевой вытачки в пройму

Рис. 58. Оформление линии рельефа

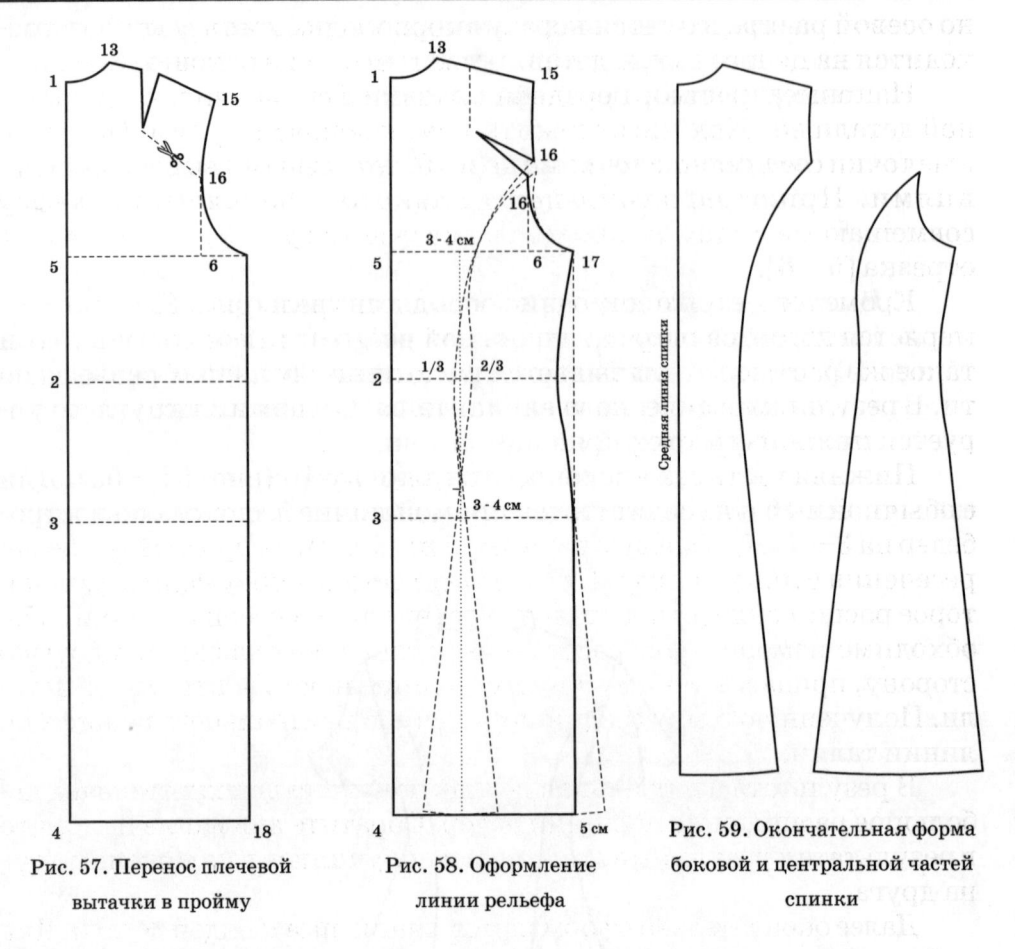

Рис. 59. Окончательная форма боковой и центральной частей спинки

енной линии разрезается. Стороны старой вытачки совмещаются, при этом в линии проймы открывается новая вытачка. Обозначим новую образовавшуюся точку 16′.

3. Выполняется расчет изделия по линии талии. С учетом этого оформляется линия бокового среза с расширением внизу, предусмотренным по модели (рис. 58). Примем величину расширения равной 5 см.

Талевая вытачка для изделий прилегающих (полуприлегающих) форм вносится в линию рельефа. Раствор вытачки относительно осевой распределяется неравномерно: одна треть раствора приходится на центральную деталь и две трети — на боковую (рис. 58).

Например, раствор передней вытачки 3 см, значит, к центральной детали необходимо отложить 1 см, к боковой — 2 см. Полученные точки соединяют с точками 16 и 16' лекальными выпуклыми линиями. При этом линии центрального и бокового рельефов совмещаются в одну линию только на участке 3—4 см выше и ниже отрезка [5—6].

Кроме того, необходимо уравнять длины рельефов. Для этого измеряется длина рельефа центральной части от талии до точки 16' и такое же расстояние откладывается по линии рельефа боковой части. В результате его длина увеличивается. С учетом этого корректируется нижний участок проймы.

Нижняя часть спинки от линии талии оформляется по аналогии с обычной вытачкой (то есть по длине вытачка не доходит до линии бедер на 3—4 см). Талевую вытачку боковой части продлевают до пересечения с линией низа. В результате деталь внизу получает некоторое расширение (относительно вертикали — осевой вытачки). Необходимо измерить это расстояние и такое же отложить в другую сторону, придавая таким образом расширенность центральной детали. Полученную точку соединяют с точкой центрального рельефа по линии талии.

В результате центральная деталь получила дополнительное небольшое расширение по линии бедер. Обратите внимание на то, что в результате в результате этого части получились в наложении друг на друга.

Далее окончательно оформляется линия низа каждой детали. Для этого измеряется длина линии без расширения и такое же значение откладывается по новым, расширенным срезам. В результате нижние точки слегка поднимаются относительно линии низа. С учетом этого окончательно оформляются линии низа боковой и центральной деталей.

4. Спинка по линии рельефа разрезается, при этом участок с наложением частей вырезается зигзагом.

Особенности построения изделий для нетиповых фигур

Расчет и построение прямой формы юбки с помощью дополнительных мерок

Дополнительные мерки, такие как длина спереди, длина сбоку и длина сзади (Дсп, Дсб, Дсз), используют для более точного оформления линии талии юбки, сравнивая их между собой. Величины, на которые отличаются эти мерки, будут определять особенности фигуры. У нормально сложенной фигуры мерка длины по боку будет на 1,8—2 см больше мерок длины спереди и сзади, а мерки длины спереди и сзади будут равны между собой. У женщин с выступающим животом мерка длины спереди будет больше, чем сбоку и сзади. У женщин с плоским животом и выступающими ягодицами мерка длины юбки сзади будет равна или больше мерки длины сбоку и т.д. Любые особенности фигуры необходимо учитывать при построении конструкции.

Итак, линия низа изделия должна быть параллельна плоскости пола (рис. 60). Расстояние между низом юбки и полом называют уровнем и обозначают большой буквой «У». Чтобы получить длину юбки сзади, из дополнительной мерки Дсз нужно вычесть уровень:

Дб.сз = Дсз − У.

По аналогии:
— длина юбки сбоку Дю.сб = Дсб − У;
— длина юбки спереди Дю.сп = Дсп − У.

Поскольку основу прямой юбки строят по измерению длины юбки сзади Дю.сз (рис. 61), то достаточно сравнить две пары величин: Дсб и Дсз, а также Дсп и Дсз.

Особенности построения изделий для нетиповых фигур 97

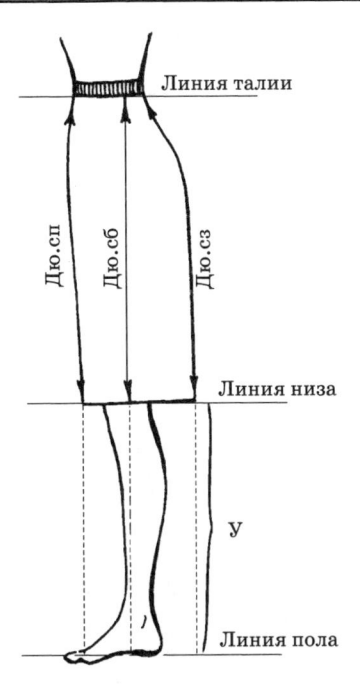

Рис. 60

Например: Дю = 80 см;
Дсз = 100 см;
Дсб = 103 см;
Дсп = 101 см.

Сравним Дсб и Дсз, получим: Дсб – Дсз = 103 – 100 = 3 см. Значит, длина боковой линии юбки на 3 см больше ее длины вдоль средней линии заднего полотнища, то есть Дю.сб = 83 см. Внесем данное значение в чертеж-основу (рис. 61). От точки 9 вдоль боковых линий каждого полотнища отложим 83 см, поставим точки 11′ и 12′.

Далее сравним Дсп и Дсз, получим: Дсп – Дсз = 101 – 100 = 1 см. Значит, длина юбки вдоль средней линии переднего полотнища на 1 см больше ее длины вдоль средней линии заднего полотнища, то есть Дю.сп = 81 см. Внесем это значение в чертеж-основу. От точки 6 вверх отложим 81 см, полученную точку обозначим 5′.

Особенности построения изделий для нетиповых фигур

Окончательно оформим линию талии заднего полотнища через точки 1 и 11′, а также линию талии переднего полотнища через точки 12′ и 5′.

Рассмотренный пример характеризует фигуру с плоскими ягодицами.

Проекционные дополнительные мерки, такие как выступ живота первый, выступ ягодиц и выступ бедер ($Вж_1$, $Вя$, $Вб$), помогут правильно рассчитать раствор талевых вытачек с учетом особенностей вашей фигуры.

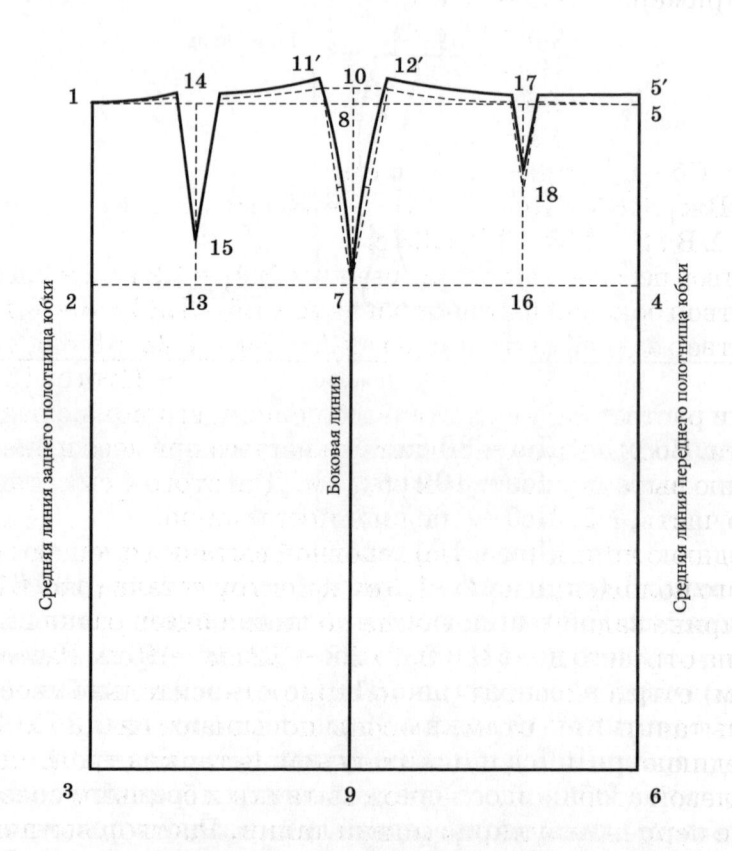

Рис. 61. Изменение основной схемы прямой юбки с учетом индивидуальных особенностей фигуры

Для этого сначала определяют сумму проекционных измерений по формуле:

$S = Вж_1 + Вя + Вб$.

Затем вычисляют раствор вытачки, приходящийся на 1 см проекционных измерений:

$A = ΣВ : S$.

Тогда   раствор передней вытачки равен $A · Вж_1$;
        раствор боковой вытачки равен $A · Вб$;
        раствор задней вытачки равен $A · Вя$.

Например: $Ст = 50$ см;
            $Сб = 66$ см;
            $Вж_1 = 2$ см;
            $Вб = 6$ см;
            $Вя = 5$ см;

$ΣВ = Сб − Ст = 66 − 50 = 16$ см;
$S = Вж_1 + Вб + Вя = 2 + 6 + 5 = 13$ см;
$A = Σ В : S = 16 : 13 = 1,23$ см.

Раствор передней вытачки равен $A · Вж_1 = 1,23 · 2 = 2,4$ см.
Раствор боковой вытачки равен $A · Вб = 1,23 · 6 = 7,4$ см.
Раствор задней вытачки равен $A · Вя = 1,23 · 5 = 6,2$ см.
+ Итого: 16 см

Если раствор задней вытачки большой, его можно разделить на две части. Воспользуемся расчетами нашего примера и внесем в конструкцию вытачку раствором 6,2 см. Для этого 4 см оставим на основную часть, а 2,2 см — на дополнительную.

Среднюю линию (осевую) основной вытачки смещают от ее естественного положения на 1—1,5 см к центру детали (рис. 61). Например, ширина заднего полотнища по линии бедер равна 28 см, тогда величина отрезка [2—13] = 0,4 · 28 − 1,2 см = 10 см. Раствор вытачки (4 см) откладывается равномерно относительно своей осевой, длина вытачки 13—15 см, стороны повышают на 0,3—0,5 см.

Среднюю линию дополнительной вытачки строят посередине между левой стороной основной вытачки и боковым срезом, а проводят ее перпендикулярно линии талии. Раствор вытачки откладывается равномерно относительно осевой, длина на 2—3 см короче длины основной вытачки. Стороны повышают на 0,2—0,3 см.

Оформление сторон талевых вытачек

Контуры сторон вытачек зависят от формы тела человека. Вы уже знаете, что у фигуры со средним выступом живота, ягодиц и бедер стороны передней и задней вытачек прямые, а боковая вытачка проводится с небольшой вогнутостью (для создания выпуклости боковой линии между талией и бедрами).

Если живот выступающий, переднюю вытачку оформляют слегка вогнутыми линиями (рис. 62).

Для фигур с выступающими ягодицами заднюю вытачку оформляют в несколько этапов: в верхней части — слегка выпуклыми наружу линиями (0,2—0,3 см), в нижней — слегка вогнутыми внутрь (0,1—0,2 см) (рис. 63).

Если заднее полотнище с двумя вытачками, то основная оформляется так же, как указано выше, а дополнительная — с легкой вогнутостью (0,2—0,3 см).

Для перегибистых фигур с сильным прогибом позвоночника в области талии стороны задней вытачки оформляются слегка выпуклыми линиями (0,2—0,3 см) (рис. 64).

Если заднее полотнище у таких фигур с двумя вытачками, то основная оформляется так, как указано выше, а дополнительная — прямыми линиями.

В фигурах с крутыми бедрами боковую линию от талии до бедер нужно разделить пополам, к центру восстановить перпендикуляр и

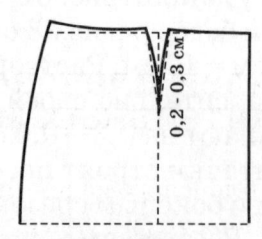

Рис. 62. Оформление передней вытачки для фигуры с выступающим животом

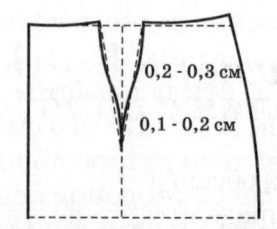

Рис. 63. Оформление задней вытачки для фигуры с выступающими ягодицами

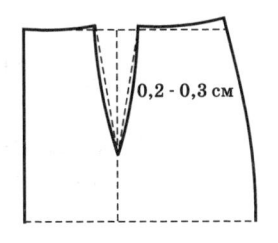

Особенности построения изделий для нетиповых фигур 101

Рис. 64. Оформление задней вытачки
для фигуры с сильным прогибом позвоночника
в области талии

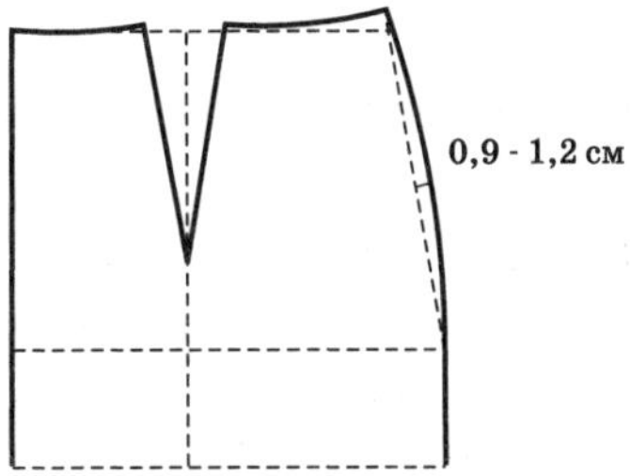

Рис. 65. Построение боковой линии для фигуры
с выступающими бедрами

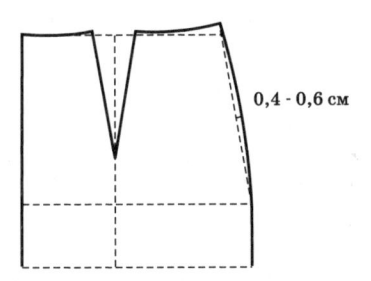

Рис. 66. Построение боковой линии
для фигуры с плоскими бедрами

отложить 0,9—1,5 см. С учетом этого боковую линию оформить лекально (рис. 65).

Для фигур с плоскими бедрами величина изогнутости боковой линии составляет 0,3—0,4 см (рис. 66).

Расчет и построение деталей плечевого изделия с помощью дополнительных мерок

Для обеспечения правильной посадки плечевого изделия необходимо определить степень выступания одной части фигуры по отношению к другой. Спереди это выступание грудных желез и живота, сзади — лопаток и ягодиц. Эти особенности телосложения характеризуют такие дополнительные проекционные измерения, как выступ груди

(Вг), выступ живота второй (Вж$_2$), выступ лопаток (Вл), выступ ягодиц второй (Вя$_2$), и дополнительные дуговые измерения: ширина бедер спереди (Шб.сп), ширина бедер сзади (Шб.сз). Обычно используют либо проекционные, либо дуговые измерения. На начальных же этапах работы важно иметь оба варианта мерок, поскольку они обеспечивают взаимный контроль.

Проекционные измерения сразу показывают величину выступания одной части фигуры по отношению к другой. При использовании дуговых измерений характеристики телосложения определяют расчетным путем:
— выступ груди Вг = Шг$_2$ – Шб.сп;
— выступ живота второй Вж$_2$ = Шб.сп – Шг$_2$;
— выступ лопаток Вл = Шс – Шб.сз;
— выступ ягодиц Вя = Шб.сз – Шс.

Выполнив расчеты, можно определить, насколько правильно сняты мерки. Изменения в чертеж вносят, только добившись соответствия.

На практике сравнивают две пары величин:
— сзади — ширину спины (Шс) и ширину бедер сзади (Шб.сз);
— спереди — ширину груди вторую (Шг$_2$) и ширину бедер спереди (Шб.сп).

Какая из этих величин больше, тот участок фигуры и выступает, а числовое значение этого сравнения вносится в конструкцию. Вариантов решения проблемы несколько, но самым простым является внесение изменений в линии рельефов.

Рассмотрим этот принцип на конкретных примерах.

I. Фигура с преобладанием выступа груди над выступом живота (Шг$_2$ – Шб.сп = 3 см)

1. Выполняется построение основы плечевого изделия для типовой фигуры (рис. 67).
2. В основу полочки вносится рельеф.
3. От линии рельефа по талии вправо и влево откладывается по половине разности Шг$_2$ – Шб.сп. В нашем примере — по 3 : 2 = 1,5 см.

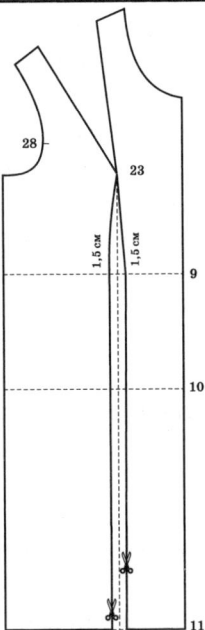

Особенности построения изделий для нетиповых фигур

Рис. 67. Оформление полочки для фигуры
с преобладанием выступа груди над выступом живота

Полученные точки и точка 23 соединяются между собой следующим образом: к центральной части — прямой, к боковой — плавной вогнутой. Далее линии рельефа проводятся вертикально вниз до пересечения с линией низа. То есть лишняя ширина из детали вырезается.

4. Проверяется общая ширина изделия по линии бедер. Она должна быть равна Сб + Пб. Если значение получилось меньше, необходимо добавить недостающую величину либо в деталь спинки (при выступающих ягодицах), либо в боковые срезы.

II. Фигура с преобладанием выступа живота над выступом груди ($Шг_2 - Шб.сп = -2$ см)

1. Выполняется построение основы плечевого изделия для типовой фигуры (рис. 68).

2. В основу полочки вносится рельеф.

3. От линии рельефа по талии вправо и влево откладывается по половине разности Шг$_2$ – Шб.сп. В нашем примере — по 2 : 2 = 1 см. Полученные точки и точка 23 соединяются между собой следующим образом: к центральной части — прямой, к боковой — плавной вогнутой. Далее линии рельефа проводятся вертикально вниз до пересечения с линией низа. В данном случае центральная и боковая части полочки от линии талии до линии низа заходят друг за друга, то есть ширина детали увеличивается. Поэтому либо их вырезают зигзагом, либо переснимают на кальку каждую часть отдельно.

4. После вырезания центральную и боковую части полочки совмещают и корректируют линии рельефа.

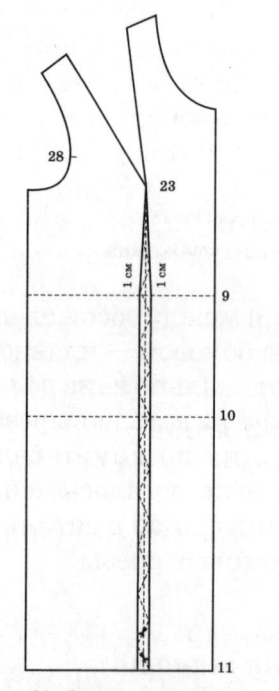

Рис. 68. Оформление полочки для фигуры с преобладанием выступа живота над выступом груди

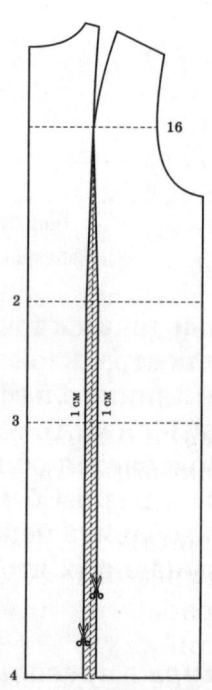

Рис. 69. Оформление спинки для фигуры с преобладанием выступа лопаток над выступом ягодиц

Особенности построения изделий для нетиповых фигур

5. Проверяется общая ширина изделия по линии бедер. Она должна быть равна Сб + Пб. Если значение получилось больше, необходимо убрать лишнюю величину либо в рельефе спинки (при плоских ягодицах), либо в боковых срезах.

III. Фигура с преобладанием выступа лопаток над выступом ягодиц (Шсп − Шб.сз = 2 см)

1. Выполняется построение основы плечевого изделия для типовой фигуры (рис. 69).
2. В основу спинки вносится рельеф.
3. От линии рельефа по линии бедер вправо и влево откладывается по половине разности Шсп − Шб.сз. В нашем примере — по 2 : 2 = 1 см. Полученные точки и точку рельефа на уровне точки 16 соединяют между собой прямыми (или слегка вогнутыми к боковой части) линиями. Далее линии рельефа проводятся вертикально вниз до пересечения с низом. То есть лишняя ширина из детали вырезается.
4. Проверяется общая ширина изделия по линии бедер. Она должна быть равна Сб + Пб. Если значение получилось меньше, необходимо добавить недостающую величину либо в деталь полочки (при выступающем животе), либо в боковые срезы.

IV. Фигура с преобладанием выступа ягодиц над выступом лопаток (Шсп − Шб.сз = − 2 см)

1. Выполняется построение основы плечевого изделия для типовой фигуры (рис. 70).
2. В основу спинки вносится рельеф.
3. От линии рельефа по линии бедер вправо и влево откладывается по половине разности Шсп − Шб.сз. В нашем примере — по 2 : 2 = 1 см. Полученные точки и точку рельефа на уровне точки 16 соединяют между собой прямыми (или слегка вогнутыми к боковой части) линиями. Далее линии рельефа проводятся вертикально вниз

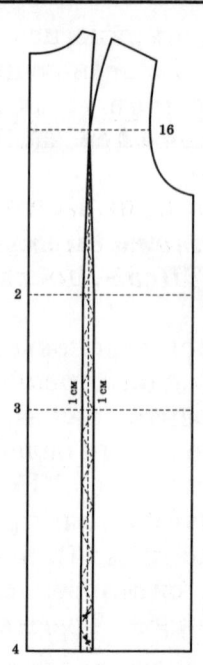

Рис. 70. Оформление спинки для фигуры
с преобладанием выступа ягодиц над выступом лопаток

до пересечения с низом. В данном случае центральная и боковая части спинки от линии бедер до линии низа заходят друг за друга, то есть ширина детали увеличивается. Поэтому их либо вырезают зигзагом, либо переснимают на кальку каждую часть отдельно.

4. После вырезания центральную и боковую части спинки совмещают и корректируют линии рельефа.

5. Проверяется ширина изделия по линии бедер. Она должна быть равна Сб + Пб. Если значение получилось больше, необходимо убрать лишнюю величину либо с детали полочки (при плоском животе), либо с боковых срезов.

Модели юбок

Конструктивная основа прямой юбки № 1
(для моделей № 1—5)
(размер 58, рост 170)

Расчет и подготовка деталей основы

Таблица № 9

Условные обозначения	Ст	Сб	Дю
Типовой размер 58, рост 170 см	48,8	62,0	85,0 (по модели)
Ваши мерки			

Прибавки:
Пт = 0,2 см
Пб = 2 см

Ваши значения прибавок:
Пт =
Пб =

Таблица № 10

Последовательность построения	Расчетные формулы	Примеры расчета	Ваши вычисления
1. Точка 1			
2. ↓ [1—2]	18—20 см	20,0 см	
3. ↓ [1—3]	Дю	85,0 см	
4. Через точки 2, 3 – горизонтали			
5. → [2—4]	Сб + Пб	62 + 2 = 64,0 см	
6. Через точку 4 – вертикаль (точки 5, 6)			
7. → [2—7]	[2—7] = [2—4] : 2 – 1,5—2 см	64 : 2 – 2 = 30,0 см	

8. Через точку 7 – вертикаль (точки 8, 9)			
9. Σ В (суммарная вытачка)	(Сб + Пб) – (Ст +Пт)	(62 + 2) – (48,8 + 0,2) = = 15,0 см	
10. Боковая вытачка	0,5 · Σ В	0,5 · 15 = 7,5 см ≈ 7,6 см	
11. Задняя вытачка	0,3 · Σ В	0,3 · 15 = 4,5 см ≈ 4,4 см	
12. Передняя вытачка	0,2 · Σ В	0,2 · 15 = 3,0 см	
13. ↑[8—10]	1—1,5 см	1,5 см	
14. Через точку 10 – горизонталь			
15. ←[10—11], →[10—12]	По 1/2 боковой вытачки	7,6 : 2 = 3,8 см	
16. Точки 11, 7, 9 и 12, 7, 9 соединить			
17. →[2—13]	0,4 [2—7]	0,4 ?30 = 12,0 см	
18. Через точку 13 – вертикаль (точка 14)			
19. От точки 14 вправо и влево	По 1/2 задней вытачки	4,4 : 2 = 2,2 см	
20. ↑[13—15]	3—4см	3,5 см	
21. Оформить заднюю вытачку			
22. ←[4—16]	0,4 [4—7]	0,4 ?34 = 13,6 см	
23. Через точку 16 – вертикаль (точка 17)			
24. От точки 17 вправо и влево	По 1/2 передней вытачки	3 : 2 = 1,5 см	
25. ↓[17—18]	8—10 см	9,5 см	
26. Оформить переднюю вытачку			
27. Точки 1 – 11 и 12 – 5 – соединить лекально			

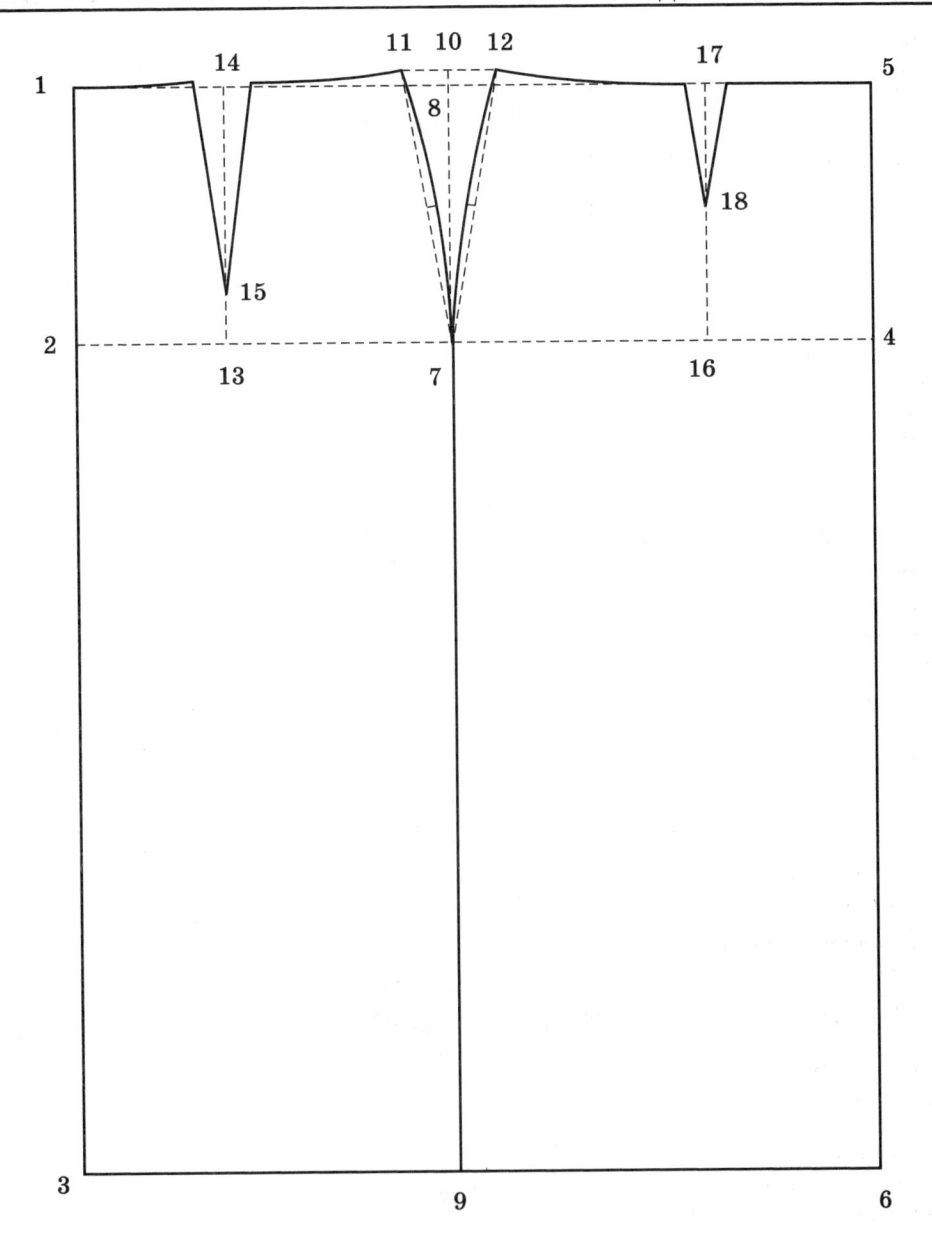

Рис. 71. Конструктивная основа прямой юбки № 1

Модель № 1
(размер 58, рост 170)

Юбка прямой формы с легкой сборкой по талии, передней вставкой, двумя нижними разрезами вдоль нее и притачным поясом. Вставка простегана отделочной строчкой в виде ромбов.

Подготовка деталей

Модель № 1 выполняется на конструктивной основе прямой юбки № 1. Переснимите на кальку детали основы и внесите изменения в соответствии с моделью.

Заднее полотнище юбки (рис. 72):

1. Нанесите линию талии. От точки 11 вправо отложите 1,5 см. Полученную точку и точку 1 соедините лекальной, слегка вогнутой линией. Раствор задней вытачки используйте на получение сборки.

2. Окончательно оформите боковую линию заднего полотнища с учетом расширения детали по линии талии.

3. Нанесите метку для застежки. От точки 1 вниз отложите 18 см и поставьте метку конца застежки.

Переднее полотнище юбки (рис. 73):

5. Нанесите линию талии. От точки 12 влево отложите 1,5 см. Полученную точку и точку 5 соедините лекальной, слегка вогнутой линией. Раствор передней вытачки используйте на получение сборки.

6. Разметьте вставку. От точки 5 влево отложите 9 см, через полученную точку проведите вертикаль. Переднее полотнище юбки по построенной линии разрежьте.

7. Поставьте метку конца разреза на расстоянии 15 см от линии низа.

Дополнительные детали:

8. Подготовьте пояс в виде полоски размером:

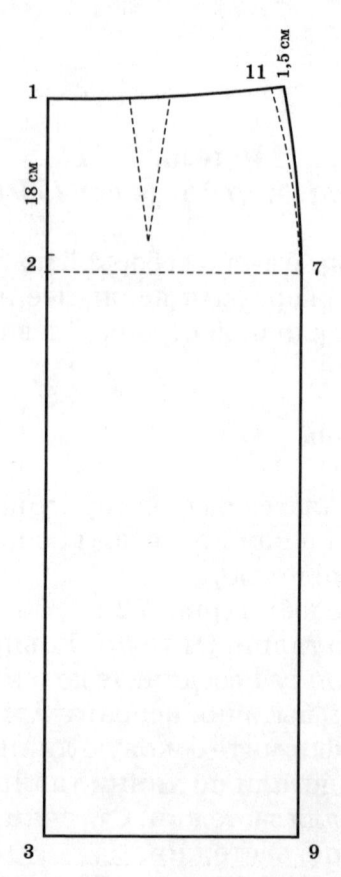

Рис. 72. Оформление заднего полотнища юбки

— длина = 2 · (длина верхнего среза заднего полотнища + длина верхнего среза переднего полотнища) + 3 = 2 · 52 + 3 = 107 см, где 3 см — припуск на застежку;

— ширина = 2 · ширину пояса в готовом виде = 2 · 4 = 8 см.

Детали кроя:

1 — заднее полотнище юбки, 2 детали;

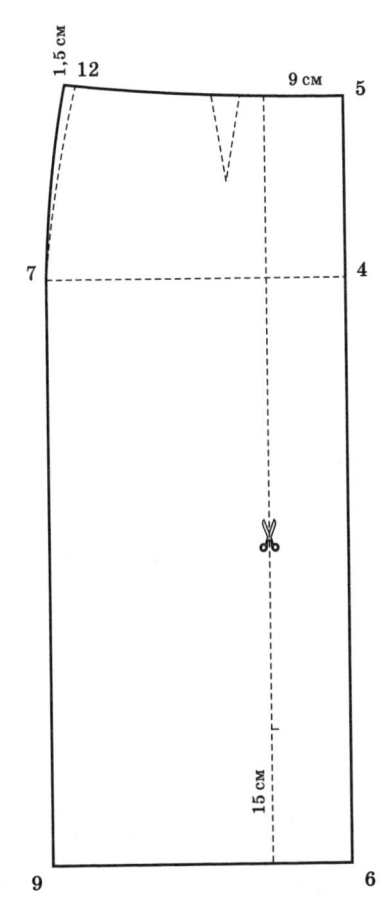

Рис. 73. Оформление переднего полотнища юбки

2 — переднее полотнище юбки, 2 детали;
3 — вставка, 1 деталь со сгибом;
4 — пояс, 1 деталь со сгибом.
Расход ткани: 0,95 м при ширине 1,50 м.

Также вам потребуется: 1 клеевая корсажная лента шириной 4 см и длиной 0,18 м, 2 эластичных тесьмы шириной 4 см и длиной 0,4 м, 1 пуговица, «молния» длиной 18 см, кусочки тонкой клеевой прокладки для концов пояса.

114 Модели юбок

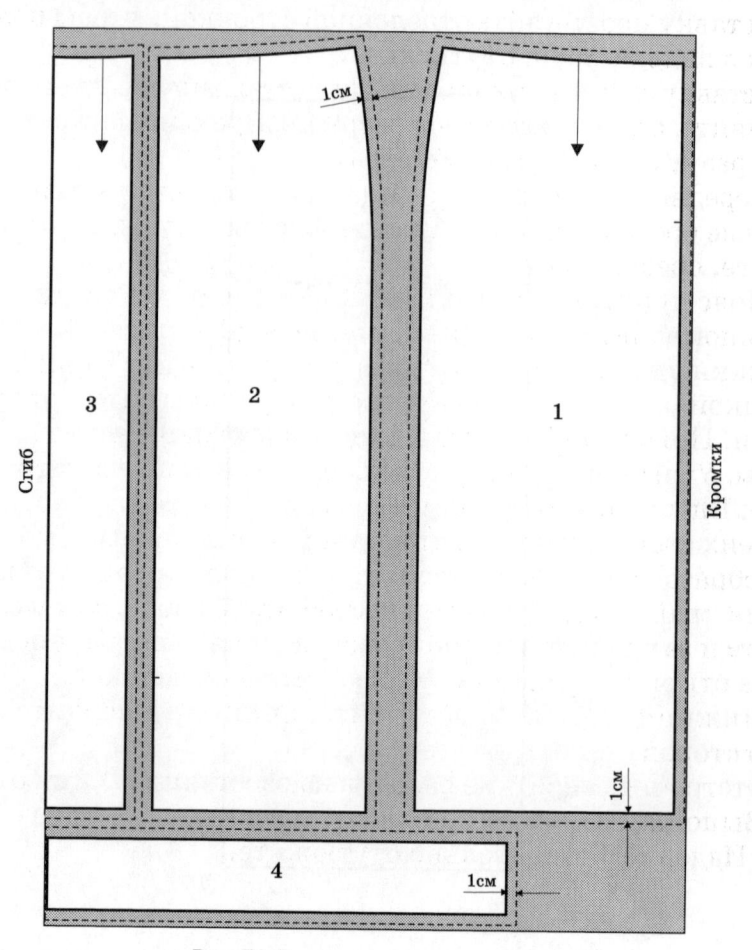

Рис. 74. Раскладка лекал на ткани

Последовательность пошива

1. Части заднего полотнища сложите лицевыми сторонами внутрь, сметайте, стачайте до метки застежки. Временные стежки удалите, шов разутюжьте, срезы обметайте.

2. Втачайте «молнию».

3. Вставку простегайте отделочной строчкой, чтобы получился рисунок в виде ромбов, отутюжьте.

4. Вставку сложите лицом к лицу с деталями переднего полотнища, сметайте, стачайте до меток разрезов. Временные стежки удалите, швы разутюжьте, срезы обметайте.

5. Переднее и заднее полотнища сложите лицом к лицу, сметайте боковые срезы, стачайте. Временные стежки удалите, швы разутюжьте, срезы обметайте.

6. Пояс приутюжьте вдоль пополам изнанкой внутрь. Сложите его лицом к лицу с изделием, приметайте, притачайте. Временные стежки удалите. Концы пояса продублируйте тонкой клеевой прокладкой, а клеевую корсажную ленту приклейте к отрезку над вставкой. Пояс сложите вдоль лицевой стороной внутрь, обтачайте концы. Углы высеките, пояс выверните на лицевую сторону и выправьте. Внутреннюю сторону пояса настрочите на основное изделие с обеих сторон, начиная от вставки и не доходя до «молнии» на 3 см. В образовавшиеся кулиски втяните полоски эластичной тесьмы. Один край каждой полоски настрочите на пояс, затем слегка их натяните и закрепите строчкой вторые края. Внутренние стороны пояса на открытых участках настрочите на изделие.

7. Нижний срез юбки обметайте, припуск отверните на изнаночную сторону и настрочите.

8. Отстрочите передние разрезы на расстоянии 0,2 см от сгибов.

9. Выполните петлю, пришейте пуговицу.

10. Изделие окончательно отутюжьте.

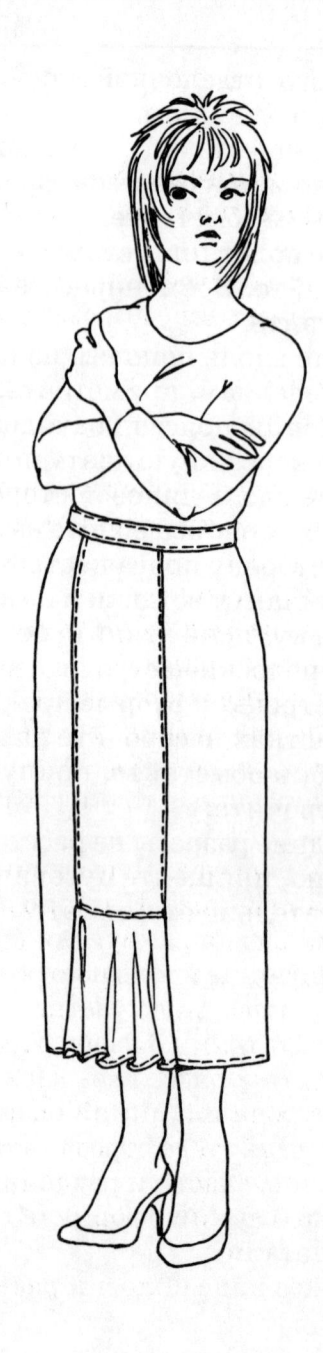

Модель № 2
(размер 58, рост 170)

Юбка прямой формы с рельефами и воланом спереди, застежкой на «молнии» и нижним разрезом сзади и притачным поясом.

Подготовка деталей

Модель № 2 выполняется на конструктивной основе прямой юбки № 1. Переснимите на кальку детали основы и внесите изменения в соответствии с моделью.

Заднее полотнище юбки (рис. 75):

1. Нанесите метку для застежки. От точки 1 вниз отложите 18 см и поставьте метку конца застежки.

2. Поставьте метку конца разреза на 12 см выше точки 3.

Переднее полотнище юбки (рис. 76—77):

3. Оформите вытачку для рельефа. От точки 17 вправо отложите 1 см, влево — 2 см. Полученные точки соедините с точкой 18 прямыми линиями.

4. Постройте линию рельефа. Через точку 16 проведите вертикаль до пересечения с линией низа. В линию рельефа внесите оформленную ранее вытачку, слегка закругляя образовавшиеся углы в точке 18. Переднее полотнище вдоль построенных линий разрежьте, образуя боковую и центральную части.

5. Разметьте волан. От точки 6 вверх отложите 25 см, через полученную точку проведите горизонталь. Центральную часть переднего полотнища по построенной линии разрежьте.

6. Постройте волан. Для этого отрезанную нижнюю деталь разрежьте вдоль на три равные части и раздвиньте их между собой на 6 см. Верхнюю и нижнюю линии оформите лекально.

Дополнительные детали:

7. Подготовьте пояс в виде полоски размером:

Модели юбок

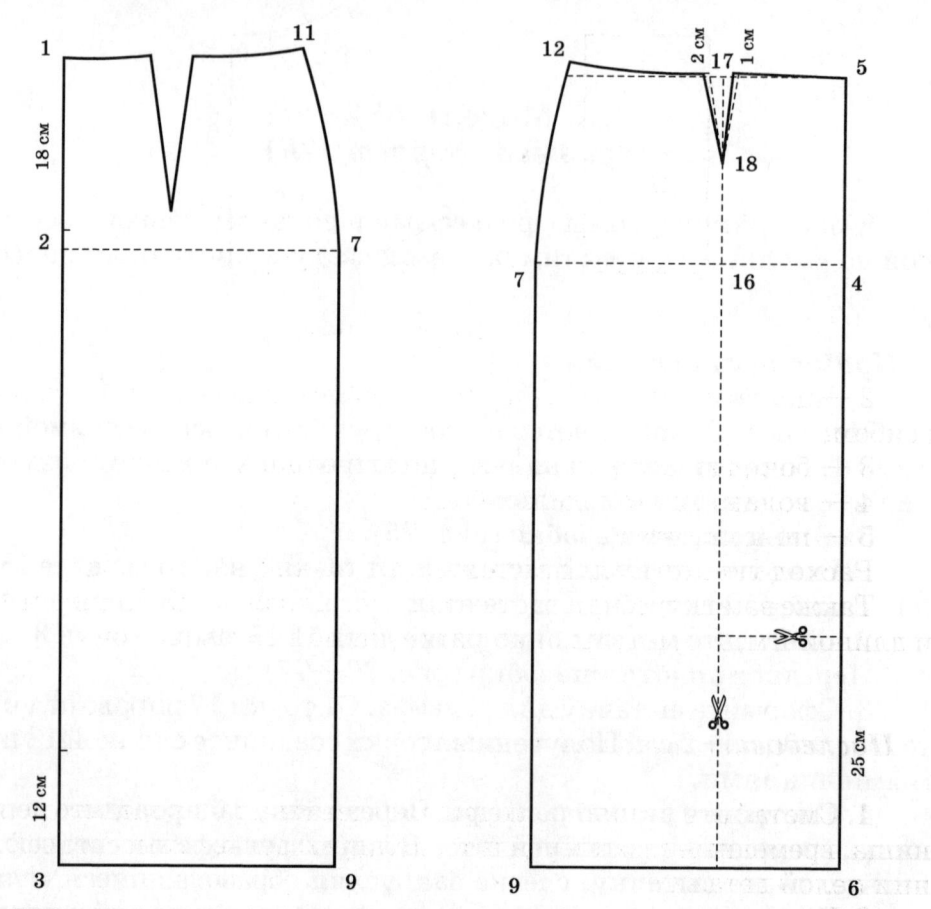

Рис. 75. Оформление заднего полотнища юбки Рис. 76. Оформление переднего полотнища юбки

— длина = 2 · (Ст + Пт) + 3 = 2 · 49 + 3 = 101 см, где 3 см — припуск на застежку;

— ширина = 2 · ширину пояса в готовом виде = 2 · 4 = 8 см.

Детали кроя:

1 — заднее полотнище юбки, 2 детали;

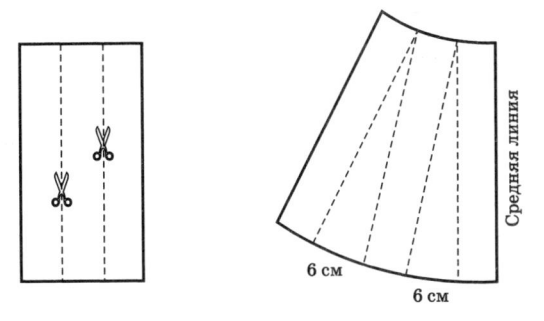

Рис. 77. Оформление волана

2 — центральная часть переднего полотнища юбки, 1 деталь со сгибом;
3 — боковая часть переднего полотнища, 2 детали;
4 — волан, 1 деталь со сгибом;
5 — пояс, 2 детали.

Расход ткани: 1,2 м при ширине 1,50 м.

Также вам потребуется: клеевая корсажная лента шириной 4 см и длиной 1 м, 1 пуговица, «молния» длиной 18 см.

Последовательность пошива

1. Сметайте и стачайте стороны талевых вытачек заднего полотнища, временные стежки удалите, каждую заутюжьте к средней линии целой детали.

2. Части заднего полотнища сложите лицевыми сторонами внутрь, сметайте, стачайте от метки застежки до метки разреза. Временные стежки удалите, шов разутюжьте, срезы обметайте.

3. Втачайте «молнию».

4. Волан сложите лицом к лицу с центральной частью переднего полотнища, приметайте, притачайте. Временные стежки удалите, срезы обметайте. Припуски шва заутюжьте вверх и перестрочите на расстоянии 0,1 см.

5. Нижний срез волана обметайте, припуск отверните на изнаночную сторону и настрочите.

Модели юбок

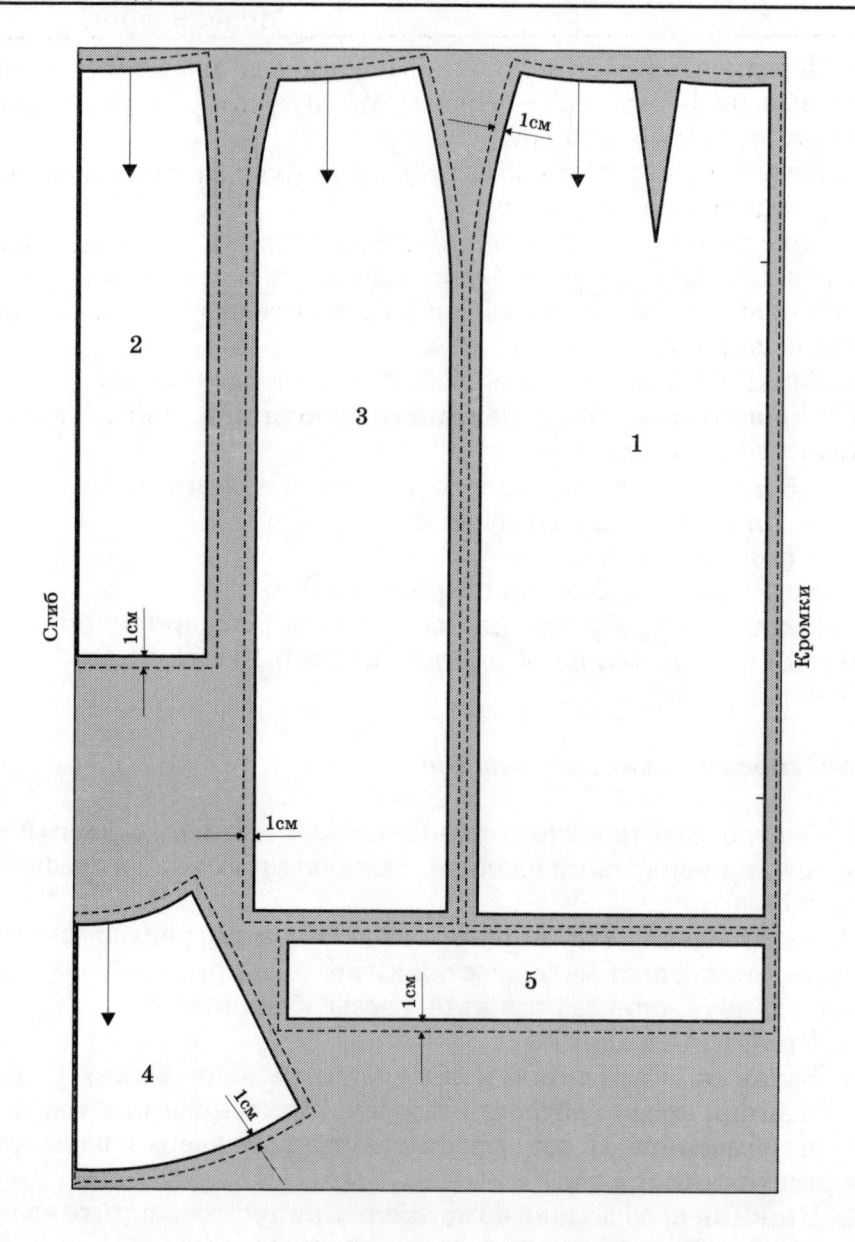

Рис. 78. Раскладка лекал на ткани

6. Переднее и заднее полотнища сложите лицом к лицу, сметайте боковые срезы, стачайте. Временные стежки удалите, швы разутюжьте, срезы обметайте.

7. Нижний срез юбки обметайте, припуск отверните на изнаночную сторону и настрочите.

8. Центральную и основную части изделия соедините вдоль рельефов, срезы обметайте. Припуски заутюжьте к центру переднего полотнища. Вдоль рельефов проложите отделочные строчки до начала волана.

9. Верхний срез юбки обработайте жестким поясом.

10. Выполните петлю, пришейте пуговицу.

11. Изделие окончательно отутюжьте.

Вид сзади

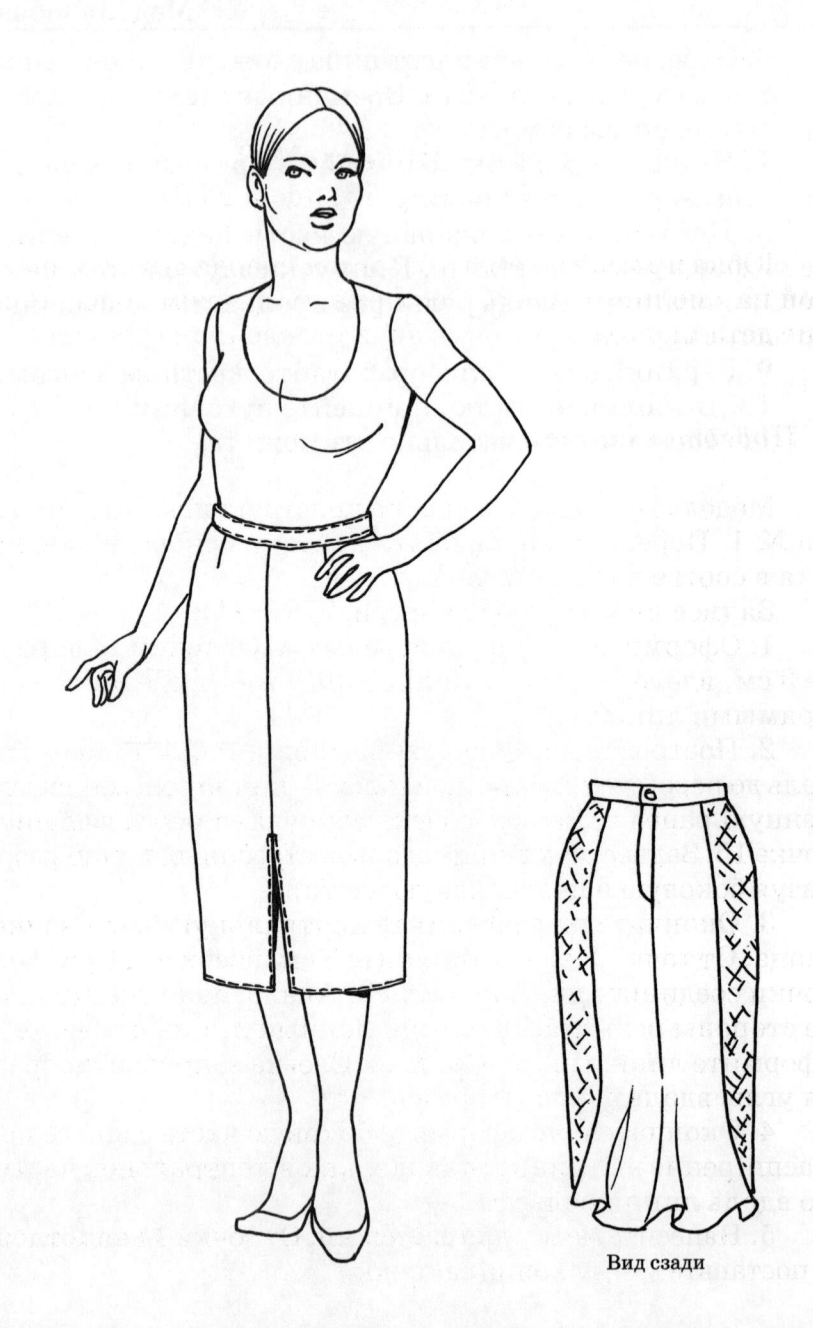

Модель № 3
(размер 58, рост 170)

Юбка прямой формы с разрезом спереди, рельефами и застежкой на «молнии» сзади. Талия на притачном поясе. Боковые задние детали украшены фигурной отделочной строчкой.

Подготовка деталей

Модель № 3 выполняется на конструктивной основе прямой юбки № 1. Переснимите на кальку детали основы и внесите изменения в соответствии с моделью.

Заднее полотнище юбки (рис. 79—81):

1. Оформите вытачку для рельефа. От точки 14 вправо отложите 3 см, влево — 1,4 см. Полученные точки соедините с точкой 15 прямыми линиями.

2. Постройте линию рельефа. Через точку 13 проведите вертикаль до пересечения с линией низа. В линию рельефа внесите оформленную ранее вытачку, слегка закругляя образовавшиеся углы в точке 15. Заднее полотнище вдоль построенных линий разрежьте, образуя боковую и центральную части.

3. Окончательно оформите центральную часть заднего полотнища. От точки 3 влево отложите 8 см, вверх — 20 см. Полученные точки соедините прямой линией. Аналогично внесите расширение со стороны рельефа. Вдоль наклонных линий отмерьте по 20 см и оформите линию низа лекально. Слегка закруглите образовавшиеся углы вдоль боковых срезов.

4. Окончательно оформите боковую часть заднего полотнища. Расширение выполните так же, как в центральной части, но только вдоль линии рельефа.

5. Нанесите метку для застежки. От точки 1 вниз отложите 18 см и поставьте метку конца застежки.

Рис. 79. Оформление заднего полотнища юбки

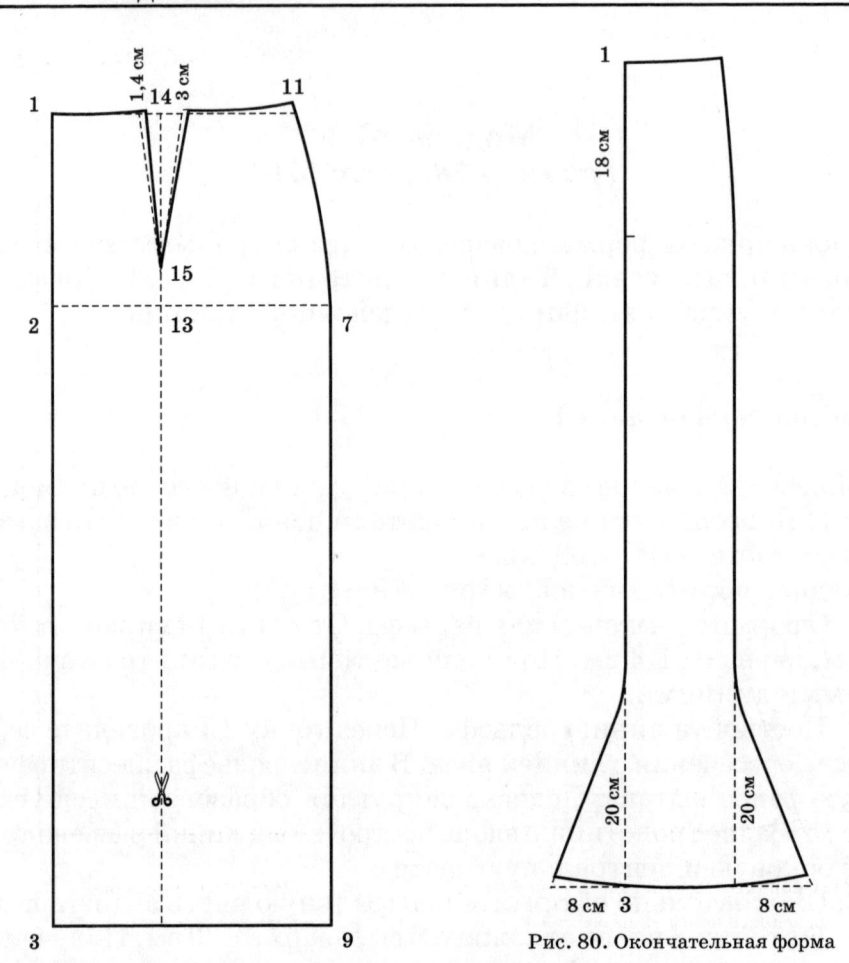

Рис. 80. Окончательная форма центральной части заднего полотнища юбки

Переднее полотнище юбки (рис. 82):

6. Нанесите метку для разреза. От точки 6 вверх отложите 20 см и поставьте метку конца разреза.

Дополнительные детали:

7. Подготовьте пояс в виде полоски размером:

— длина = 2 · (Ст + Пт) + 3 = 2 · 49 + 3 = 101 см, где 3 см — припуск на застежку;

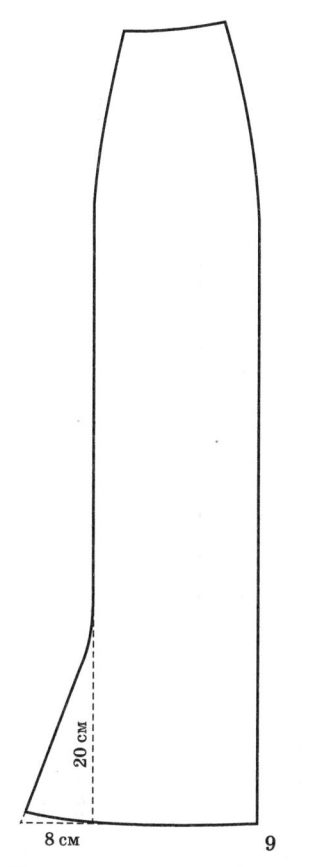

Рис. 81. Окончательная форма боковой части заднего полотнища юбки

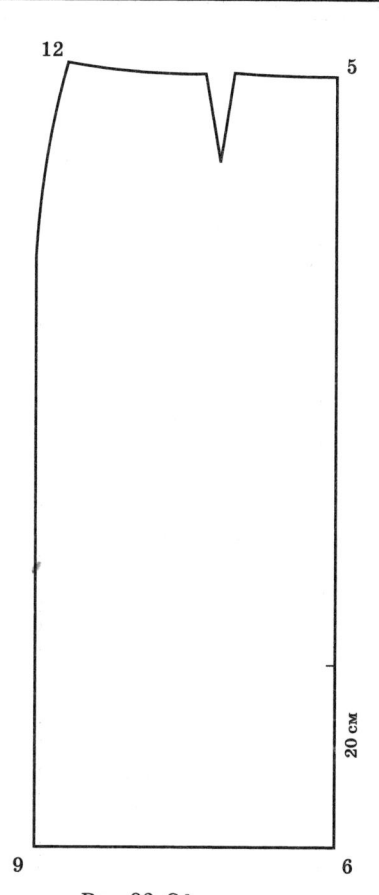

Рис. 82. Оформление переднего полотнища юбки

— ширина = 2 · ширину пояса в готовом виде = 2 · 4 = 8 см.

Детали кроя:

1 — центральная часть заднего полотнища юбки, 2 детали;
2 — боковая часть заднего полотнища юбки, 2 детали;
3 — переднее полотнище юбки, 2 детали;
4 — пояс, 1 деталь со сгибом.

126 Модели юбок

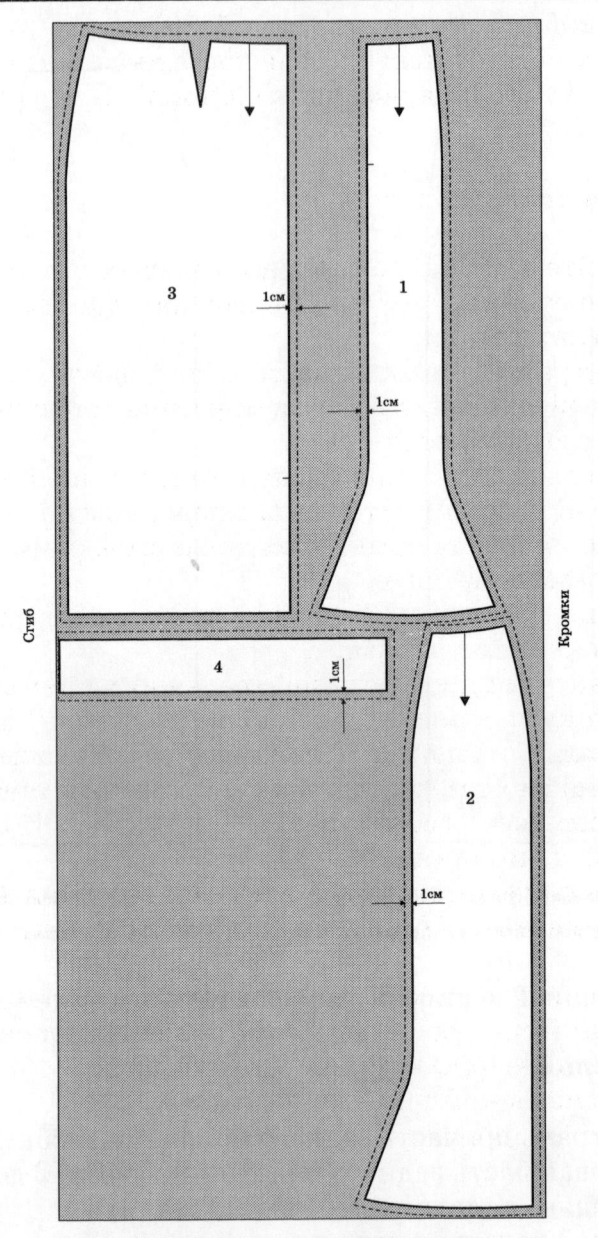

Рис. 83. Раскладка лекал на ткани

Расход ткани: 1,8 м при ширине 1,50 м.

Также вам потребуется: клеевая корсажная лента шириной 4 см и длиной 1 м, 1 пуговица, «молния» длиной 18 см.

Последовательность пошива

1. Сметайте и стачайте стороны талевых вытачек переднего полотнища, временные стежки удалите, каждую заутюжьте к средней линии целой детали.
2. Части переднего полотнища сложите лицевой стороной внутрь, сметайте, стачайте до метки разреза. Временные стежки удалите, шов разутюжьте, срезы обметайте.
3. На боковых частях заднего полотнища выполните фигурную строчку. Сложите их лицом к лицу с передним полотнищем, сметайте боковые срезы, стачайте. Временные стежки удалите, швы разутюжьте, срезы обметайте.
4. Нижний срез юбки обметайте, припуск отверните на изнаночную сторону и настрочите.
5. Обметайте нижние срезы центральных частей заднего полотнища, припуски отверните на изнаночную сторону и настрочите.
6. Части заднего полотнища сложите лицевыми сторонами внутрь, сметайте, стачайте от метки застежки. Временные стежки удалите, шов разутюжьте, срезы обметайте.
7. Втачайте «молнию».
8. Центральную и основную части юбки соедините вдоль рельефов, срезы обметайте. Припуски заутюжьте к центру заднего полотнища.
9. Припуски швов в области расширения приутюжьте на ребро.
10. Верхний срез юбки обработайте жестким поясом.
11. Выполните петлю, пришейте пуговицу.
12. Изделие окончательно отутюжьте.

Модель № 4
(размер 58, рост 170)

Расширенная книзу юбка на основе прямой формы. Спереди центральная застежка на пуговицы. Талия на притачном поясе с эластичной тесьмой.

Подготовка деталей

Модель № 4 выполняется на конструктивной основе прямой юбки № 1. Перенсимите на кальку детали основы и внесите изменения в соответствии с моделью.

Заднее полотнище юбки (рис. 84—86):

1. Оформите линию талии. От точки 11 вправо отложите 1,5 см. Полученную точку и точку 1 соедините лекальной, слегка вогнутой линией. Раствор задней вытачки используйте на получение сборки.

2. Нанесите линию рельефа. Через точку 13 проведите вертикаль, деталь по построенной линии разрежьте, образуя боковую и центральную части.

3. Окончательно оформите центральную часть заднего полотнища. От точки 3 влево отложите 7 см. Полученную точку и точку 1 соедините прямой линией, образуя новую линию среднего полотнища юбки. По ней от точки 1 отложите длину отрезка [1—3]. В нашем примере это 85 см. Аналогично внесите расширение со стороны рельефа и откорректируйте длину среза по длине вертикального рельефа. Линию низа детали проведите лекальной выпуклой линией.

4. Окончательно оформите боковую часть заднего полотнища по аналогии с центральной деталью.

Переднее полотнище юбки (рис. 87—89):

5. Оформите линию талии. От точки 12 влево отложите 1,5 см. Полученную точку и точку 1 соедините лекальной, слегка вогнутой линией. Раствор передней вытачки используйте на получение сборки.

Модели юбок

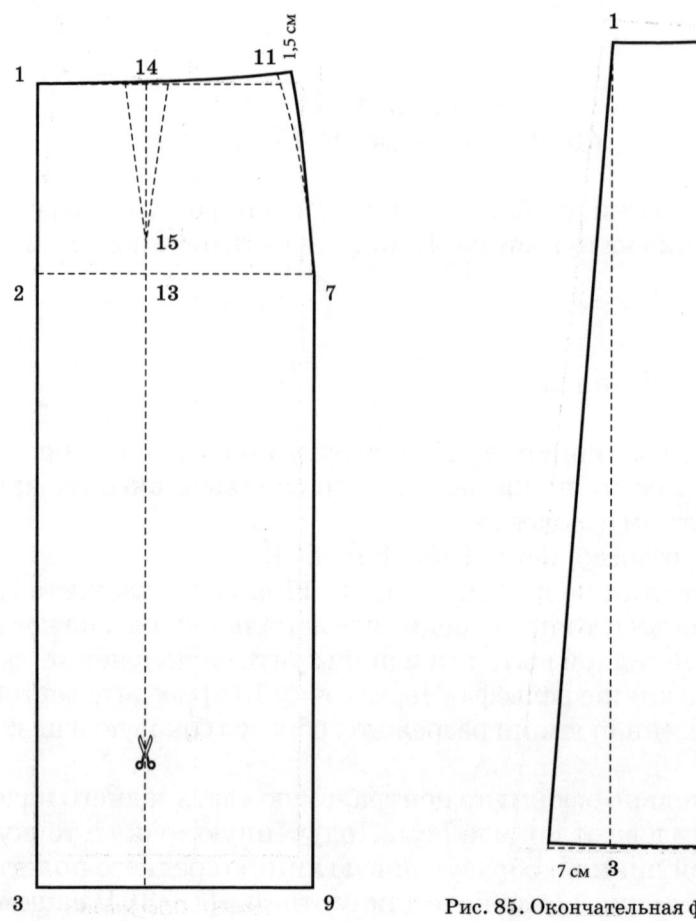

Рис. 84. Оформление заднего полотнища юбки

Рис. 85. Окончательная форма центральной части заднего полотнища юбки

6. Постройте линию борта. От точки 5 вправо отложите сначала 1,5 см — припуск на застежку, затем 3 см — припуск на цельнокроеный подборт.

7. Разметьте петли. Нанесите их вертикально вдоль средней линии переднего полотнища. Первую расположите на 1 см ниже точки 5, следующие — через каждые 7 см. Всего нанесите 8 петель. Длина петли равна диаметру пуговицы плюс 0,2 см.

Модели юбок 131

Рис. 86. Окончательная форма боковой части заднего полотнища юбки

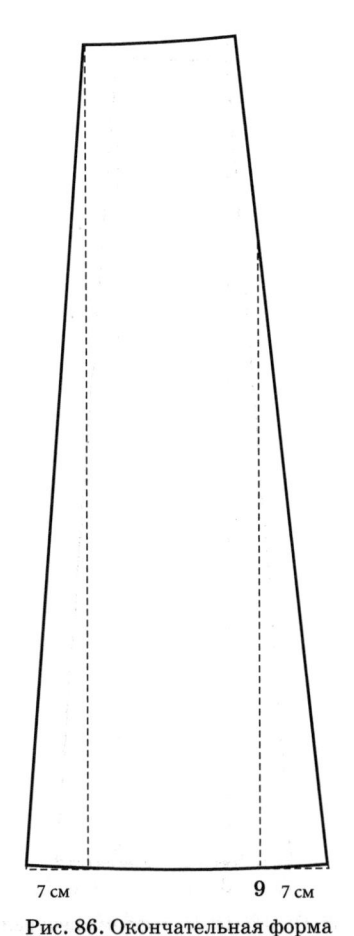

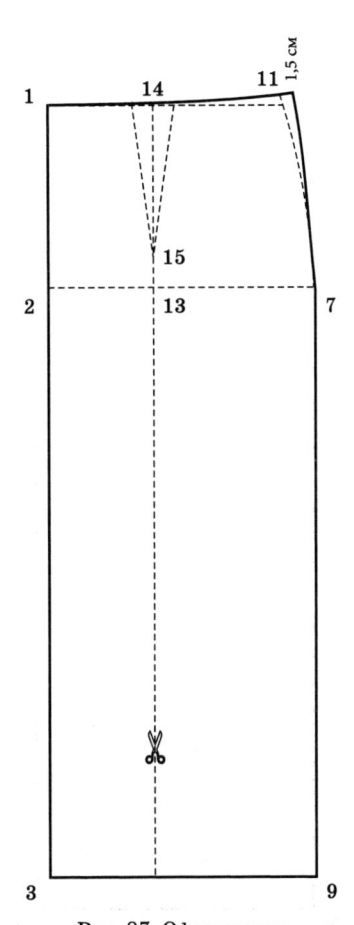

Рис. 87. Оформление переднего полотнища юбки

8. Нанесите линию рельефа. Через точку 16 проведите вертикаль, деталь по построенной линии разрежьте, образуя боковую и центральную части.

9. Окончательно оформите центральную и боковую части полотнища по аналогии с рассмотренным выше.

Дополнительные детали:

10. Подготовьте пояс в виде полоски размером:

Модели юбок

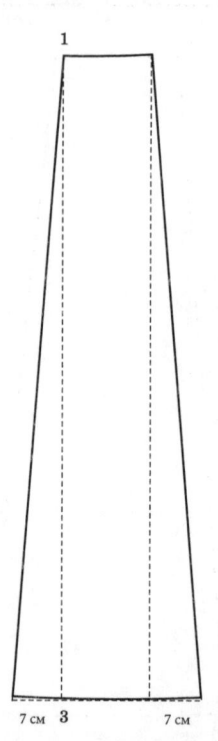

Рис. 88. Окончательная форма
боковой части переднего полотнища юбки

— длина = 2 · (длина верхнего среза заднего полотнища + длина верхнего среза переднего полотнища) + 2 · 1,5 = 2 · 59,4 + 3 = 121,8 см, где 1,5 см — припуск на застежку с каждой стороны юбки;
— ширина = 2 · ширину пояса в готовом виде = 2 · 3 = 6 см.

Детали кроя:

1 — центральная часть заднего полотнища юбки, 2 детали;
2 — боковая часть заднего полотнища юбки, 2 детали;
3 — центральная часть переднего полотнища юбки, 2 детали;
4 — боковая часть переднего полотнища юбки, 2 детали;

Модели юбок 133

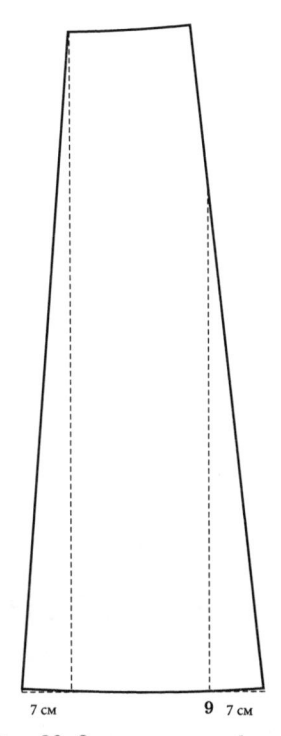

Рис. 89. Окончательная форма
центральной части переднего полотнища юбки

5 — пояс, 1 деталь.

Расход ткани: 1,8 м при ширине 1,50 м.

Также вам потребуется: клеевая корсажная лента шириной 3 см и длиной 0,15 м — 2 штуки, эластичная тесьма шириной 3 см и длиной 0,70 м, полоска тонкой клеевой прокладки для застежки, 9 пуговиц.

Последовательность пошива

1. Сметайте между собой детали заднего полотнища, стачайте. Срезы обметайте и перестрочите швом 0,1 см.

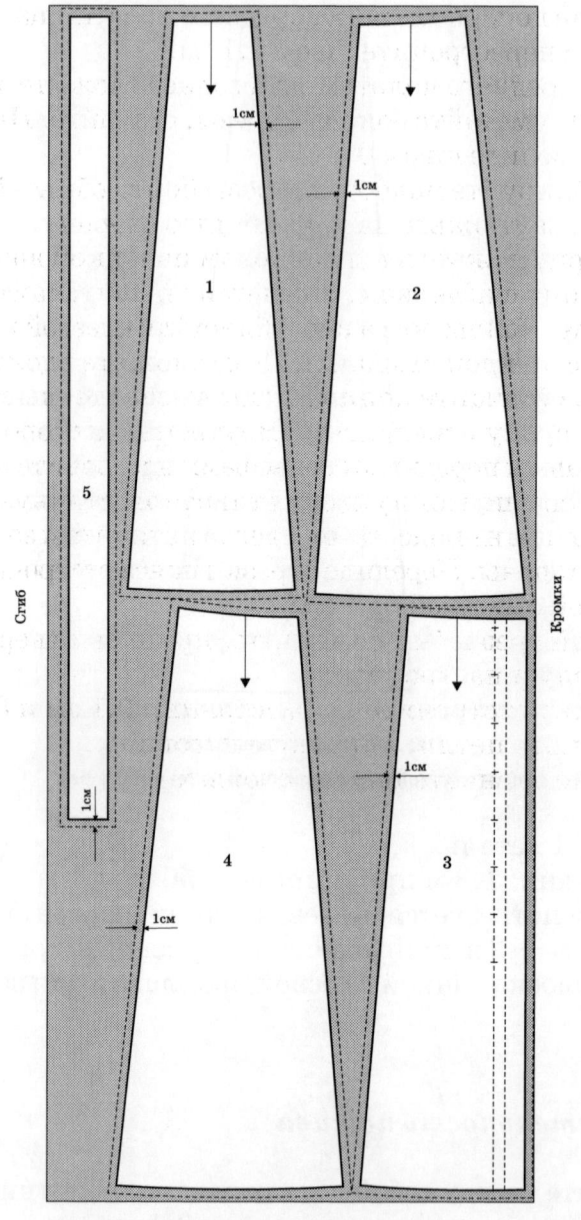

Рис. 90. Раскладка лекал на ткани

2. Сметайте попарно детали переднего полотнища, стачайте. Срезы обметайте и перестрочите швом 0,1 см.

3. Части переднего полотнища и заднее сложите лицевыми сторонами внутрь, сметайте боковые срезы, стачайте. Припуски обметайте и перестрочите швом 0,1 см.

4. Продублируйте подборта, срезы борта обметайте. Подборта шириной 3 см заутюжьте на изнаночную сторону.

5. Пояс приутюжьте вдоль пополам изнанкой внутрь. Сложите его лицом к лицу с изделием, приметайте, притачайте. Временные стежки удалите. Концы пояса продублируйте клеевой корсажной лентой (по 15 см с каждой стороны). Пояс сложите вдоль лицевой стороной внутрь, обтачайте концы. Углы высеките, выверните деталь на лицевую сторону и выправьте. Внутреннюю сторону пояса между левым и правым передними рельефами настрочите на основное изделие. В образовавшуюся кулиску втяните эластичную тесьму. Один ее край настрочите на пояс, затем слегка натяните и закрепите строчкой с другой стороны. Передние отрезки пояса отстрочите со всех сторон отделочной строчкой (0,1 см).

6. Нижний срез юбки обметайте, припуск отверните на изнаночную сторону и настрочите.

7. Застежку отстрочите на расстоянии 0,1 см и 3 см от края.

8. Выполните петли, пришейте пуговицы.

9. Изделие окончательно отутюжьте.

Модель № 5
(размер 58, рост 170)

Юбка прямой формы с парными односторонними складками спереди, задней застежкой на «молнии» и жестким притачным поясом.

Подготовка деталей

Модель № 5 выполняется на конструктивной основе прямой юбки № 1. Переснимите на кальку детали основы и внесите изменения в соответствии с моделью.

Заднее полотнище юбки (рис. 91):

1. Нанесите метку для застежки. От точки 1 вниз отложите 18 см и поставьте метку конца застежки.

Переднее полотнище юбки (рис. 92—93):

2. Оформите складки. Первую расположите вдоль вертикали через точку 16, вторую — через 4 см в сторону бокового среза. Переднее полотнище по построенным линиям разрежьте.

Глубина одной складки в модели равна 4 см. Детали раздвиньте между собой на две глубины складки (рис. 93).

Раствор талевой вытачки распределите между двумя складками. То есть на каждую складку приходится по 3 : 2 = 1,5 см. Это значение необходимо внести равномерно с каждой стороны складки (по 0,75 см). Будьте внимательны: ширина полотнища по линии талии должна уменьшиться, а глубина складок, соответственно, увеличиться. Полученные точки соедините с точками пересечения вертикальных разметок склад и линии бедер.

Чтобы складки не расходились книзу, выполните заужение глубины каждой складки с обеих сторон на 1 см. Полученные точки соедините с точками пересечения вертикальных разметок склад и линии бедер.

Рис. 91. Оформление заднего полотнища юбки

Рис. 92. Оформление переднего полотнища юбки

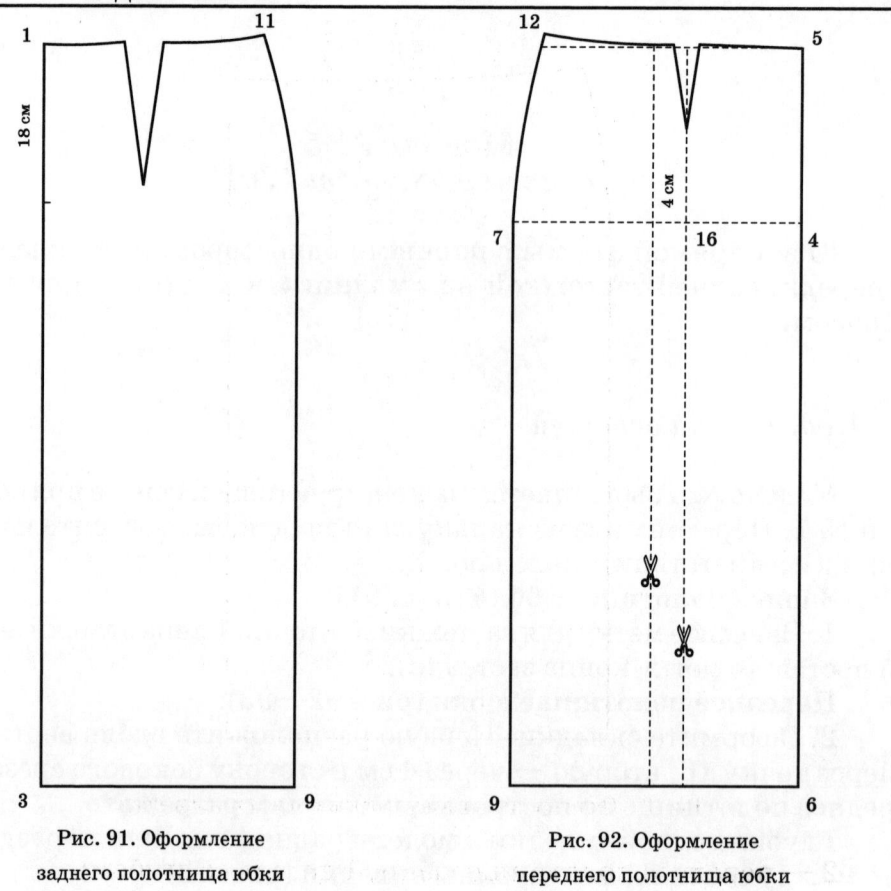

Дополнительные детали:

3. Подготовьте пояс в виде полоски размером:

— длина = 2 · (Ст + Пт) + 3 = 2 · 49 + 3 = 101 см, где 3 см — припуск на застежку;

— ширина = 2 · ширину пояса в готовом виде = 2 · 4 = 8 см.

Детали кроя:

1 — заднее полотнище юбки, 2 детали;

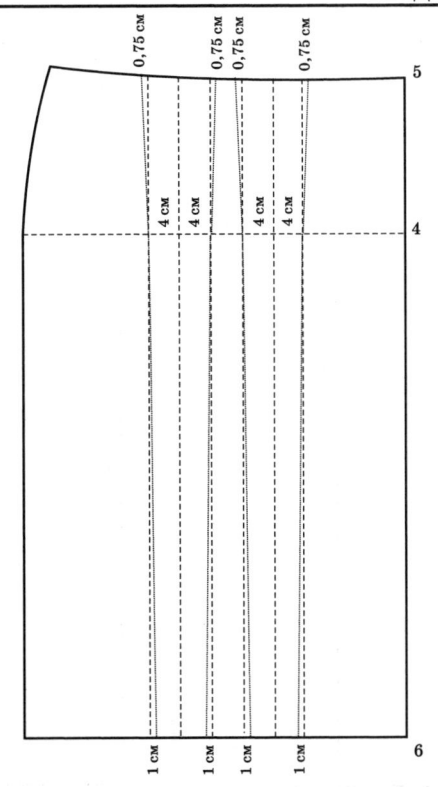

Рис. 93. Окончательная форма переднего полотнища юбки

2 — переднее полотнище юбки, 1 деталь со сгибом;
3 — пояс, 1 деталь.
Расход ткани: 1,8 м при ширине 1,10 м.
Также вам потребуется: клеевая корсажная лента шириной 4 см и длиной 1,01 м, 1 пуговица, «молния» длиной 18 см.

Последовательность пошива

1. Части заднего полотнища сложите лицевыми сторонами внутрь, сметайте, стачайте от метки застежки. Временные стежки удалите, шов разутюжьте, срезы обметайте.

140 Модели юбок

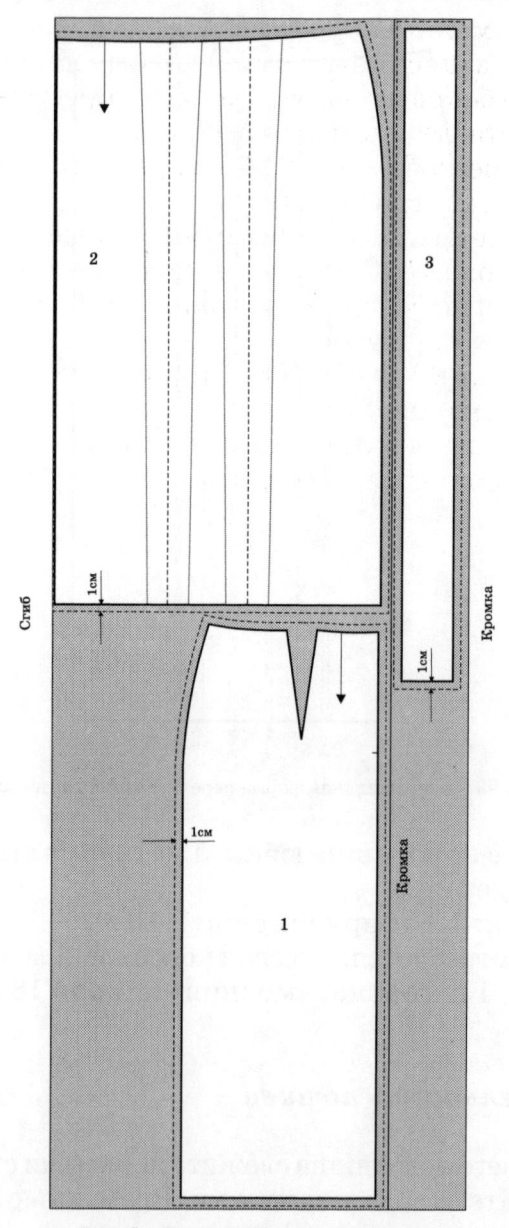

Рис. 94. Раскладка лекал на ткани

2. Втачайте «молнию».

3. Переднее и заднее полотнища сложите лицевыми сторонами внутрь, сметайте боковые срезы, стачайте. Временные стежки удалите, срезы обметайте, швы разутюжьте.

4. Нижний срез юбки обметайте, припуск отверните на изнаночную сторону и настрочите.

5. По разметке (мелкий пунктир на чертеже) заметайте складки, сгибы приутюжьте. Отстрочите каждую складку отделочной строчкой от талии до бедер на расстоянии 0,5 см от края. Временные стежки удалите.

6. Верхний срез юбки обработайте жестким поясом. Отстрочите по контуру отделочной строчкой.

7. Выполните петлю, пришейте пуговицу.

8. Изделие окончательно отутюжьте.

Конструктивная основа клиньевой юбки № 2
(для моделей № 6—7)
(размер 56, рост 164)

Расчет и подготовка деталей основы

Таблица № 9

Условные обозначения	Ст	Сб	Дю
Типовой размер 56, рост 164 см	47	60	88,0 (по модели)
Ваши мерки			

Таблица № 11

Последовательность построения	Расчетные формулы	Примеры расчета	Ваши вычисления
1. Точка 1			
2. ↓ [1—2]	18—20 см	19,0 см	
3. ↓ [1—3]	Дю	88,0 см	
4. Через точки 2, 3 – горизонтали			
5. Ширина клина по талии	(Ст + Пт) : n	(47 + 1) : 3 = = 16,0 см	
6. ← [1—4], →?[1—5]	1/2 ширины клина по талии	16 : 2 = 8,0 см	
7. Ширина клина по бедрам	(Сб + Пб) : n	(60 + 3) : 3 = 21 см	
8. ← [2—6], →?[2—7]	1/2 ширины клина по бедрам	21 : 2 = 10,5 см	
9. Точки 4 и 6, 5 и 7 – соединить (т.8, т.9)			
10. В точках 4 и 5 ↑	0,5—0,7 см		

11. Линия талии клина – вогнутая			
12. Дю – по боковым сторонам	88 см		
13. Линия низа клина – выпуклая			

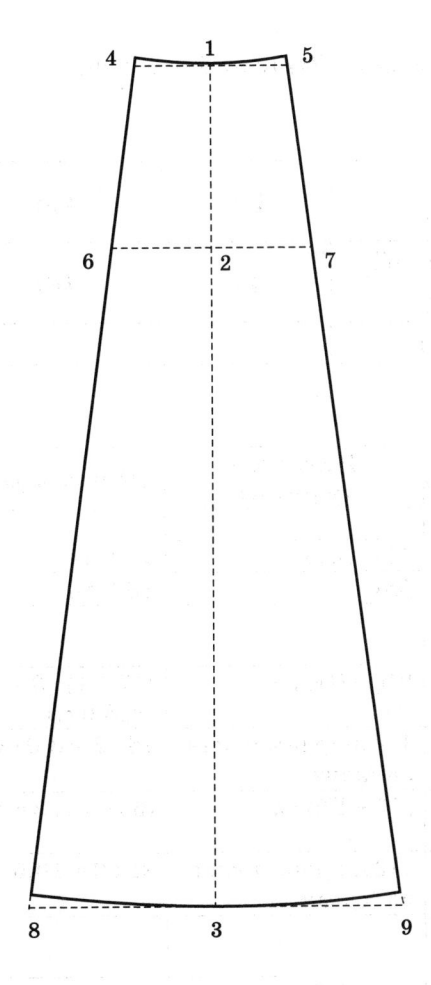

Рис. 95. Конструктивная основа клиньевой юбки № 2

Модель № 6
(размер 56, рост 164)

Юбка-шестиклинка с наклонными кокетками и расширенными книзу клиньями. Талия на жестком поясе, боковая застежка на «молнии».

Подготовка деталей

Модель № 6 выполняется на конструктивной основе клиньевой юбки № 2. Переснимите на кальку детали основы и внесите изменения в соответствии с моделью.

Клин юбки (рис. 96—97):

1. Нанесите линию кокетки. От точки 5 вдоль боковой линии отложите 10 см. Полученную точку и точку 6 соедините прямой линией. Клин по построенной линии разрежьте.

2. Окончательно оформите клин (рис. 97). Деталь разрежьте посередине вдоль и раздвиньте на 6 см. Кроме того, дополнительно выполните расширение боковых сторон по линии низа на 3 см. Верхнюю и нижнюю линии оформите лекально.

3. Поставьте метку для застежки на расстоянии 18 см от линии талии.

Дополнительные детали:

4. Подготовьте пояс в виде полоски размером:
— длина = 2 · (Ст + Пт) + 3 = 2 · 48 + 3 = 99 см, где 3 см — припуск на застежку;
— ширина = 2 · ширину пояса в готовом виде = 2 · 4 = 8 см.

Детали кроя:

1 — кокетка, 6 деталей;

Модели юбок

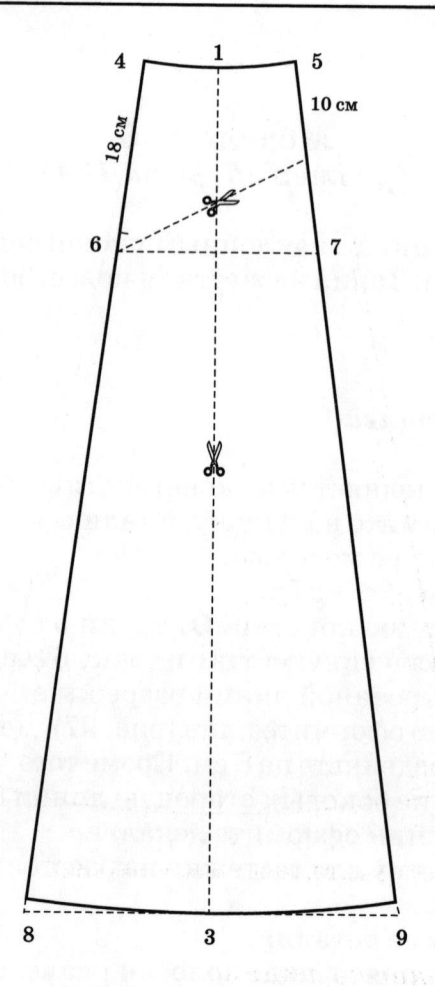

Рис. 96. Оформление клина юбки

2 — клин, 6 деталей;
3 — пояс, 1 деталь.
Расход ткани: 1,8 м при ширине 1,50 м.
Внимание! Ткань разложена в один слой.
Также вам потребуется: клеевая корсажная лента шириной 4 см и длиной 1 м, 1 пуговица, «молния» длиной 18 см.

Модели юбок 147

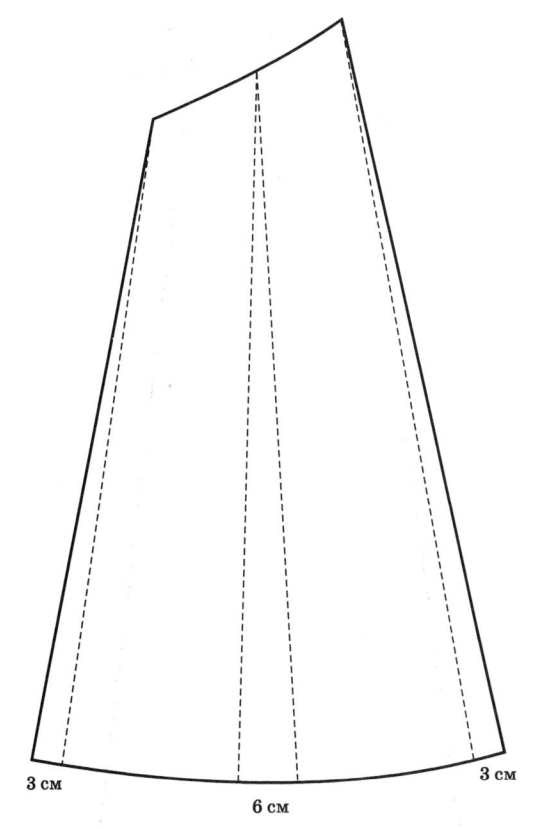

Рис. 97. Оформление клина юбки

Последовательность пошива

1. Кокетки сложите с соответствующими клиньями, сметайте, стачайте. Открытые срезы обметайте, заутюжьте в сторону клина и перестрочите швом 0,1 см.

2. Нижние срезы каждого клина обметайте, припуски отверните на изнаночную сторону и настрочите.

3. Клинья соедините поочередно между собой. В одном шве оставьте незастроченный отрезок для застежки. Срезы обметайте.

148   Модели юбок

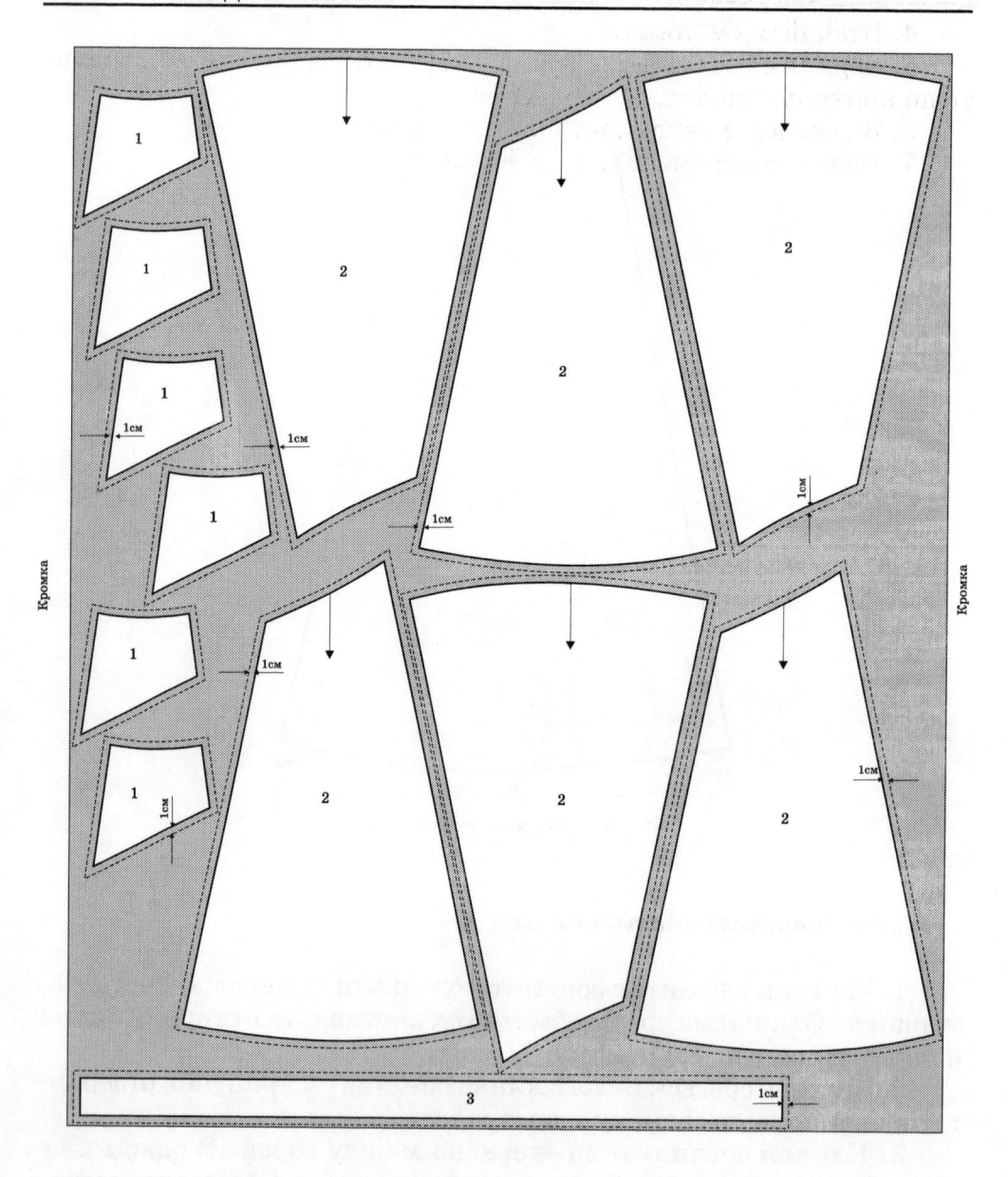

Рис. 98. Раскладка лекал на ткани

4. Втачайте «молнию».

5. Верхний срез юбки обработайте жестким поясом. Отстрочите по контуру отделочной строчкой.

6. Выполните петлю, пришейте пуговицу.

7. Изделие окончательно отутюжьте.

Модель № 7
(размер 56, рост 164)

Юбка-шестиклинка с кружевными вставками. Талия на обтачке, боковая застежка на «молнии».

Подготовка деталей

Модель № 7 выполняется на конструктивной основе клиньевой юбки № 2. Переснимите на кальку детали основы и внесите изменения в соответствии с моделью.

Клин юбки (рис. 99):

1. Разметьте кружевную вставку. От линии низа вверх отложите по 20 см и нанесите первую линию разреза. Вторую расположите на 4 см выше. Клин по построенным линиям разрежьте, образуя две детали — верхнюю и нижнюю.

2. Поставьте метку для застежки на расстоянии 18 см от линии талии.

Дополнительные детали:

3. Подготовьте обтачку линии талии (рис. 99). Для этого клин вокруг линии талии обведите на ширине 4 см. Образовавшуюся деталь переснимите на кальку как самостоятельный элемент.

Детали кроя:

1 — верхняя часть клина, 6 деталей;
2 — нижняя часть клина, 6 деталей;
3 — обтачка, 6 деталей.

Расход ткани: 1,5 м при ширине 1,50 м.

Также вам потребуется: тонкая клеевая прокладка для обтачки, «молния» длиной 18 см, полоска кружева 0,06 × 2,2 м.

Модели юбок

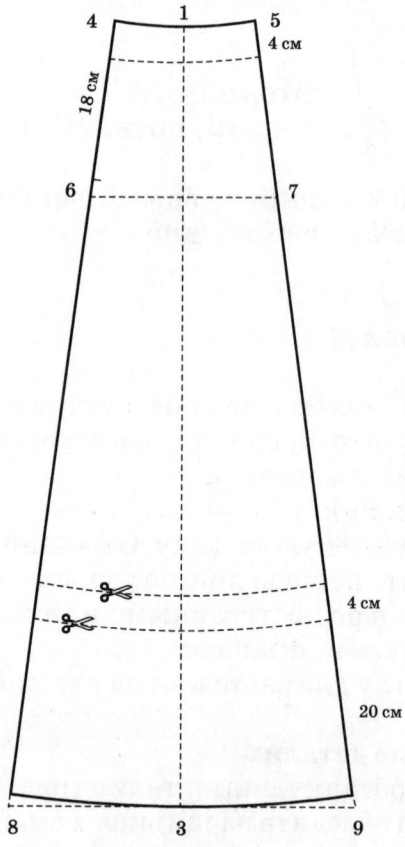

Рис. 99. Оформление клина юбки

Последовательность пошива

1. Кружевные вставки сложите с соответствующими клиньями лицом к лицу, приметайте, притачайте. Открытые срезы обметайте, заутюжьте в сторону клина и перестрочите швом 0,1 см.

2. Нижние части сложите с соответствующими клиньями лицом к лицу, приметайте, притачайте. Открытые срезы обметайте, заутюжьте вниз и перестрочите швом 0,1 см.

Модели юбок 153

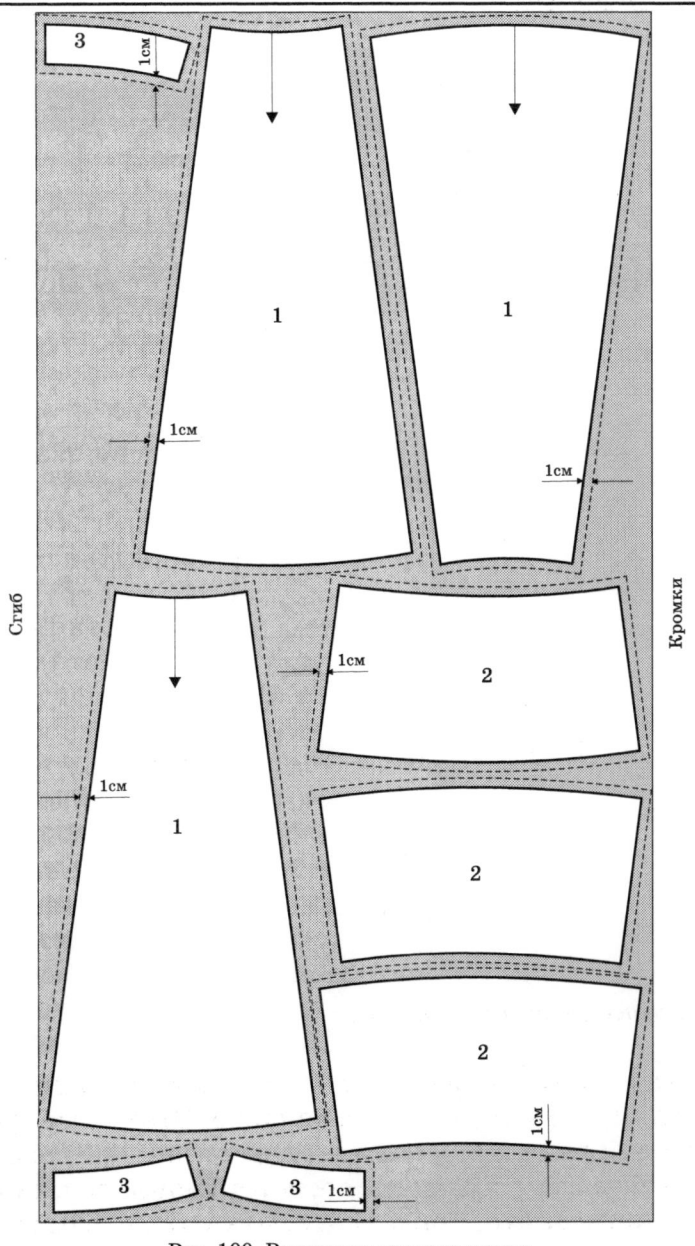

Рис. 100. Раскладка лекал на ткани

3. Нижние срезы каждого клина обметайте, припуски отверните на изнаночную сторону и настрочите.

4. Клинья соедините поочередно между собой. Оставьте в одном шве отрезок для застежки. Срезы обметайте.

5. Втачайте «молнию».

6. Продублируйте части обтачки, соедините их между собой, швы разутюжьте, обметайте. Верхний срез юбки обработайте обтачкой. Проложите две отделочные строчки на расстоянии 0,1 см и 4 см от края.

7. Изделие окончательно отутюжьте.

Конструктивная основа клиньевой юбки № 3
(для моделей № 8—10)
(размер 60, рост 170)

Расчет и подготовка деталей основы

Таблица № 9

Условные обозначения	Ст	Сб	Дю
Типовой размер 60, рост 170 см	51,2	64	85,0 (по модели)
Ваши мерки			

Таблица № 11

Последовательность построения	Расчетные формулы	Примеры расчета	Ваши вычисления
1. Точка 1			
2. ↓ [1—2]	18—20 см	20,0 см	
3. ↓ [1—3]	Дю	85,0 см	
4. Через точки 2, 3 – горизонтали			
5. Ширина клина по талии	(Ст + Пт) : n	(51,2 + 0,8) : 4 = = 13,0 см	
6. ← [1—4], → [1—5]	1/2 ширины клина по талии	13 : 2 = 6,5 см	
7. Ширина клина по бедрам	(Сб + Пб) : n	(64 + 1,4) : 4 = = 16,4 см	
8. ← [2—6], → [2—7]	1/2 ширины клина по бедрам	16,4 : 2 = 8,2 см	
9. Точки 4 и 6, 5 и 7 – соединить (т.8, т.9)			
10. В точках 4 и 5 ?	0,5—0,7 см		

156 Модели юбок

11. Линия талии клина – вогнутая			
12. Дю – по боковым сторонам	85 см		
13. Линия низа клина – выпуклая			

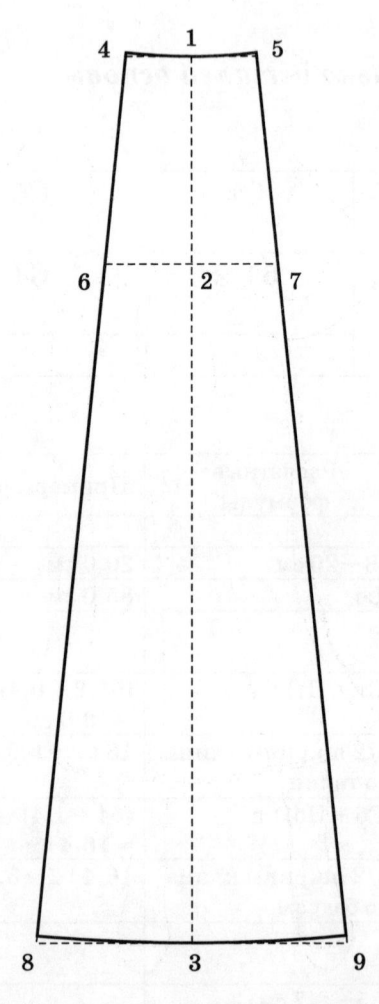

Рис. 101. Конструктивная основа клиньевой юбки № 3

Модель № 8
(размер 60, рост 170)

Юбка-годе из восьми клиньев. Талия на жестком поясе, боковая застежка на «молнии».

Подготовка деталей

Модель № 8 выполняется на конструктивной основе клиньевой юбки № 3. Переснимите на кальку детали основы и внесите изменения в соответствии с моделью.

Клин юбки (рис. 102):

1. Оформите боковые стороны клина. Для этого от точки 3 вверх отложите 30 см. От полученной точки вправо и влево отложите по ширине клина на уровне линии бедер. В нашем примере эта величина составляет 8,2 см. Полученные точки соедините прямыми линиями с точками 6 и 7. Образовавшиеся углы слегка закруглите. Отрезки боковых срезов между талией и бедрами оформите слегка выпуклыми линиями.

2. Поставьте метку для застежки на расстоянии 18 см от линии талии.

Дополнительные детали:

3. Подготовьте пояс в виде полоски размером:
— длина = 2 · (Ст + Пт) + 3 = 2 · 52 + 3 = 107 см, где 3 см — припуск на застежку;
— ширина = 2 · ширину пояса в готовом виде = 2 · 4 = 8 см.

Детали кроя:

1 — клин, 8 деталей;
2 — пояс, 1 деталь.

Модели юбок

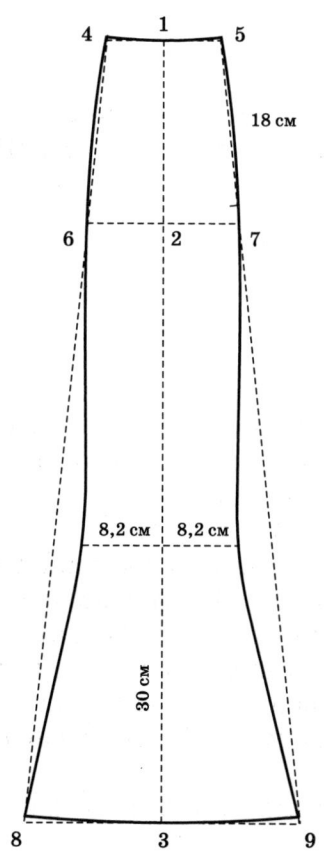

Рис. 102. Оформление клина юбки

Расход ткани: 1,8 м при ширине 1,50 м.

Также вам потребуется: клеевая корсажная лента шириной 4 см и длиной 1,05 м, 1 пуговица, «молния» длиной 18 см.

Последовательность пошива

1. Нижние срезы каждого клина обметайте, припуски отверните на изнаночную сторону и настрочите.

160 Модели юбок

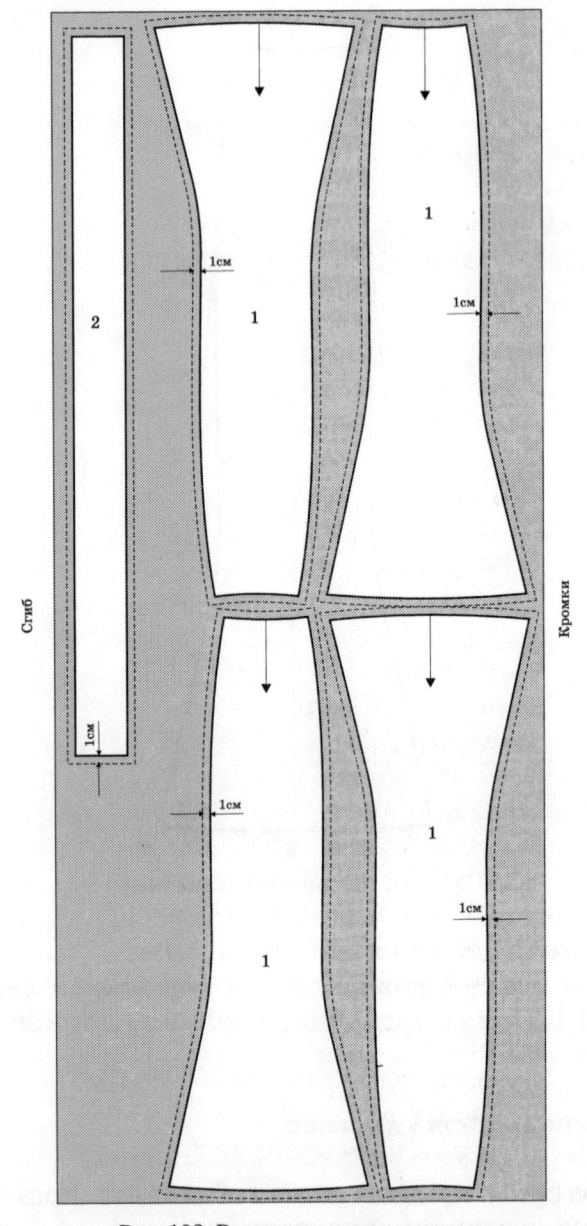

Рис. 103. Раскладка лекал на ткани

2. Оттяните боковые срезы клиньев в местах перехода на расширение. Клинья сложите лицом к лицу, сметайте, стачайте. В одном шве оставьте отрезок для застежки. Временные стежки удалите, срезы обметайте и приутюжьте.

3. Втачайте «молнию».

4. Верхний срез юбки обработайте жестким поясом. Отстрочите по контуру отделочной строчкой.

5. Выполните петлю, пришейте пуговицу.

6. Изделие окончательно отутюжьте.

Модель № 9
(размер 60, рост 170)

Юбка из восьми клиньев с наклонными вставками из отделочной ткани. Талия на жестком поясе, задняя застежка на «молнии».

Подготовка деталей

Модель № 9 выполняется на конструктивной основе клиньевой юбки № 3. Переснимите на кальку детали основы и внесите изменения в соответствии с моделью.

Клин юбки (рис. 104):

1. Разметьте вставку. От линии низа вдоль одной стороны отложите 27 см, вдоль другой — 48 см. Полученные точки соедините прямой, образуя нижнюю линию вставки. Вторую линию расположите параллельно первой через 13,5 см. Клин по построенным линиям разрежьте.

2. Поставьте метку для застежки на расстоянии 18 см от линии талии.

Дополнительные детали:

3. Подготовьте пояс в виде полоски размером:
— длина = $2 \cdot (С_т + П_т) + 3 = 2 \cdot 52 + 3 = 107$ см, где 3 см — припуск на застежку;
— ширина = $2 \cdot$ ширину пояса в готовом виде = $2 \cdot 3 = 6$ см.

Детали кроя из основной ткани:

1 — верхняя часть клина, 8 деталей;
2 — нижняя часть клина, 8 деталей;
3 — пояс, 2 детали.
Расход основной ткани: 1,5 м при ширине 1,50 м.

Модели юбок

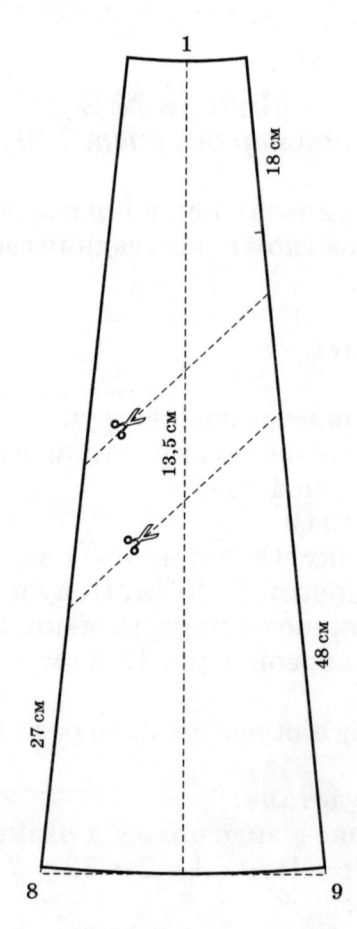

Рис. 104. Оформление клина юбки

Детали кроя из отделочной ткани:

1 — вставка, 8 деталей.

Расход отделочной ткани: 0,55 м при ширине 1,10 м.

Также вам потребуется: клеевая корсажная лента шириной 3 см и длиной 1,05 м, 1 пуговица, «молния» длиной 18 см.

Модели юбок 165

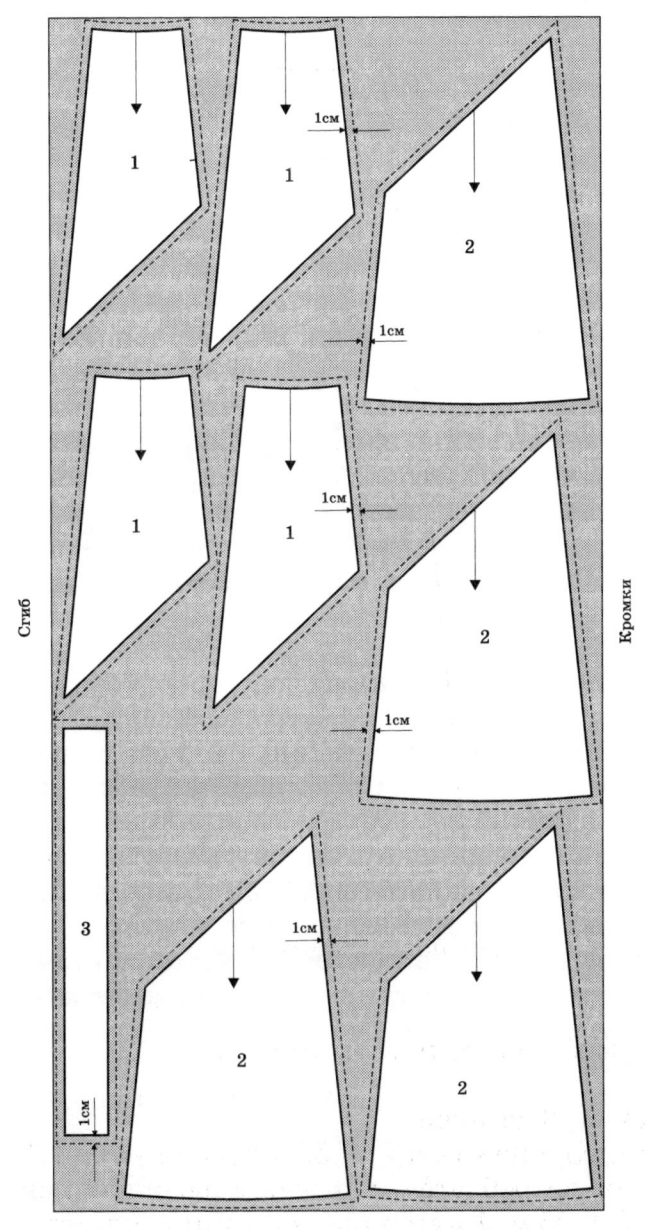

Рис. 105. Раскладка лекал на основной ткани

Модели юбок

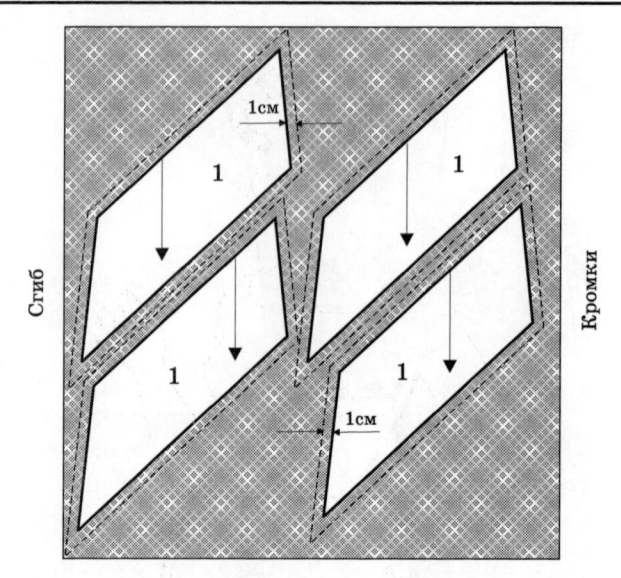

Рис. 106. Раскладка лекал на отделочной ткани

Последовательность пошива

1. Вставки сложите лицом к лицу с верхними частями клиньев, приметайте, притачайте. Срезы обметайте, заутюжьте вверх и перестрочите швом 0,1 см.

2. Аналогично соедините нижние части клиньев с верхними.

3. Нижние срезы каждого клина обметайте, припуски отверните на изнаночную сторону и настрочите.

4. Клинья сложите лицом к лицу, сметайте, стачайте. В одном шве оставьте отрезок для застежки. Временные стежки удалите, срезы обметайте и приутюжьте.

5. Втачайте «молнию».

6. Верхний срез юбки обработайте жестким поясом. Отстрочите по контуру отделочной строчкой.

7. Выполните петлю, пришейте пуговицу.

8. Изделие окончательно отутюжьте.

Модель № 10
(размер 60, рост 170)

Юбка из восьми клиньев с широкими оборками по низу. Талия на обтачке, передняя застежка на разъемной «молнии».

Подготовка деталей

Модель № 10 выполняется на конструктивной основе клиньевой юбки № 3. Перенесите на кальку детали основы и внесите изменения в соответствии с моделью.

Клин юбки (рис. 107):

1. Разметьте оборку. От линии низа вдоль средней линии клина отложите 25 см. Через полученную точку проведите линию, параллельную линии низа. Клин по ней разрежьте.

2. Подготовьте деталь оборки в виде прямоугольника размером:
— длина = 1,5 · длину линии разреза клина = 1,5 · 25 = 37 см;
— ширина = 25 см.

Дополнительные детали:

3. Подготовьте обтачку клина (рис. 108). Для этого клин вокруг талии обведите на ширине 4 см. Полученную деталь перенесите на кальку как самостоятельный элемент. Две такие детали совместите по боковым линиям, образуя обтачку для кроя.

Детали кроя:

1 — клин, 8 деталей;
2 — оборка, 8 деталей;
3 — обтачка, 4 детали.
Расход ткани: 1,9 м при ширине 1,50 м.

Модели юбок 169

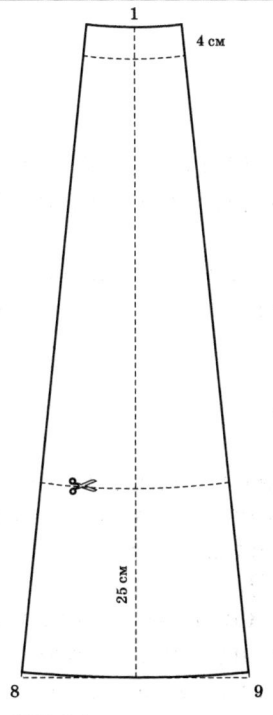

Рис. 107. Оформление клина юбки

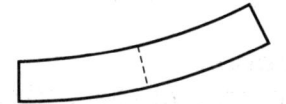

Рис. 108. Образование детали обтачки для кроя

Также вам потребуется: тонкая клеевая прокладка для обтачки, разъемная «молния» длиной 60 см.

Последовательность пошива

1. Оборки сложите лицом к лицу с клиньями, затем приметайте, притачайте. Срезы обметайте, заутюжьте вверх и перестрочите швом 0,1 см.

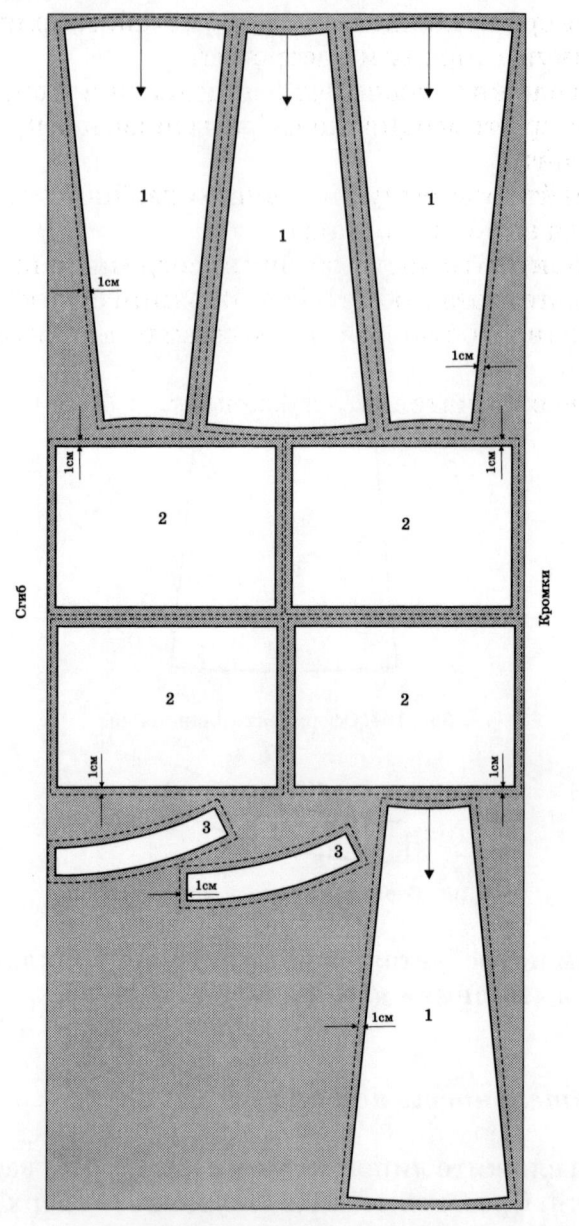

Рис. 109. Раскладка лекал на ткани

2. Нижние срезы каждого клина обметайте, припуски отверните на изнаночную сторону и настрочите.

3. Клинья сложите поочередно лицом к лицу, сметайте, стачайте, оставляя открытым один шов. Срезы швов и открытые срезы застежки обметайте.

4. Притачайте разъемную «молнию» двойной отделочной строчкой, продлевая ее до линии низа.

5. Продублируйте части обтачки, соедините их между собой, швы разутюжьте, срезы обметайте. Верхний срез юбки обработайте подготовленной обтачкой и проложите двойную отделочную строчку.

6. Изделие окончательно отутюжьте.

Модели блуз

Конструктивная основа № 1
(для моделей № 1—5)
(размер 54, рост 164)

Расчет и подготовка деталей основы

Таблица № 14

Усл. обозн.	Сш	Сг$_2$	Ст	Сб	Шс	Шпр	Шг$_2$	Шг$_1$	Шп	Дт.с$_1$	Вп.к.с	Вб	Дт.п$_2$	Вг$_2$	Цг	Вп.к.п	Дт.о
Типовой разм. 54, рост 164	19,5	56,3	44,8	58	19,6	12,3	24,4	18,5	13,5	40,6	44,8	18,9	54,3	38,2	11,1	25,4	89,4
Ваши мерки																	

Прибавки:
Пг = 6 см
Пс.пр = 3 см
Ши = Сг$_2$ + Пг = 56,3 + 6 = 62,3 см

Ваши данные:
Пг =
Пс.пр =
Ши = Сг$_2$ + Пг =

Таблица № 15

Последовательность построения	Расчетные формулы	Примеры расчета	Ваши вычисления
Базисная сетка			
1. Точка 1			
2. ↓ [1—2]	Дт.с$_1$ + 0,5 см	40,6 + 0,5 = 41,1 см	
3. ↓ [2—3]	18—20 см	19 см	
4. ↓ [1—4]	Ди	65 см	
5. ↑ [2—5]	Вб − Пс.пр	18,9 − 3 = 16,9 см	
6. Через точки 1, 2, 3, 4, 5 – горизонтали			
7. → [5—6]	Шс + 0,3 Пг	19,6 + 0,3 · 6 = 21,4 см	

Модели блуз 173

8. →[6—7]	Шпр + 0,5 Пг	12,3 + 0,5 · 6 = 15,3 см	
9. →[7—8]	Шг$_2$ + 0,2 Пг	24,4 + 0,2 · 6 = 25,6 см	
10. Через точку 8 – вертикаль – т. 9, 10, 11			
Спинка			
1. →[1—12]	0,3 Сш + 1 см	0,3 · 19,5 + 1 = 6,9 см	
2. ↑[12—13]	Таблица № 12	3,3 см	
3. Из точки 13 ↓ перпендикуляр – т. 14			
4. R$_1$ из точки 13	Шп + вытачка	13,5 + 2,5 = 16 см	
5. R$_2$ из точки 2	Вп.к.с + 0,5 см	44,8 + 0,5 = 45,3 см	
6. Соединить точки 13 и 15 прямой			
7. Плечевая вытачка	Раствор – 2,5 см, длина – 9 см		
8. ↑[6—16]	1/2 [6—15]	0,5 · 22 = 11 см	
9. →[5—17]	1/2 [5—8] – 1 см	0,5 · 62,3 – 1 = 30,2 см	
10. Точки 15, 16 и 17 – лекально			
11. →[4—18]	[5—17]	30,2 см	
Полочка			
1. ↑[9—19]	Дт.п$_2$ – $l_{ростка}$ + 0,5 см	54,3 – 8,8 + 0,5 = 46 см	
2. Проверка точки 19	[9—19]+[13—14]= =Дт.о + 1 см	46 + 44,4 = 90,4 см 89,4 + 1 = 90,4 см	
3. ←[19—20]	[1—12]	6,9 см	
4. ↓[19—21]	[19—20] + 1 см	6,9 + 1 = 7,9 см	
5. Точки 20 и 21 – лекально			
6. ←[8—22]	Цг + 0,5 см	11,1 + 0,5 = 11,6 см	
7. Через точку 22 – вертикаль			
8. R из точки 20 на вертикали – т. 23	Вг$_2$ – $l_{ростка}$	38,2 – 8,8 = 29,4 см	
9. R из точки 23 – точка 24	Цг	11,1 см	
10. ←[24—25]	Шг$_2$ – Шг$_1$	24,4 – 18,5 = 5,9 см	
11. Точки 23 и 25 – прямая по ней [23—26]	[20—23]	29,4 см	
12. R$_1$ из точки 26	Шп	13,5 см	
13. R$_2$ из точки 23	Вп.к.п	25,4 см	

Модели блуз

14. Соединить точки 26 и 27 прямой			
15. ?[7—28]	1/2 [6—16]	0,5 · 11 = 5,5 см	
16. Точки 27, 28 и 17 – лекально			
17. Контроль Пб	Ши – Сб	62,3 – 58 = 4,3 см	

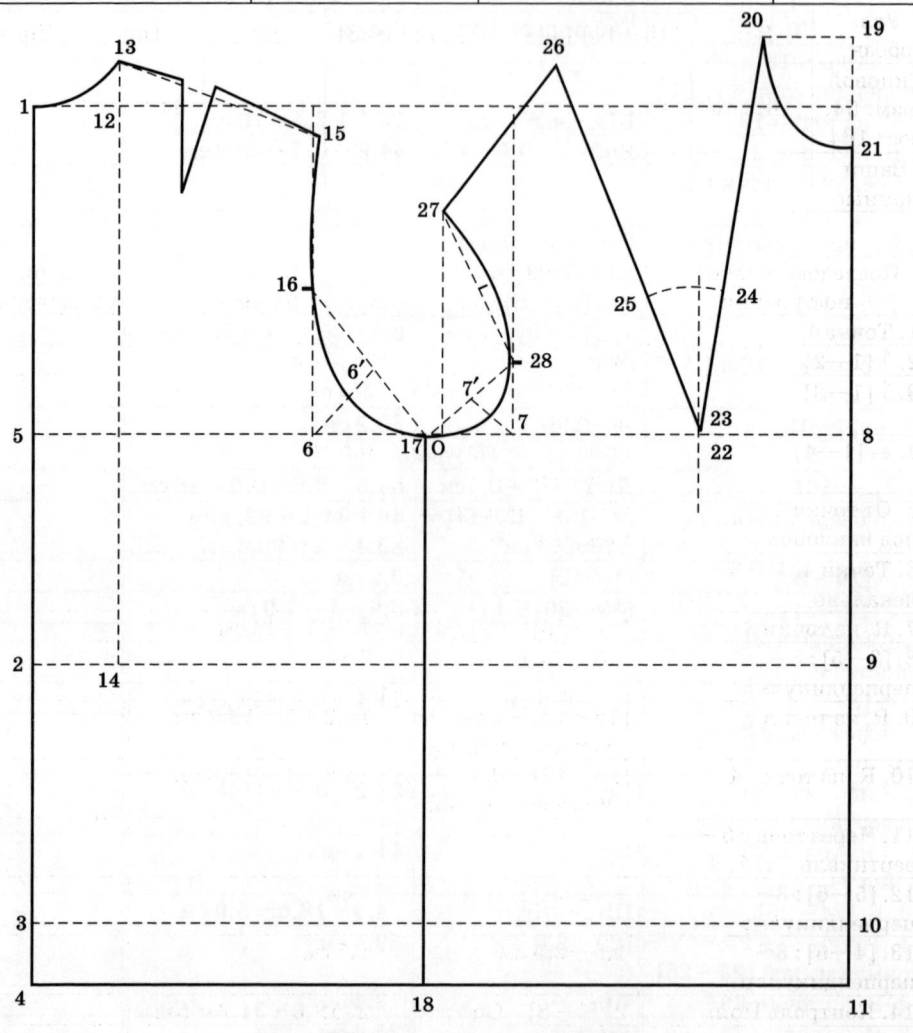

Рис. 110. Конструктивная основа № 1

Построение основной схемы втачного рукава

Таблица № 16

Усл. обозн.	Вок	[15—16]	[16—17]	[27—28]	Др	Оп	Шр.н
Типовой разм. 54, рост 164	16,5 см	11,2 см	15,8 см	13 см	56,3 см	34,2 см	—
Ваши данные							

Последовательность построения	Расчетные формулы	Примеры расчета	Ваши вычисления
1. Точка 1			
2. ↑[1—2]	Вок	16,5 см	
3. ↑[1—3]	[7—28] – с чертежа полочки	5,5 см	
4. ←[1—4]	[17—7] – с чертежа полочки	6,5 см	
5. От точки 1 – под наклоном	[7—7′] – с чертежа полочки	2,2 см	
6. Точки 4, 1′ и 3 – лекально			
7. R_1 из точки 3	[27—28] + 0,5—1 см	13 + 1 = 14 см	
8. [3—5] : 3 – перпендикуляр	1,5—2,5 см	2 см	
9. R_2 из точки 5	[15—16] + 1 см с чертежа спинки	11,2 + 1 = 12,2 см	
10. R_3 из точки 4	[16—17] + 0,7—1 см с чертежа спинки	15,8 + 1 = 16,8 см	
11. Через точку 6 – вертикаль – т. 7, 8			
12. [5—6] : 3 – перпендикуляр	1—2 см	1 см	
13. [4—6] : 3 – перпендикуляр	1,5—2,5 см	1,5 см	
14. Контроль По.п	2 · [1—8] – Оп	2 · 19,6 – 34,2 = 5 см	
15. ↓[2—9]	Др	56,3 см	

176 Модели блуз

16. ↓ [2—10]	[2—9] : 2 + 5 см	56,3 : 2 + 5 = 33,2 см	
17. Через точку 7 – вертикаль – т. 11, 12			
18. Через точку 4 – вертикаль – т.13			
19. Разворот вокруг [3—9] – т. 14, 15			
20. Разворот вокруг [6—12] – т. 16, 17			

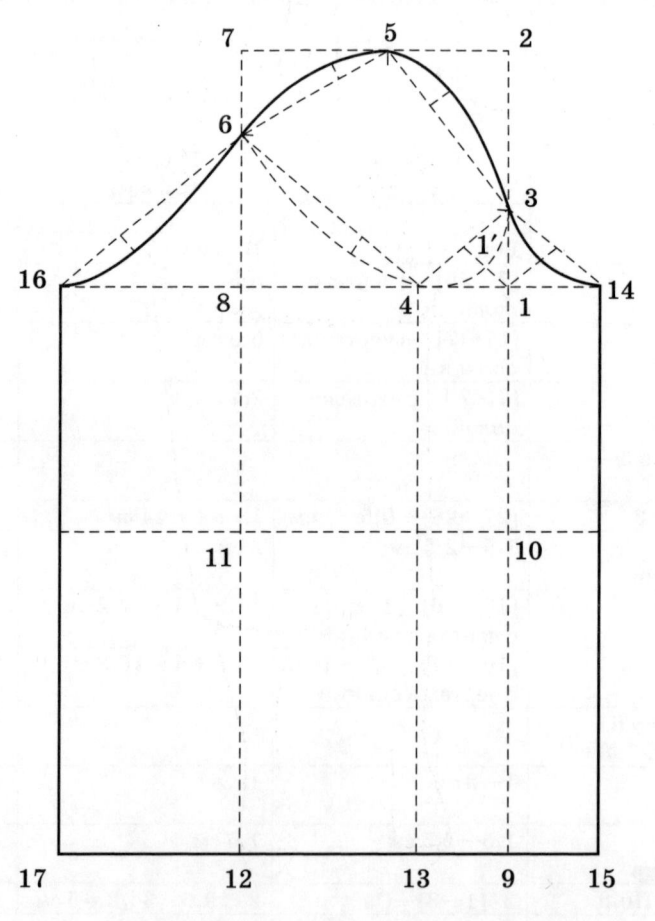

Рис. 111. Построение основы втачного рукава

Модель № 1
(размер 54, рост 164)

Блуза с V-образной горловиной и завязывающимся шарфом. Рукава прямой формы с легким заужением книзу. В боковых швах небольшие разрезы.

Подготовка деталей

Модель № 1 выполняется на конструктивной основе № 1. Переснимите на кальку детали основы и внесите изменения в соответствии с моделью.

Спинка (рис.112):

1. Оформите росток. От точки 13 вдоль плечевого среза отложите 1 см. Затем полученную точку и точку 1 соедините округлой линией.

2. Постройте обтачку ростка. Спинку вокруг ростка обведите на ширине 3 см, полученную деталь переснимите на кальку как самостоятельный элемент.

Полочка (рис. 113—114):

3. Нагрудную вытачку перенесите в боковую линию, расположив ее на расстоянии 6 см от точки 17. Длину новой вытачки уменьшите на 2,5 см.

4. Оформите горловину. От точки 20 вдоль плечевого среза отложите 1 см, от точки 21 вниз — 14 см. Полученные точки соедините вогнутой линией.

5. Постройте обтачку горловины. Полочку вокруг горловины обведите на ширине 3 см. Полученную деталь переснимите на кальку как самостоятельный элемент.

6. Нанесите метку конца разреза на расстоянии 7 см выше точки 18.

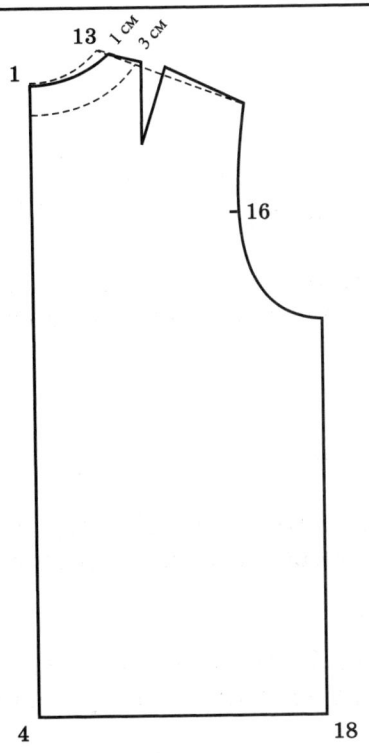

Рис. 112. Оформление спинки

Рукав (рис. 115):

7. Постройте линию низа рукава. Для этого деталь основы удлините на 3 см и выполните заужение с каждой стороны на 2,5 см.

Дополнительные детали:

8. Подготовьте шарф в виде полоски размером:
— длина = длине ростка + длина завязки = 9 + 35 = 44 см;
— ширина = 2 · ширину шарфа в готовом виде = 2 · 6 = 12 см.

Внимание! Расчет выполнен на половину объема изделия.

Детали кроя:

1 — спинка, 1 деталь со сгибом;

Модели блуз

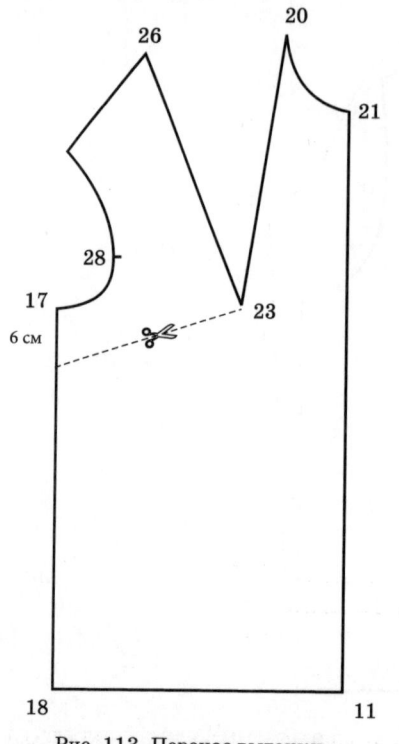

Рис. 113. Перенос вытачки

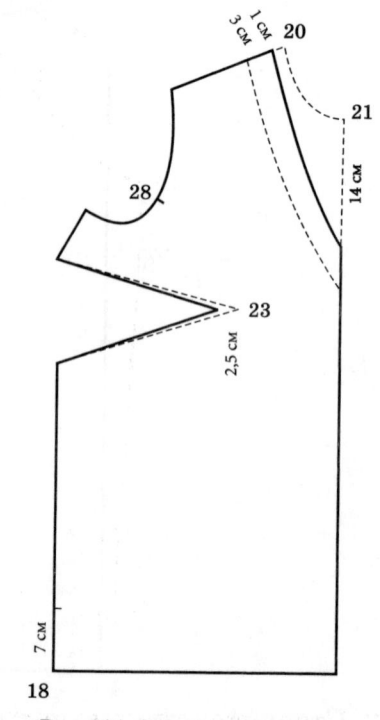

Рис. 114. Оформление полочки

2 — полочка, 2 детали;
3 — рукав, 2 детали;
4 — обтачка ростка, 1 деталь со сгибом;
5 — обтачка горловины, 2 детали;
6 — шарф, 1 деталь со сгибом.

Расход ткани: 1,4 м при ширине 1,50 м.
Также вам потребуется: тонкая клеевая прокладка для обтачек.

Последовательность пошива

1. Стачайте стороны плечевых вытачек, каждую заутюжьте к центру детали.

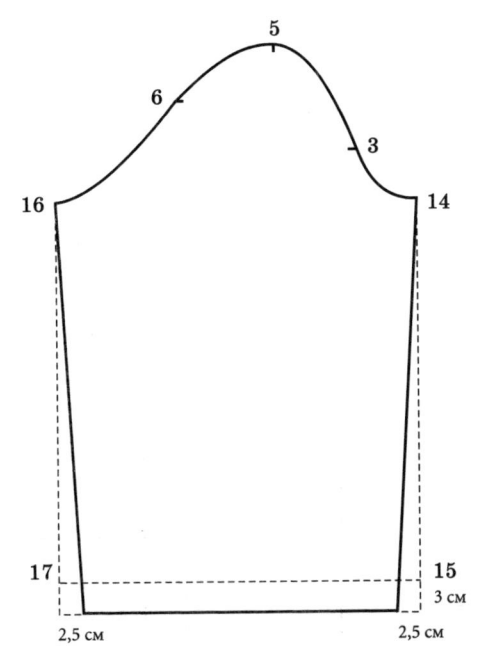

Рис. 115. Оформление рукава

2. Стачайте стороны нагрудных вытачек, каждую заутюжьте вверх.

3. Спинку и полочки сложите лицевыми сторонами внутрь, сметайте плечевые и боковые срезы (до меток разрезов), стачайте. Открытые срезы обметайте, удалите временные стежки, швы разутюжьте.

4. Шарф сложите вдоль пополам лицевой стороной внутрь. Обтачайте концы, оставляя открытым участок ростка. Углы высеките, шарф выверните на лицевую сторону и приутюжьте. Подготовленную деталь лицом к лицу сложите с изделием, приметайте вдоль ростка.

5. Продублируйте детали обтачек, соедините их между собой по плечевым срезам, швы разутюжьте, обметайте отлетной край. Подготовленную обтачку уложите лицом к лицу с изделием, приметайте, притачайте. Временные стежки удалите, припуски шва на закруглениях рассеките. Обтачку выверните, выметайте с образованием

182 Модели блуз

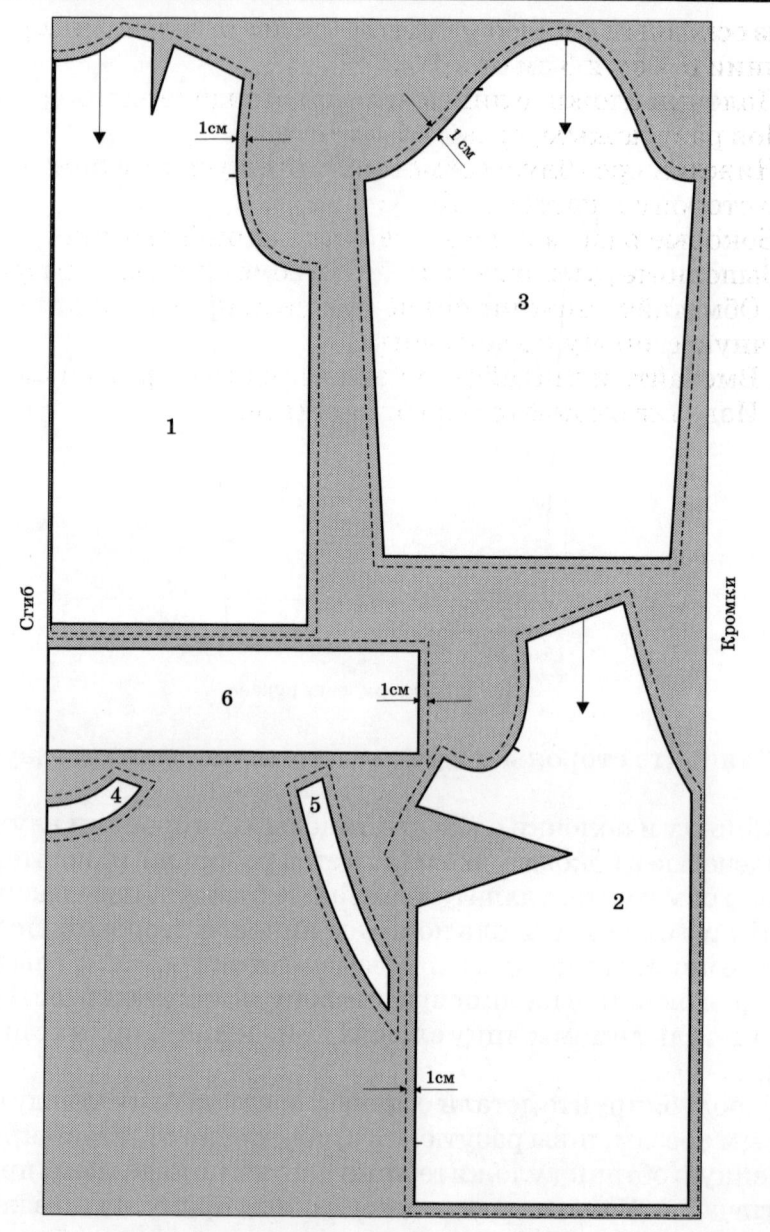

Рис. 116. Раскладка лекал на ткани

канта из основных деталей и проложите две отделочные строчки: на расстоянии 0,1 см и 3 см от края.

6. Полочки сложите лицом к лицу, стачайте вдоль средней линии. Шов разутюжьте, срезы обметайте.

7. **Нижний срез блузы обметайте, припуск отверните на изнаночную сторону и настрочите.**

8. Боковые разрезы закрепите отделочной строчкой.

9. Выполните рукавные швы, срезы обметайте, швы разутюжьте.

10. Обметайте нижние срезы рукавов, припуски отверните на изнаночную сторону и настрочите.

11. Вметайте и втачайте рукава в проймы, срезы обметайте.

12. Изделие окончательно отутюжьте.

Модель № 2
(размер 54, рост 164)

Блуза с округлой горловиной и отлетными завязывающимися кокетками. Рукава прямой формы слегка заужены книзу. Кокетки украшены отделочной тесьмой.

Подготовка деталей

Модель № 2 выполняется на конструктивной основе № 1. Переснимите на кальку детали основы и внесите изменения в соответствии с моделью.

Спинка (рис. 117):

1. Оформите росток. От точки 13 вдоль плечевого среза отложите 2 см. Полученную точку и точку 1 соедините округлой линией.

2. Постройте обтачку ростка. Спинку вокруг ростка обведите на ширине 3 см, полученную деталь переснимите на кальку как самостоятельный элемент.

Полочка (рис. 118—119):

3. Нагрудную вытачку перенесите в боковую линию, расположив ее на расстоянии 6 см от точки 17). Длину новой вытачки уменьшите на 2,5 см.

4. Оформите горловину. От точки 20 вдоль плечевого среза отложите 2 см, от точки 21 вниз — 12 см. Полученные точки соедините округлой линией.

5. Постройте обтачку горловины. Полочку вокруг горловины обведите на ширине 3 см. Полученную деталь переснимите на кальку как самостоятельный элемент.

6. Постройте отлетную кокетку. Ее передний угол расположите на 6 см ниже точки 21 и на 3 см влево от средней линии полочки. Срезы оформите слегка вогнутыми линиями (мелкий пунктир

186 Модели блуз

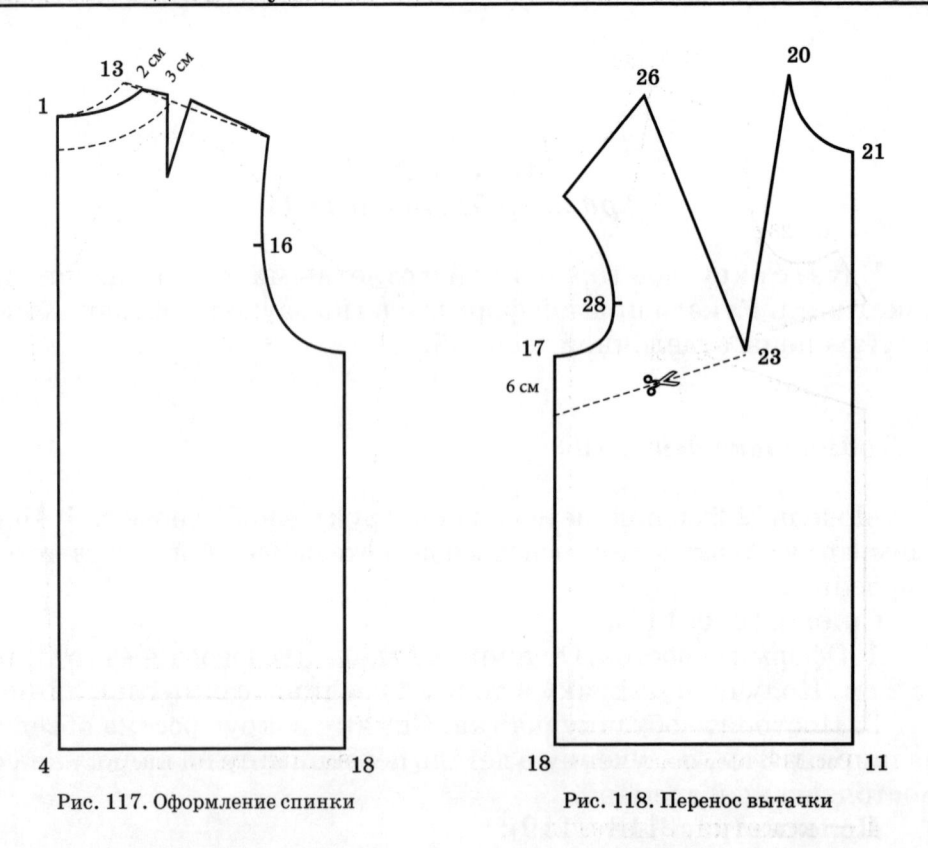

Рис. 117. Оформление спинки

Рис. 118. Перенос вытачки

на чертеже). Образовавшуюся деталь переснимите на кальку как самостоятельный элемент.

Рукав (рис. 120):

7. Постройте линию низа рукава. Для этого деталь основы удлините на 3 см и выполните заужение с каждой стороны на 2,5 см.

Детали кроя:

1 — спинка, 1 деталь со сгибом;
2 — полочка, 1 деталь со сгибом;
3 — рукав, 2 детали;

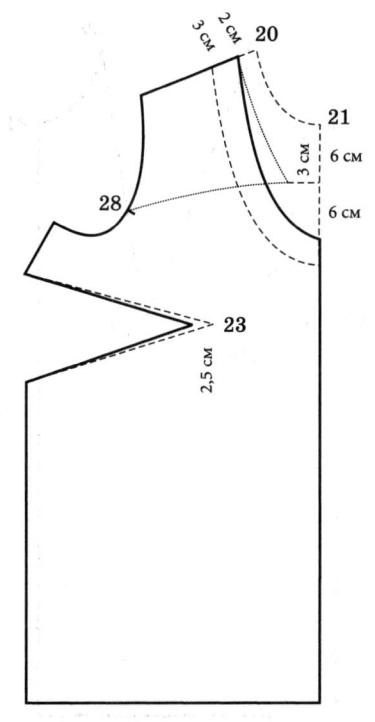

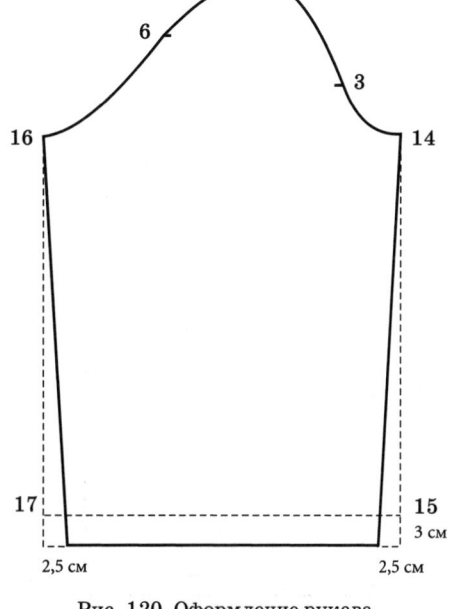

Рис. 119. Оформление полочки   Рис. 120. Оформление рукава

4 — кокетка, 2 детали;
5 — обтачка ростка, 1 деталь со сгибом;
6 — обтачка горловины, 1 деталь со сгибом.

Расход ткани: 1,4 м при ширине 1,50 м.

Также вам потребуется: тонкая клеевая прокладка для обтачек, отделочная тесьма (2 штуки длиной 36 см для кокеток и 2 — длиной 20 см — для завязок).

Последовательность пошива

1. Сметайте и стачайте стороны плечевых вытачек, временные стежки удалите, каждую заутюжьте к центру детали.

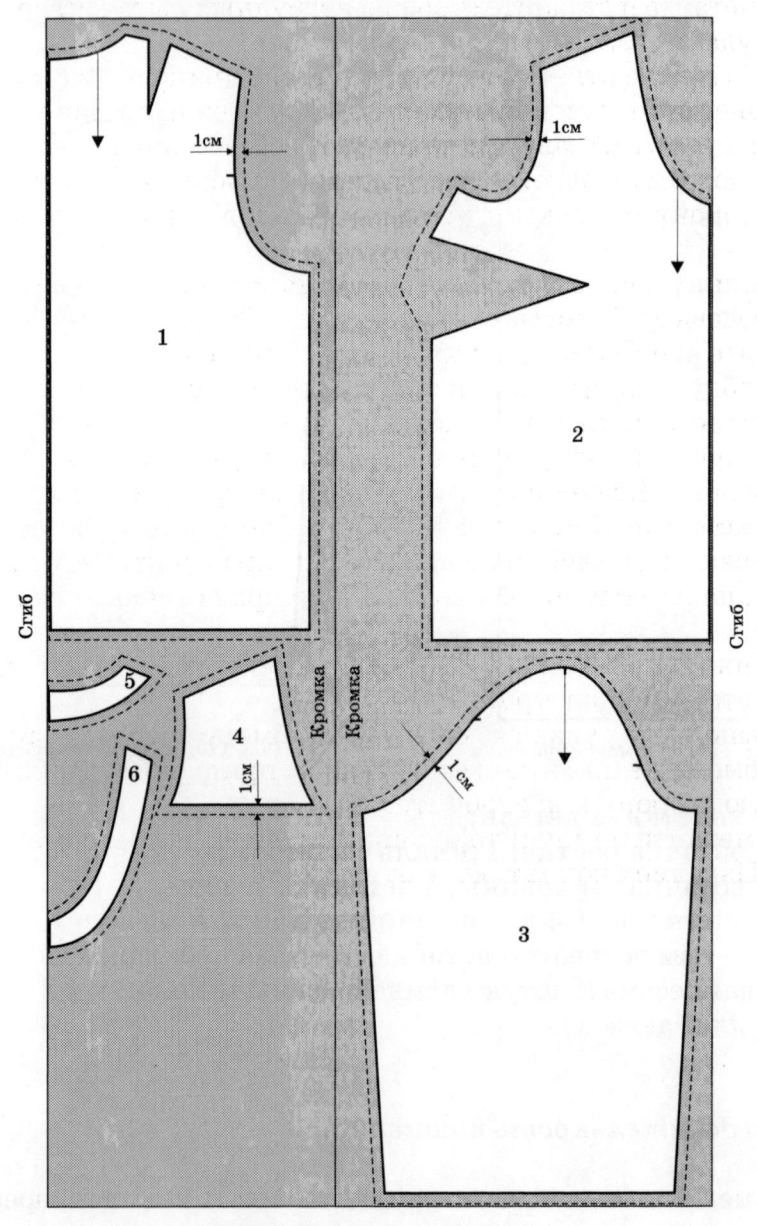

Рис. 121. Раскладка лекал на ткани

2. Сметайте и стачайте стороны нагрудных вытачек, временные стежки удалите, каждую заутюжьте вверх.

3. Обметайте отлетные срезы кокеток, припуски заутюжьте на изнаночную сторону и приметайте. Сверху уложите отделочную тесьму, вставляя в углы завязки, притачайте. Временные стежки удалите, приутюжьте. Подготовленные детали уложите изнанкой на лицевую сторону полочки и приметайте вдоль проймы и плечевых срезов.

4. Спинку и полочку сложите лицевыми сторонами внутрь, сметайте плечевые и боковые срезы, стачайте. Открытые срезы обметайте, удалите временные стежки, швы разутюжьте.

5. Продублируйте детали обтачек, соедините их между собой по плечевым срезам, швы разутюжьте, обметайте отлетной край. Подготовленную обтачку уложите лицом к лицу с изделием, приметайте, притачайте. Временные стежки удалите, припуски шва на закруглениях рассеките. Обтачку выверните, выметайте с образованием канта из основных деталей. Вдоль горловины проложите две отделочные строчки: на расстоянии 0,1 см и 3 см от края отдельно на спинке и полочке.

6. Нижний срез блузы обметайте, припуск отверните на изнаночную сторону и настрочите.

7. Выполните рукавные швы, срезы обметайте, швы разутюжьте.

8. Обметайте нижние срезы рукавов, припуски отверните на изнаночную сторону и настрочите.

9. Вметайте и втачайте рукава в проймы, срезы обметайте.

10. Изделие окончательно отутюжьте.

Модель № 3
(размер 54, рост 164)

Блуза с центральной застежкой на пуговицы и отложным воротником. Рукава прямой формы длиной три четверти с притачными манжетами. Воротник, полочки вдоль застежки и манжеты украшены отделочной тесьмой.

Подготовка деталей

Модель № 3 выполняется на конструктивной основе № 1. Переснимите на кальку детали основы и внесите изменения в соответствии с моделью.

Спинка (рис. 122):

1. Оформите росток. От точки 13 вдоль плечевого среза отложите 1 см. Полученную точку и точку 1 соедините округлой линией.

Полочка (рис. 123—124):

2. Нагрудную вытачку перенесите в боковую линию, расположив ее на расстоянии 6 см от точки 17. Длину новой вытачки уменьшите на 2,5 см.

3. Оформите горловину. От точки 20 вдоль плечевого среза отложите 1 см, от точки 21 вниз — 2 см. Полученные точки соедините округлой линией.

4. Нанесите линию борта. От средней линии вправо отложите припуск на ширину борта, равный 2 см. Достройте горловину и линию низа, как показано на рис. 124.

5. Разметьте петли, расположив их вдоль средней линии полочки. Первую нанесите на 12 см ниже горловины, следующие — через каждые 7 см. Всего их должно быть 7. Передний край петель заведите на 0,5 см за среднюю линию в сторону края борта. Длина петли равна диаметру пуговицы плюс 0,2 см.

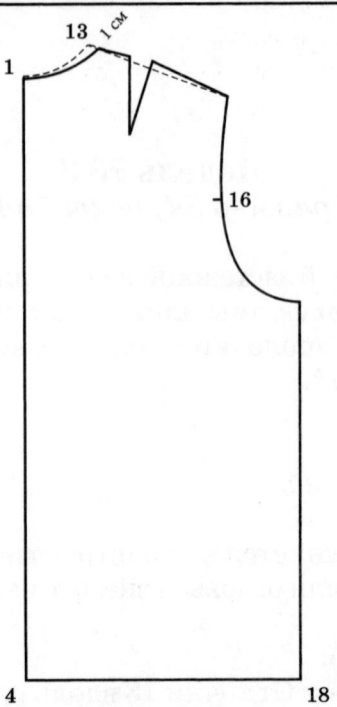

Рис. 122. Оформление спинки

6. Постройте подборт. Нанесите его ширину: по плечевому срезу — 3 см, по линии низа — 4 см. Полученные точки соедините между собой, повторяя характер линии борта. Деталь переснимите на кальку как самостоятельный элемент.

Рукав (рис. 125):

7. Постройте линию низа рукава. От точки 15 вверх отложите 12 см. Через полученную точку проведите горизонталь, рукав по ней разрежьте.

8. Выполните заужение по линии низа на 2 см с каждой стороны.

9. Поставьте метку совмещения концов манжеты на уровне точки 5.

10. Постройте манжету в виде прямоугольника размером:
— длина = длине нижней линии рукава = 35,2 см;
— ширина = 2 · ширину манжеты в готовом виде = 2 · 4 = 8 см.

Рис. 123. Перенос вытачки

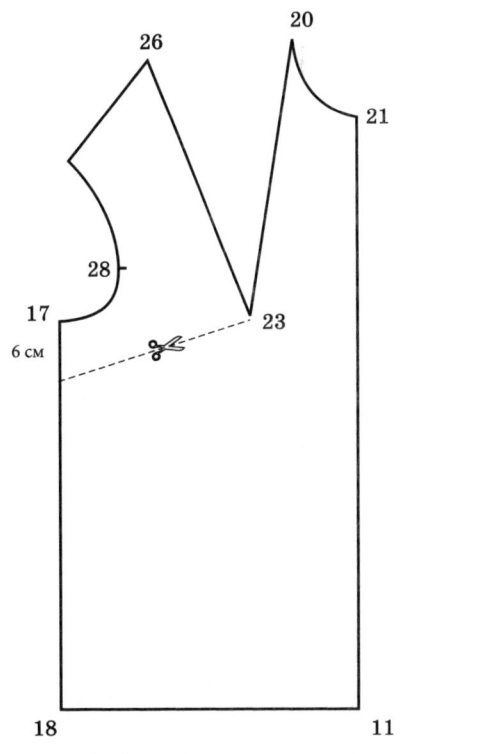

Рис. 124. Оформление полочки

Дополнительные детали:
11. Выполните построение отложного воротника (рис. 126).

Построение отложного воротника

1. Постройте две взаимно перпендикулярные прямые, пересекающиеся в точке 1.

2. От точки 1 вверх отложите 3 см (точка 2).

3. Из точки 2 на горизонтали выполните засечку радиусом, равным длине горловины спинки и полочки до линии борта (измерьте на чертеже). В нашем примере это 25 см (точка 3).

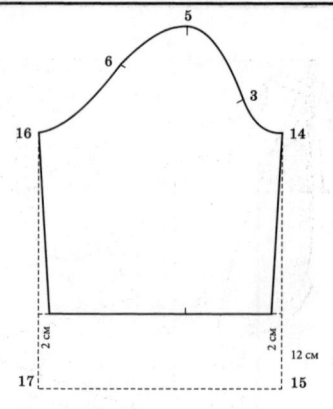

Рис. 125. Оформление рукава

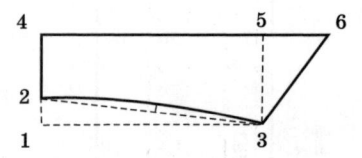

Рис. 126. Построение воротника

4. К середине отрезка [2—3] восстановите перпендикуляр и отложите по нему 1 см. Линию втачивания воротника в горловину оформите плавной вогнутой линией.

5. От точки 2 вверх отложите ширину воротника, равную 7 см, и поставьте точку 4.

6. Через точку 4 проведите горизонталь. Ее пересечение с вертикалью через точку 3 обозначьте 5.

7. Из точки 5 вправо отложите 7 см (точка 6).

8. Точки 3 и 6 соедините прямой.

Детали кроя:

1 — спинка, 1 деталь со сгибом;
2 — полочка, 2 детали;
3 — рукав, 2 детали;
4 — воротник, 2 детали со сгибом;

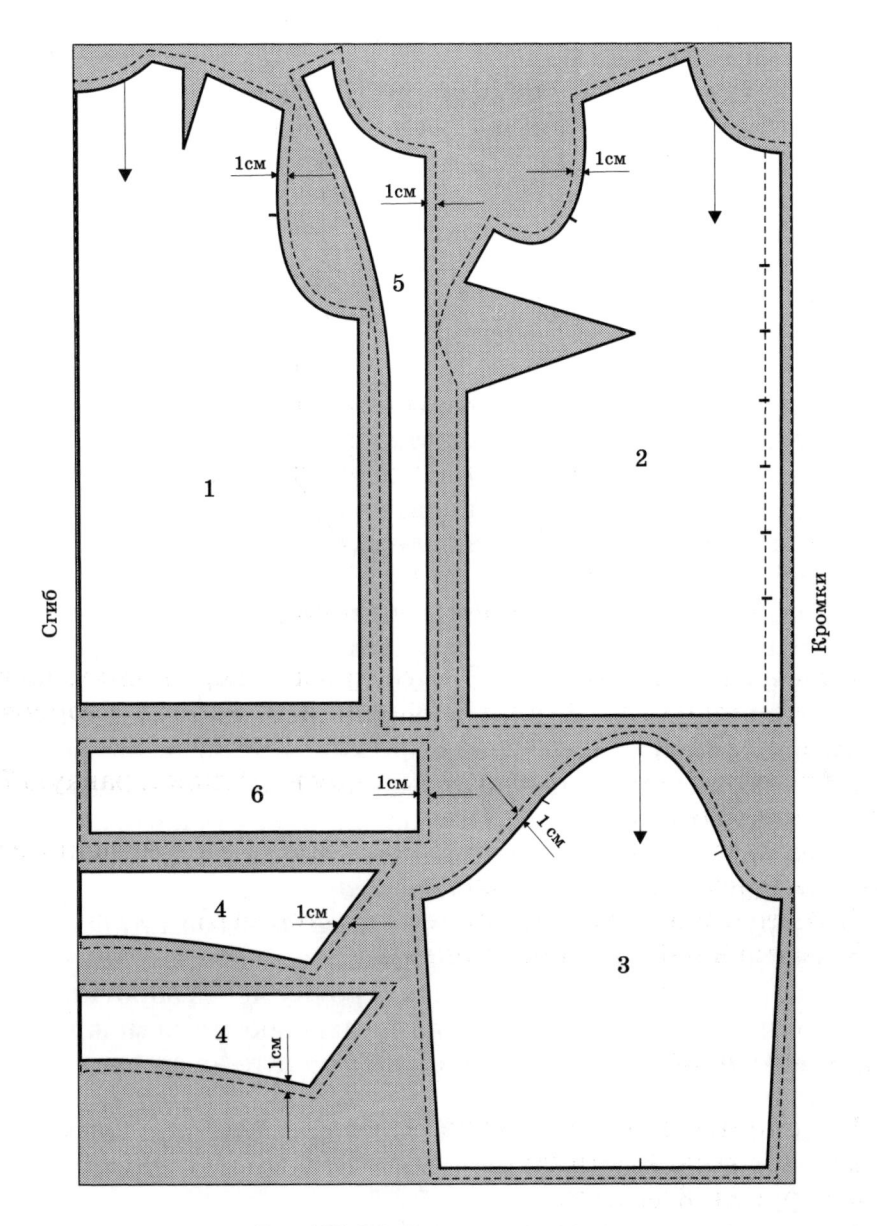

Рис. 127. Раскладка лекал на ткани

5 — подборт, 2 детали;
6 — манжета, 2 детали.

Расход ткани: 1,2 м при ширине 1,50 м.

Также вам потребуется: тонкая клеевая прокладка для воротника, подбортов и манжет, отделочная тесьма длиной 3,25 м (2 штуки по 62 см для полочек, 1 штука длиной 90 см для воротника, 2 штуки по 55 см для манжет), 7 пуговиц.

Последовательность пошива

1. Сметайте и стачайте стороны плечевых вытачек, временные стежки удалите, каждую заутюжьте к центру детали.

2. Сметайте и стачайте стороны нагрудных вытачек, временные стежки удалите, каждую заутюжьте вверх.

3. На полочки настрочите отделочную тесьму на расстоянии 3 см от средней линии.

4. Спинку и полочку сложите лицевыми сторонами внутрь, сметайте плечевые и боковые срезы, стачайте. Открытые срезы обметайте, удалите временные стежки, швы разутюжьте.

5. Продублируйте верхний воротник. Его части сложите лицевыми сторонами внутрь, обтачайте по контуру. Углы высеките, воротник выверните на лицевую сторону, выметайте с образованием канта из верхнего воротника. Приметайте и притачайте по краю отделочную тесьму. Подготовленный воротник уложите изнанкой на лицевую сторону изделия, вметайте в горловину.

6. Продублируйте подборта, отлетные срезы обметайте. Подготовленные детали сложите лицом к лицу с изделием, приметайте. Начиная с левого борта, проложите строчку через воротник до линии низа правого борта. Открытые срезы воротника между плечевыми срезами обметайте. Припуск настрочите на спинку (0,1 см). Подборта выверните, выправьте.

7. Нижний срез блузы обметайте, припуск отверните на изнаночную сторону и настрочите. Проложите отделочную строчку на расстоянии 0,5 см от края бортов.

8. Выполните рукавные швы, срезы обметайте, швы разутюжьте.

9. Манжеты сложите вдоль пополам лицевой стороной внутрь, обтачайте концы. Углы высеките, выверните. По краю настрочите отделочную тесьму. Подготовленные манжеты уложите лицом к лицу с рукавами, совмещая концы по разметке, приметайте, притачайте. Временные стежки удалите, срезы обметайте, заутюжьте в сторону рукавов и перестрочите швом 0,1 см.

10. Вметайте и втачайте рукава в проймы, срезы обметайте.

11. Выполните петли, пришейте пуговицы.

12. Изделие окончательно отутюжьте.

Модель № 4
(размер 54, рост 164)

Блуза с центральной застежкой в виде шнуровки и вертикальными рюшами вдоль нее. Рукава прямой формы внизу присобраны на эластичную тесьму.

Подготовка деталей

Модель № 4 выполняется на конструктивной основе № 1. Переснимите на кальку детали основы и внесите изменения в соответствии с моделью.

Спинка (рис. 128):

1. Оформите росток. От точки 13 вдоль плечевого среза отложите 2 см, от точки 1 вниз — 1 см. Полученные точки соедините округлой линией.

2. Постройте обтачку ростка. Спинку вокруг него обведите на ширине 3 см, полученную деталь переснимите на кальку как самостоятельный элемент.

Полочка (рис. 129—130):

3. Нагрудную вытачку перенесите в боковую линию, расположив ее на расстоянии 6 см от точки 17. Длину новой вытачки уменьшите на 2,5 см.

4. Оформите горловину. От точки 20 вдоль плечевого среза отложите 2 см, от точки 21 вниз — 8 см. Полученные точки соедините округлой линией.

5. Нанесите линию борта. От точки 11 влево отложите 1,5 см. Через полученную точку проведите вертикаль до пересечения с горловиной. Полочку по построенной линии разрежьте.

6. Разметьте крючки. Первый расположите в верхнем углу борта, следующие — через каждые 2,5 см. Всего нанесите 15 меток.

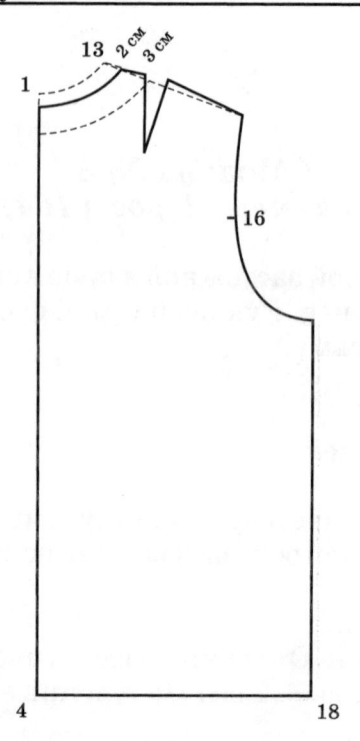

Рис. 128. Оформление спинки

7. Постройте планку левого борта в виде прямоугольника размером 3×35 см.

8. Оформите подборт. Нанесите ширину: по плечевому срезу — 3 см, по линии низа — 4 см. Полученные точки соедините между собой, повторяя характер линии борта. Деталь переснимите на кальку как самостоятельный элемент.

9. Нанесите линию втачивания рюша на расстоянии 3 см от линии борта. Полочку по построенной линии разрежьте, образуя две части: центральную и боковую.

10. Постройте рюш в виде прямоугольника размером:
— длина = 1,5 · длину рюша от низа до горловины = 1,5 · 60 = = 90 см;
— ширина = ширине рюша в готовом виде = 3 см.

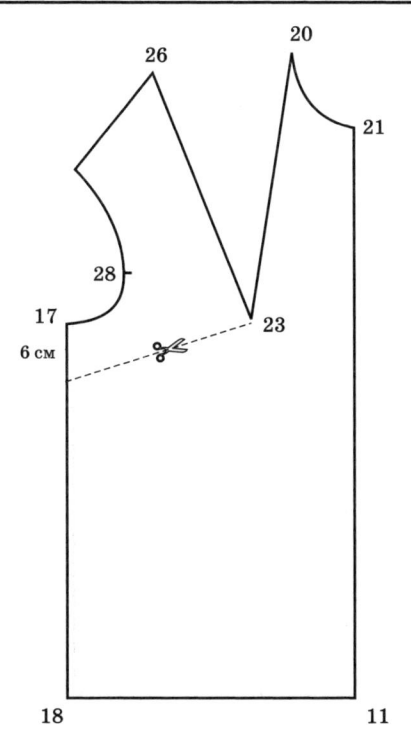

Рис. 129. Перенос вытачки

Рукав (рис. 131):

11. Постройте линию низа рукава. Для этого удлините рукав основы на 5 см.

Детали кроя:

1 — спинка, 1 деталь со сгибом;
2 — центральная часть полочки, 2 детали;
3 — боковая часть полочки, 2 детали;
4 — рукав, 2 детали;
5 — планка, 2 детали;
6 — рюш, 2 детали со сгибом;

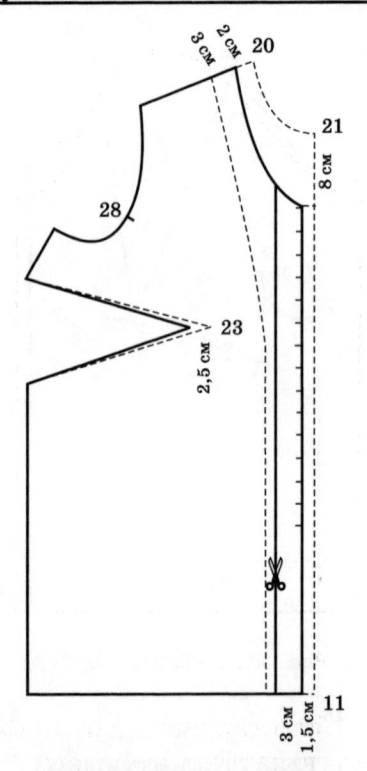

Рис. 130. Оформление полочки

7 — обтачка ростка, 1 деталь со сгибом;
8 — подборт, 2 детали.
Расход ткани: 1,4 м при ширине 1,50 м.
Также вам потребуется: тонкая клеевая прокладка для планки, подбортов и обтачки, 30 крючков, шнур длиной 2 м, 2 наконечника, 2 эластичных тесьмы шириной 0,7 см и длиной 30 см.

Последовательность пошива

1. Сметайте и стачайте стороны плечевых вытачек, временные стежки удалите, каждую заутюжьте к центру детали.

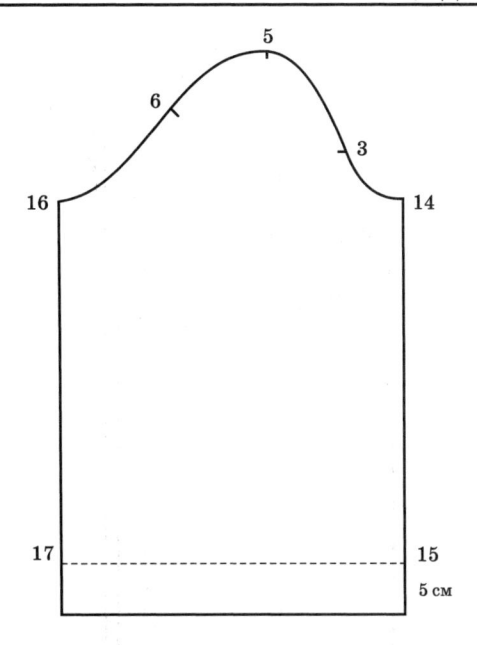

Рис. 131. Оформление рукава

2. Сметайте и стачайте стороны нагрудных вытачек, временные стежки удалите, каждую заутюжьте вверх.

3. Отлетной край рюшей обметайте, припуск отверните на изнаночную сторону и настрочите. Вдоль второй стороны проложите двойную строчку с ослабленной верхней нитью, детали присоберите до длины линии втачивания (58 см), сборку распределите равномерно. Подготовленные детали уложите лицом к лицу с боковыми частями полочек, приметайте. Сверху лицевой стороной вниз уложите центральные части полочек, приметайте, притачайте. Временные стежки удалите, срезы обметайте, заутюжьте к центру и перестрочите на расстоянии 0,1 см от предыдущего шва.

4. Спинку и полочку сложите лицевыми сторонами внутрь, сметайте плечевые и боковые срезы, стачайте. Открытые срезы обметайте, удалите временные стежки, швы разутюжьте.

5. Продублируйте верхнюю планку. Ее части сложите лицевыми сторонами внутрь, обтачайте по контуру. Углы высеките, деталь

204 Модели блуз

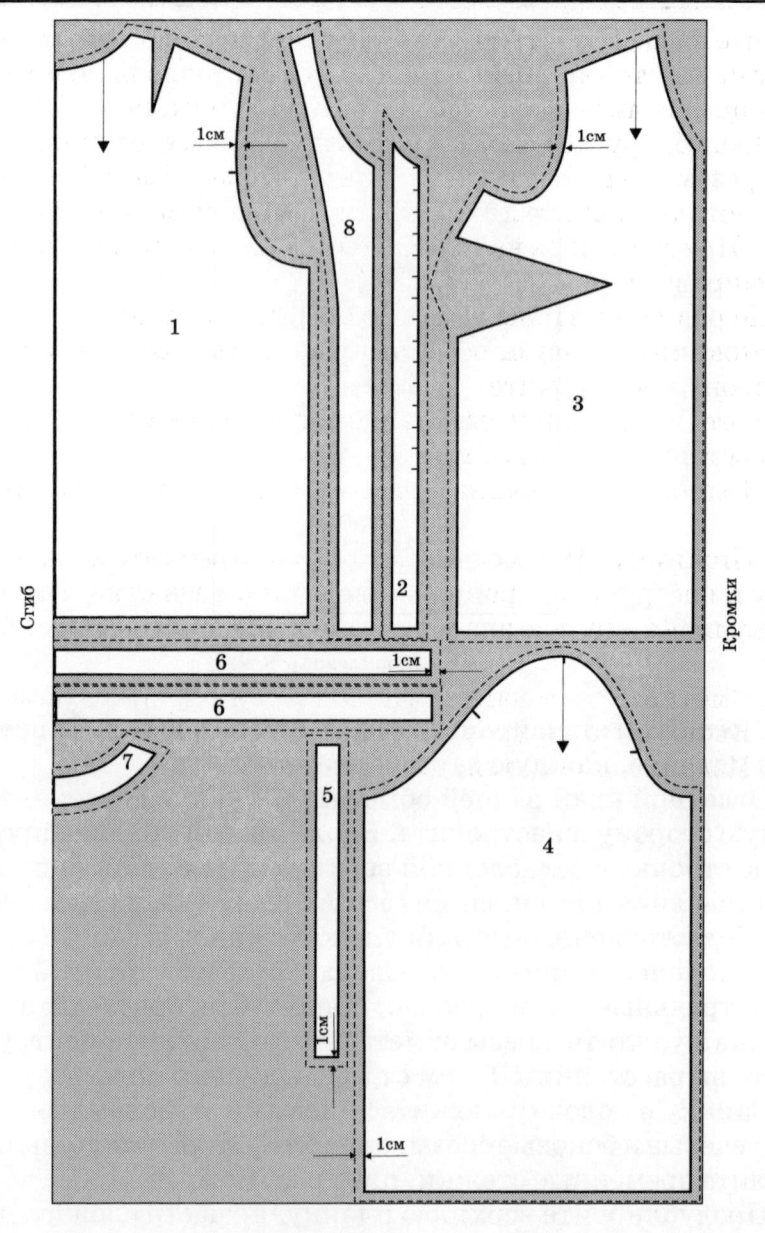

Рис. 132. Раскладка лекал на ткани

выверните на лицевую сторону, выметайте и проложите отделочную строчку на расстоянии 0,1 см от края. Подготовленную планку уложите лицом на лицевую сторону левой полочки, приметайте.

6. Продублируйте подборта и обтачку ростка, соедините их по плечевым срезам, швы разутюжьте, отлетной срез обметайте. Подготовленную деталь сложите лицом к лицу с изделием, приметайте, притачайте. Припуски шва на закруглениях рассеките, подборта выверните, выправьте.

7. По разметке в швы вставьте носики крючков.

8. Нижний срез блузы обметайте, припуск отверните на изнаночную сторону и настрочите.

9. Борта и горловину выметайте и проложите отделочную строчку на расстоянии 0,1 см от края.

10. Выполните рукавные швы, срезы обметайте, а швы разутюжьте.

11. Нижний срез обметайте, припуск отверните на изнаночную сторону и настрочите, пропуская небольшие участки. В образовавшиеся кулиски втяните эластичную тесьму, присоберите. Закрепите швы.

12. Вметайте и втачайте рукава в проймы, срезы обметайте.

13. Выполните шнуровку, наденьте наконечники.

14. Изделие окончательно отутюжьте.

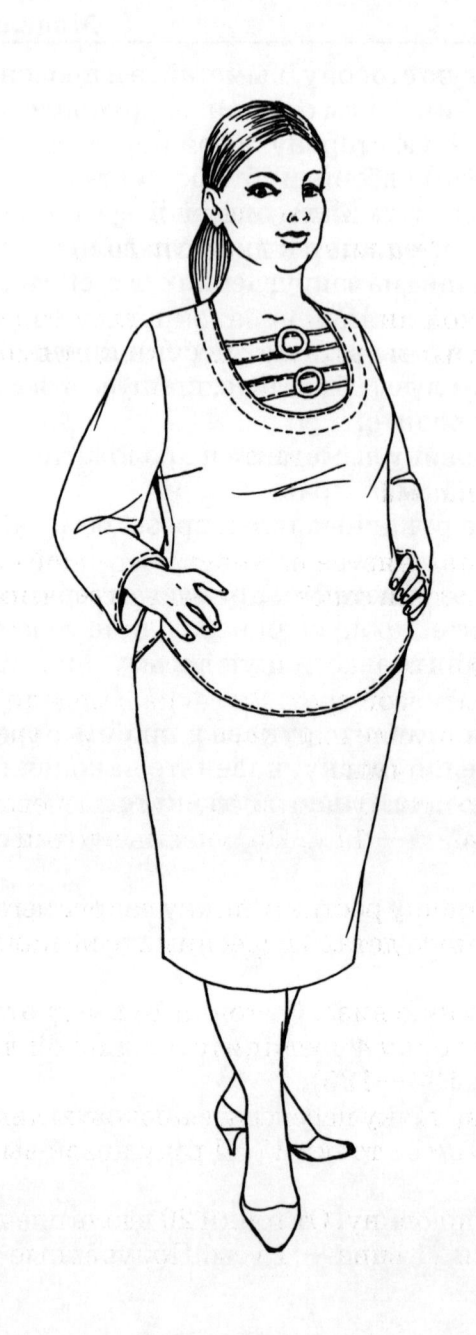

Модель № 5
(размер 54, рост 164)

Блуза с фигурной линией низа, округлой горловиной и двумя ремешками с круглыми пряжками. Рукава прямой формы слегка заужены книзу.

Подготовка деталей

Модель № 5 выполняется на конструктивной основе № 1. Переснимите на кальку детали основы и внесите изменения в соответствии с моделью.

Спинка (рис. 133):

1. Оформите плечевой срез. Вытачка в модели заменена посадкой. Уменьшите длину плечевого среза на 1 см, с учетом этого откорректируйте линию проймы.

2. Постройте росток. От точки 13 вдоль плечевого среза отложите 3 см, от точки 1 вниз — 1 см. Полученные точки соедините округлой линией.

3. Разметьте обтачку ростка. Спинку вокруг него обведите на ширине 3 см, полученную деталь переснимите на кальку как самостоятельный элемент.

4. Оформите линию низа. От точки 18 вверх отложите 7 см. Полученную точку и точку 4 соедините лекальной линией.

Полочка (рис. 134—135):

5. Нагрудную вытачку перенесите в боковую линию, расположив ее на расстоянии 6 см от точки 17. Длину новой вытачки уменьшите на 2,5 см.

6. Оформите горловину. От точки 20 вдоль плечевого среза отложите 3 см, от точки 21 вниз — 15 см. Полученные точки соедините округлой линией.

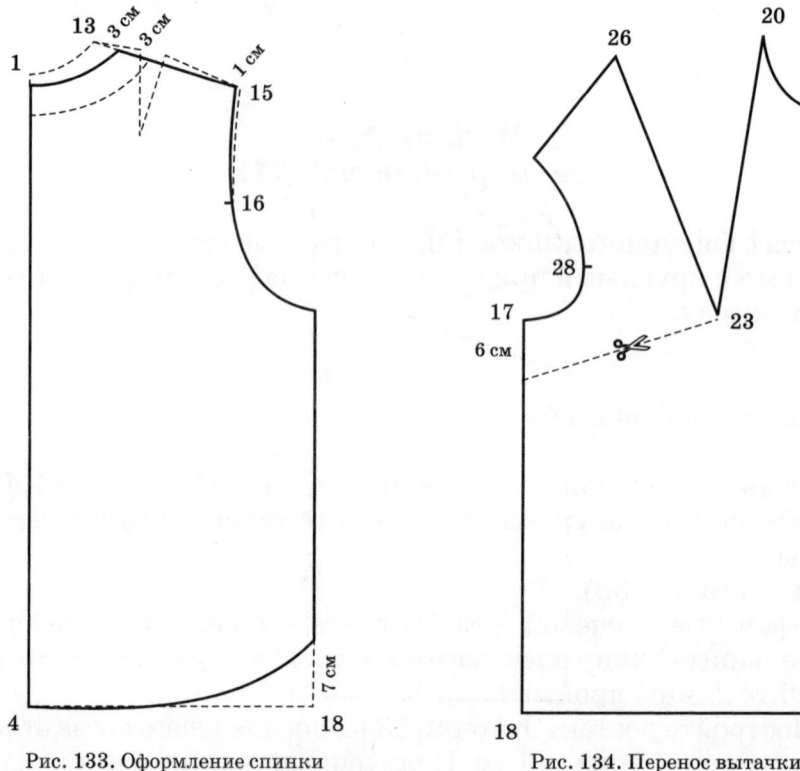

Рис. 133. Оформление спинки

Рис. 134. Перенос вытачки

7. Постройте обтачку горловины. Для этого полочку обведите вокруг горловины на ширине 3 см. Полученную деталь переснимите на кальку как самостоятельный элемент.

8. Разметьте ремешки. От горловины модели вверх отложите 2 см и нанесите метку первого ремешка шириной 3 см, второй расположите через 2 см. Переснимите их на кальку как самостоятельные элементы.

9. Оформите линию низа. От точки 18 вверх отложите 7 см. Полученную точку и точку 11 соедините лекальной линией.

Рукав (рис. 136):

10. Постройте линию низа рукава. Для этого удлините рукав основы на 3 см и выполните заужение с каждой стороны на 2,5 см.

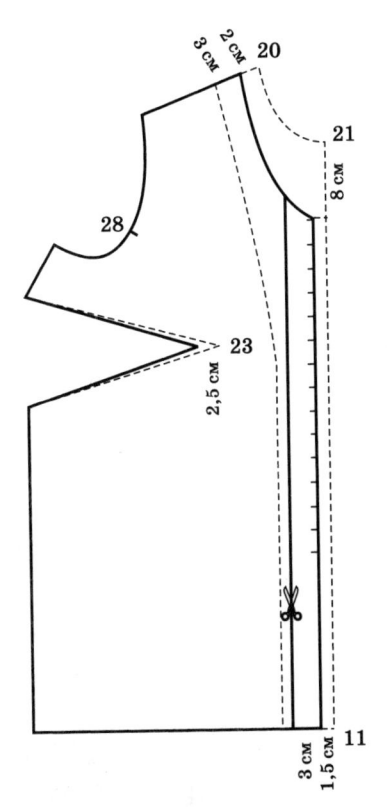

Рис. 135. Оформление полочки

Детали кроя:

1 — спинка, 1 деталь со сгибом;
2 — полочка, 1 деталь со сгибом;
3 — рукав, 2 детали;
4 — верхний ремешок, 2 детали;
5 — нижний ремешок, 2 детали;
6 — обтачка ростка, 1 деталь со сгибом;
7 — обтачка горловины, 1 деталь со сгибом.

Расход ткани: 1,4 м при ширине 1,50 м.

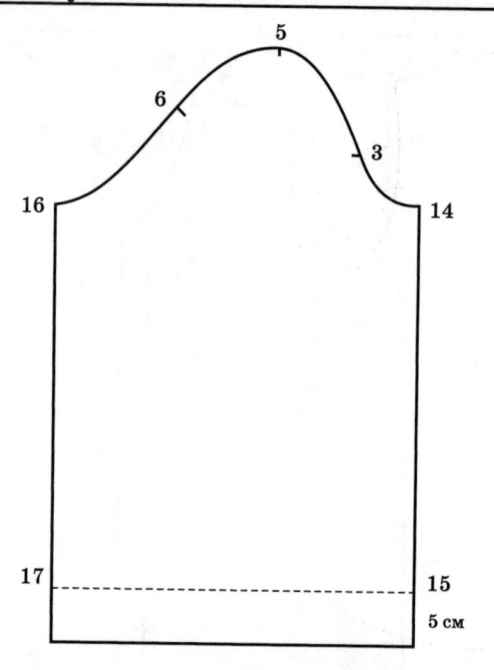

Рис. 136. Оформление рукава

Также вам потребуется: тонкая клеевая прокладка для обтачек и ремешков, 2 круглых легких пряжки шириной 3 см.

Последовательность пошива

1. Сметайте и стачайте стороны нагрудных вытачек, временные стежки удалите, каждую заутюжьте вверх.

2. Продублируйте верхние ремешки, их части сложите попарно лицевыми сторонами внутрь, стачайте продольные срезы. Ремешки выверните на лицевую сторону, выметайте и проложите отделочные строчки на расстоянии 0,1 см от края. Вставьте в ремешки пряжки.

3. Спинку и полочку сложите лицевыми сторонами внутрь, сметайте плечевые срезы, стачайте. Открытые срезы обметайте, удалите временные стежки, швы заутюжьте в сторону полочки.

Модели блуз 211

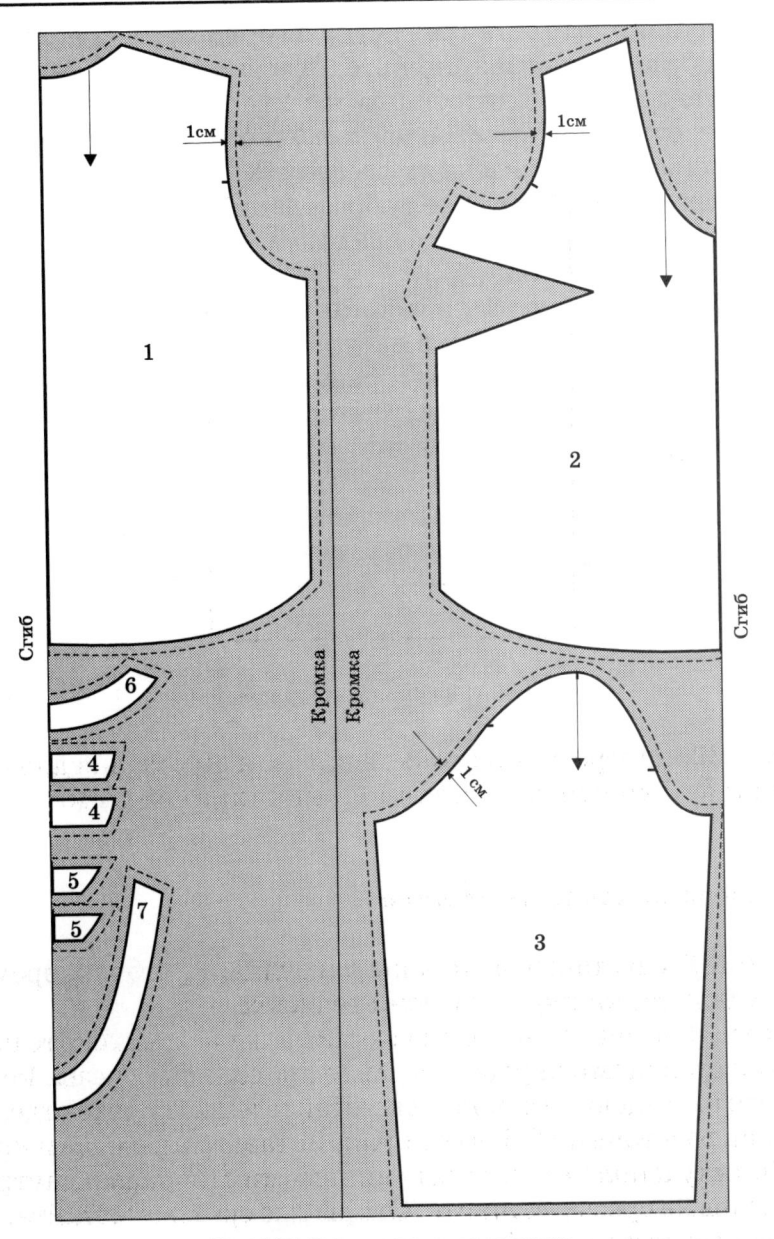

Рис. 137. Раскладка лекал на ткани

4. Продублируйте обтачки ростка и горловины, соедините их по плечевым срезам, швы разутюжьте, отлетной срез обметайте. Подготовленную деталь сложите лицом к лицу с изделием, приметайте, притачайте, оставляя незастроченные участки разметки ремешков. Припуски шва на закруглениях рассеките, обтачку выверните, выправьте. Горловину выметайте с образованием канта, одновременно вставляя ремешки. Проложите две отделочные строчки: на расстоянии 0,1 см и 3 см от края.

5. Нижние срезы полочки и спинки обметайте, припуски отверните на изнаночную сторону и настрочите.

6. Выполните боковые швы, разутюжьте, срезы обметайте.

7. Выполните рукавные швы, срезы обметайте, швы разутюжьте.

8. Нижний срез обметайте, припуск отверните на изнаночную сторону и настрочите.

9. Вметайте и втачайте рукава в проймы, срезы обметайте.

10. Изделие окончательно отутюжьте.

Конструктивная основа № 2
(для моделей № 6—10)
(размер 56, рост 170)

Расчет и подготовка деталей основы

Таблица № 14

Усл. обозн.	Сш	Сг$_2$	Ст	Сб	Шс	Шпр	Шг$_2$	Шг$_1$	Шп	Дт.с$_1$	Вп.к.с	Вб	Дт.п$_2$	Вг$_2$	Цг	Вп.к.п	Дт.о
Типовой разм. 56, рост 170	20	58,4	46,4	60	20,1	12,7	25,6	19,1	13,8	41,8	46,1	18,7	56,2	39,7	11,4	26,3	92,4
Ваши мерки																	

Прибавки: Ваши данные:
Пг = 5 см   Пг =
Пс.пр = 2,5 см   Пс.пр =
Ши = Сг$_2$ + Пг = 58,4 + 5 = 63,4 см   Ши = Сг$_2$ + Пг =

Таблица № 15

Последовательность построения	Расчетные формулы	Примеры расчета	Ваши вычисления
Базисная сетка			
1. Точка 1			
2. ↓ [1—2]	Дт.с$_1$ + 0,5 см	41,8 + 0,5 = 42,3 см	
3. ↓ [2—3]	18—20 см	20 см	
4. ↓ [1—4]	Ди	70 см	
5. ↑ [2—5]	Вб – Пс.пр	18,7 – 2,5 = 16,2 см	
6. Через точки 1, 2, 3, 4, 5 – горизонтали			
7. → [5—6]	Шс + 0,3 Пг	20,1 + 0,3 · 5 = 21,6 см	
8. → [6—7]	Шпр + 0,5 Пг	12,7 + 0,5 · 5 = 15,2 см	
9. → [7—8]	Шг$_2$ + 0,2 Пг	25,6 + 0,2 · 5 = 26,6 см	

10. Через точку 8 – вертикаль – т. 9, 10, 11			
Спинка			
1. → [1—12]	0,3 Сш + 1 см	0,3 · 20 + 1 = 7 см	
2. ↑ [12—13]	Таблица № 12	3,6 см	
3. Из точки 13 ↓ перпендикуляр – т. 14			
4. R_1 из точки 13	Шп + вытачка	13,8 + 2,5 = 16,3 см	
5. R_2 из точки 2	Вп.к.с + 0,5 см	46,1 + 0,5 = 46,6 см	
6. Соединить точки 13 и 15 прямой			
7. Плечевая вытачка	Раствор – 2,5 см, длина – 9 см		
8. ↑ [6—16]	1/2 [6—15]	0,5 · 24,4 = 12,2 см	
9. → [5—17]	1/2 [5—8] – 1 см	0,5 · 63,4 – 1 = 30,7 см	
10. Точки 15, 16 и 17 – лекально			
11. → [4—18]	[5—17]	30,7 см	
Полочка			
1. ↑ [9—19]	Дт.п$_2$ – $l_{ростка}$ + 0,5 см	56,2 – 9,2 + 0,5 = 47,5 см	
2. Проверка точки 19	[9—19] + [13—14] = = Дт.о + 1 см	47,5 + 45,9 = 93,4 см 92,4 + 1 = 93,4 см	
3. ← [19—20]	[1—12]	7 см	
4. ↓ [19—21]	[19—20] + 1 см	7 + 1 = 8 см	
5. Точки 20 и 21 – лекально			
6. ← [8—22]	Цг + 0,5 см	11,4 + 0,5 = 11,9 см	
7. Через точку 22 – вертикаль			
8. R из точки 20 на вертикали – т. 23	Вг$_2$ – $l_{ростка}$	39,7 – 9,2 = 30,5 см	
9. R из точки 23 – точка 24	Цг	11,4 см	
10. ← [24—25]	Шг$_2$ – Шг$_1$	25,6 – 19,1 = 6,5 см	
11. Точки 23 и 25 – прямая по ней [23—26]	[20—23]	30,5 см	
12. R_1 из точки 26	Шп	13,8 см	
13. R_2 из точки 23	Вп.к.п	26,3 см	
14. Соединить точки 26 и 27 прямой			
15. ↑ [7—28]	1/2 [6—16]	0,5 · 12,2 = 6,1 см	

16. Точки 27, 28 и 17 – лекально			
17. Контроль Пб	Ши – Сб	63,4 – 60 = 3,4 см	

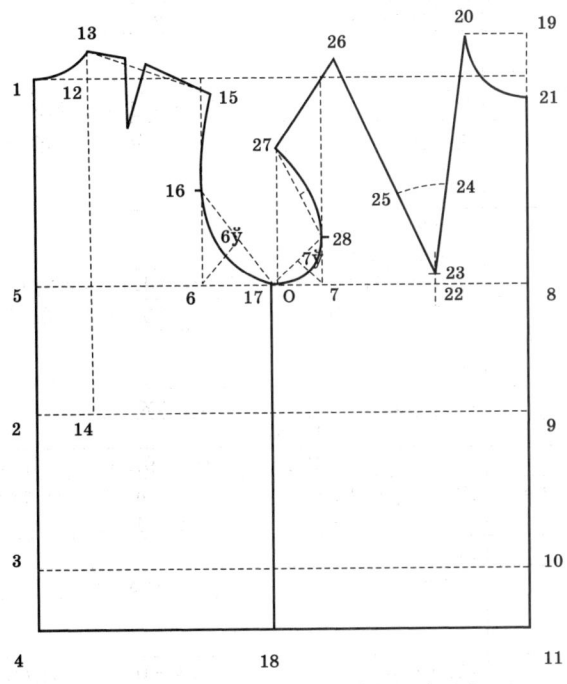

Рис. 138. Конструктивная основа № 2

Построение основной схемы втачного рукава

Таблица № 16

Усл. обозн.	Вок	[15—16]	[16—17]	[27—28]	Др	Оп	Шр.н
Типовой разм. 56, рост 170	18,5 см	12,2 см	17 см	13,7 см	58,3 см	35,1 см	—
Ваши данные							

Последовательность построения	Расчетные формулы	Примеры расчета	Ваши вычисления
1. Точка 1			
2. ↑[1—2]	Вок	18,5 см	
3. ↑[1—3]	[7—28] – с чертежа полочки	6,1 см	
4. ↑[1—4]	[17—7] – с чертежа полочки	6,1 см	
5. От точки 1 – под наклоном	[7—7′] – с чертежа полочки	2,7 см	
6. Точки 4, 1′ и 3 – лекально			
7. R_1 из точки 3	[27—28] + 0,5—1 см	13,7 + 1 = 14,7 см	
8. [3—5] : 3 – перпендикуляр	1,5—2,5 см	2,3 см	
9. R_2 из точки 5	[15—16] + 1 см с чертежа спинки	12,2 + 1 = 13,2 см	
10. R_3 из точки 4	[16—17] + 0,7—1 см с чертежа спинки	17 + 1 = 18 см	
11. Через точку 6 – вертикаль – т. 7, 8			
12. [5—6] : 3 – перпендикуляр	1—2 см	1,5 см	
13. [4—6] : 3 – перпендикуляр	1,5—2,5 см	2 см	
14. Контроль По.п	2 · [1—8] – Оп	2 · 19,5 – 35,1 = 3,9 см	
15. ↓[2—9]	Др	58,3 см	
16. ↓[2—10]	[2—9] : 2 + 5 см	58,3 : 2 + 5 = 34,2 см	
17. Через точку 7 – вертикаль – т. 11, 12			
18. Через точку 4 – вертикаль – т.13			
19. Разворот вокруг [3—9] – т. 14, 15			
20. Разворот вокруг [6—12] – т. 16, 17			

Модели блуз 217

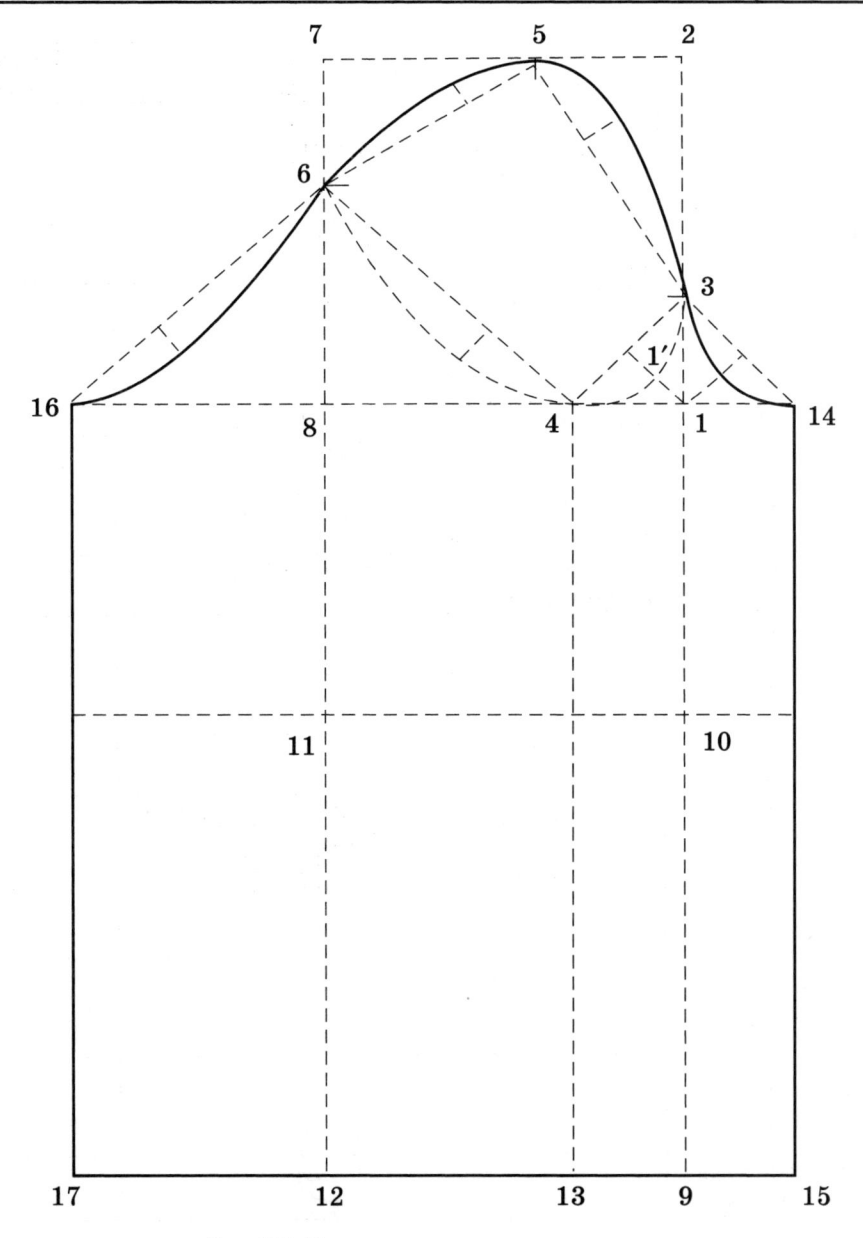

Рис. 139. Построение основы втачного рукава

Модель № 6
(размер 56, рост 170)

Блуза с V-образной горловиной, вертикальными рельефами и отлетной кокеткой. Рукава прямой формы с притачными манжетами. В рельефах небольшие разрезы, вдоль нижнего края кокетки блочки со шнурками.

Подготовка деталей

Модель № 6 выполняется на конструктивной основе № 2. Переснимите на кальку детали основы и внесите изменения в соответствии с моделью.

Спинка (рис. 140):

1. Оформите росток. От точки 13 вдоль плечевого среза отложите 2 см. Полученную точку и точку 1 соедините округлой линией.

2. Постройте обтачку ростка. Спинку вокруг ростка обведите на ширине 3 см, полученную деталь переснимите на кальку как самостоятельный элемент.

Полочка (рис. 141—145):

3. Нагрудную вытачку временно перенесите в нейтральную зону, например в боковую линию.

4. Оформите горловину. От точки 20 вдоль плечевого среза отложите 2 см, от точки 21 вниз — 12 см. Полученные точки соедините вогнутой линией.

5. Постройте обтачку горловины. Полочку вокруг горловины обведите на ширине 3 см. Полученную деталь переснимите на кальку как самостоятельный элемент.

6. Постройте линию рельефа. От точки 27 вдоль плечевого среза отложите 6 см. Полученную точку и точку 23 соедините прямой линией, далее — вертикально до пересечения с линией низа. В точ-

Модели блуз

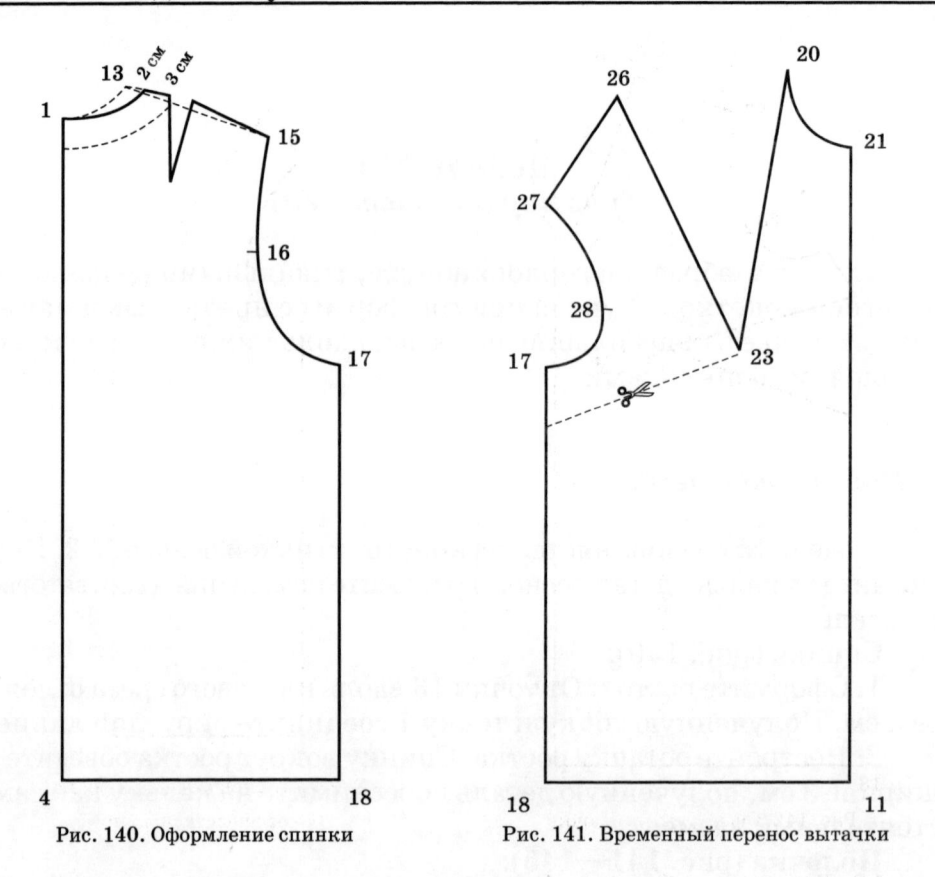

Рис. 140. Оформление спинки

Рис. 141. Временный перенос вытачки

ке 23 линию рельефа слегка закруглите. Полочку по построенной линии разрежьте, образуя центральную и боковую части.

7. Окончательно оформите боковую деталь, совместив стороны вытачки и слегка закруглив линию рельефа в точке 23 (рис. 143).

8. Разметьте кокетку (рис. 142). От точки 23 вдоль линии рельефа вверх отложите 4 см, от горловины модели вниз — 15 см. Полученные точки соедините прямой линией, затем разрежьте по ней полочку.

9. Постройте обтачку кокетки (рис. 144). Нижнюю ее часть обведите на ширине 3 см, полученную деталь переснимите на кальку как самостоятельный элемент.

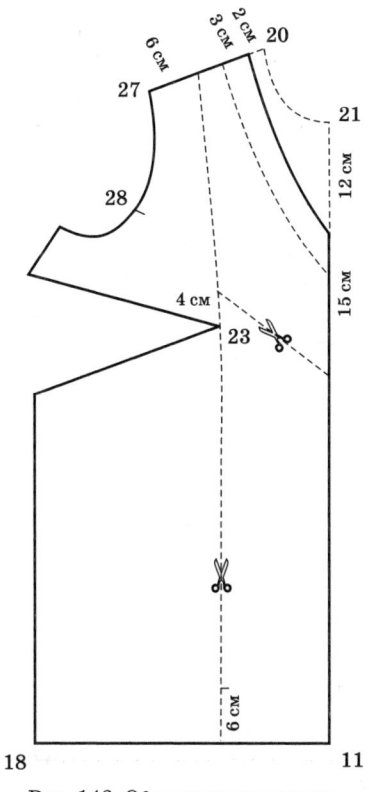

Рис. 142. Оформление полочки

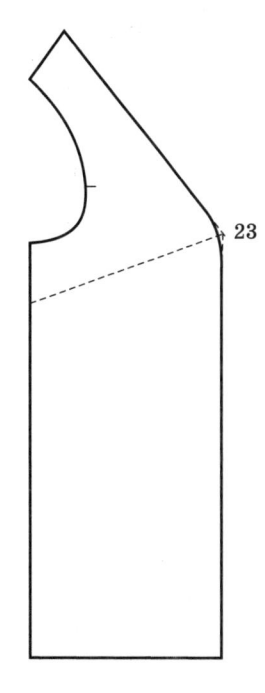

Рис. 143. Окончательная форма боковой части полочки

10. Разметьте блочки. Расположите их на расстоянии 1,5 см от нижней линии кокетки. Первый — вдоль средней линии, следующие — через каждые 6 см.

11. Окончательно оформите центральную часть полочки. Для этого к верхнему срезу равномерно прибавьте по 3 см и достройте деталь так, как показано на рис. 145.

12. Поставьте метку конца разреза вдоль линии рельефа на расстоянии 6 см от низа.

Рукав (рис. 146—147):

13. Постройте линию низа рукава. Для этого удлините рукав основы на 2 см и выполните заужение с каждой стороны на 2 см.

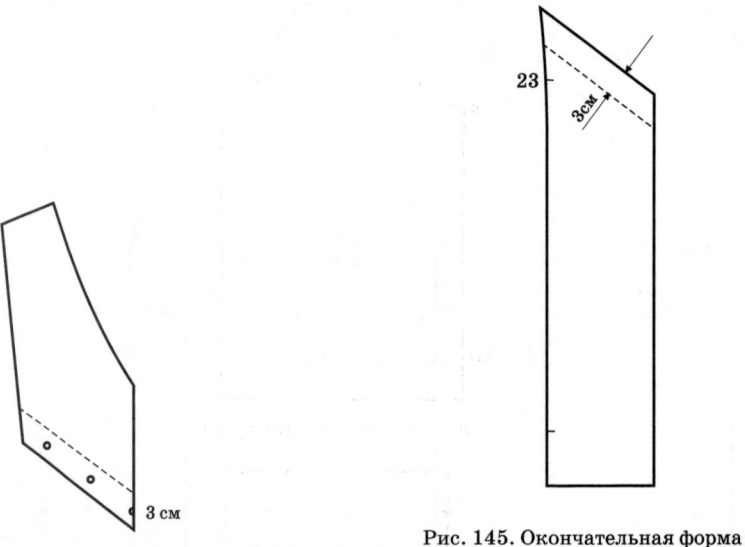

Рис. 144. Построение обтачки кокетки

Рис. 145. Окончательная форма центральной части полочки

14. Выполните разметку склад по низу рукава так, как показано на рис. 146.

15. Постройте манжету в виде прямоугольника размером 8 × 24 см (ее размеры в готовом виде — 4 × 24 см) (рис. 147). Пуговицу наметьте посередине манжеты на расстоянии 1,5 см, петлю — на расстоянии 1 см от края.

Детали кроя:

1 — спинка, 1 деталь со сгибом;
2 — кокетка, 1 деталь со сгибом;
3 — центральная часть полочки, 1 деталь со сгибом;
4 — боковая часть полочки, 2 детали;
5 — рукав, 2 детали;
6 — обтачка кокетки, 1 деталь со сгибом;
7 — обтачка ростка, 1 деталь со сгибом;
8 — обтачка горловины, 1 деталь со сгибом.

Модели блуз 223

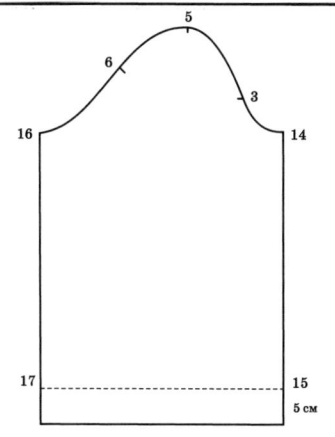

Рис. 146. Оформление рукава

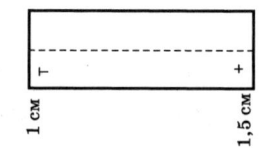

Рис. 147. Построение манжеты

9 — манжета, 2 детали.

Расход ткани: 1,4 м при ширине 1,50 м.

Также вам потребуется: тонкая клеевая прокладка для обтачек и манжет, 2 пуговицы, 5 блочек, 5 кожаных шнурков длиной 12 см.

Последовательность пошива

1. Сметайте и стачайте стороны плечевых вытачек, временные стежки удалите, каждую заутюжьте к центру детали.

2. Продублируйте обтачку кокетки, сложите ее лицом к лицу с основной деталью, притачайте. Угол высеките, обтачку выверните и выметайте с образованием канта. Проложите отделочную строчку на расстоянии 0,1 см от края.

3. Кокетку уложите изнанкой на лицевую сторону центральной части полочки, совмещая открытые срезы, приметайте. Обметай-

224 Модели блуз

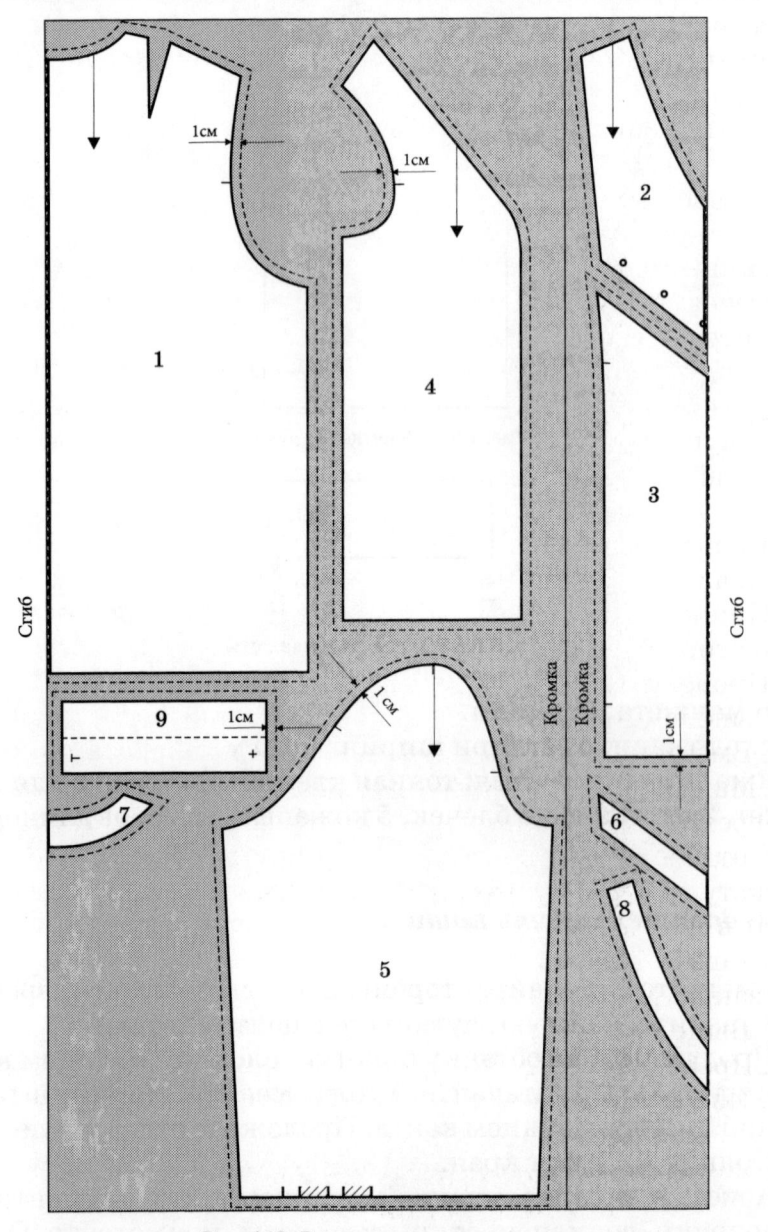

Рис. 148. Раскладка лекал на ткани

те вместе отлетной срез обтачки кокетки и верхний срез полочки. Проложите отделочную строчку на расстоянии 3 см от нижней линии кокетки, настрачивая ее на основную деталь.

4. Центральную и боковые части полочки сложите лицом к лицу, сметайте вдоль рельефов, стачайте до меток разрезов. Швы на нижних участках разутюжьте, на верхних — заутюжьте к центру, срезы обметайте.

5. Спинку и полочку сложите лицевыми сторонами внутрь, сметайте плечевые и боковые срезы, стачайте. Открытые срезы обметайте, удалите временные стежки, швы разутюжьте.

6. Продублируйте детали обтачек, соедините их между собой по плечевым срезам, швы разутюжьте, обметайте отлетной край. Подготовленную обтачку уложите лицом к лицу с изделием, приметайте, притачайте. Временные стежки удалите, припуски шва на закруглениях и в уголке рассеките. Обтачку выверните, выметайте с образованием канта из основных деталей и проложите две отделочные строчки: на расстоянии 0,1 см и 3 см от края.

7. Нижний срез блузы обметайте, припуск отверните на изнаночную сторону и настрочите.

8. Проложите отделочную строчку вдоль разрезов.

9. Выполните рукавные швы, срезы обметайте, швы разутюжьте.

10. Вметайте и втачайте рукава в проймы, срезы обметайте.

11. Манжеты сложите вдвое по длине лицом к лицу, стачайте короткие срезы, углы высеките, выверните, выправьте. По контуру проложите отделочную строчку на расстоянии 0,1 см от края. Уложите манжету лицом к лицу с рукавом, излишек нижнего среза рукава заберите в складки по разметке, притачайте. Срезы обметайте, припуск рукава между краями манжеты отверните на изнаночную сторону и закрепите строчкой.

12. Выполните петли, пришейте пуговицы.

13. Пробейте по разметке блочки, втяните и закрепите ремешки.

14. Изделие окончательно отутюжьте.

Модель № 7
(размер 56, рост 170)

Блуза с V-образной горловиной, круглыми рельефами, центральной застежкой на пуговицы. Рукава прямой формы с притачными манжетами. Вдоль горловины оборка. В рельефах завязывающийся сзади пояс.

Подготовка деталей

Модель № 7 выполняется на конструктивной основе № 2. Переснимите на кальку детали основы и внесите изменения в соответствии с моделью.

Спинка (рис. 149):

1. Оформите росток. От точки 13 вдоль плечевого среза отложите 2 см. Затем полученную точку и точку 1 соедините округлой линией.

2. Постройте обтачку ростка. Спинку вокруг него обведите на ширине 3 см, полученную деталь переснимите на кальку как самостоятельный элемент.

Полочка (рис. 150—152):

3. Нагрудную вытачку временно перенесите в нейтральную зону, например в боковую линию (рис. 150—151).

4. Оформите горловину. От точки 20 вдоль плечевого среза отложите 2 см, от точки 21 вниз — 12 см. Полученные точки соедините вогнутой линией.

5. Постройте линию борта. Полочку от средней линии расширьте на 2 см и достройте срез горловины и низ, как показано на рис. 151.

6. Постройте подборт. Его ширина по плечевому срезу составляет 3 см, по линии низа — 4 см. Отложите эти значения на чертеже и проведите внутреннюю линию подборта, повторяя характер бор-

Рис. 149. Оформление спинки

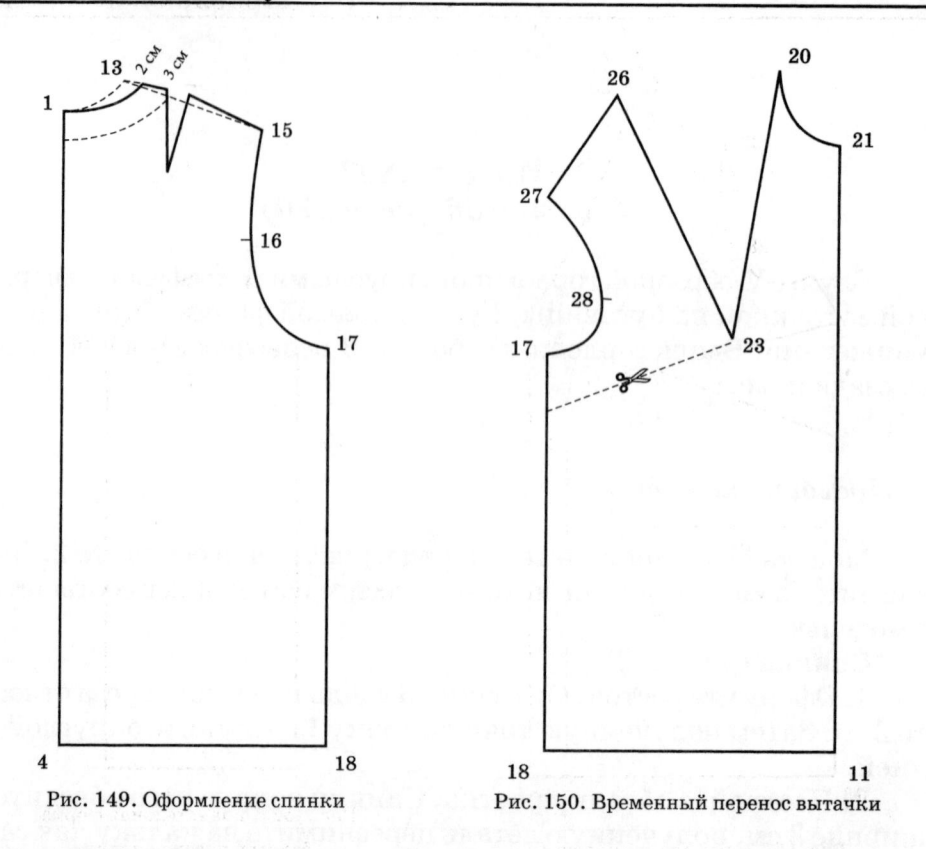

Рис. 150. Временный перенос вытачки

та. Полученную деталь переснимите на кальку как самостоятельный элемент.

7. Разметьте петли. Расположите их вдоль средней линии полочки. Первую наметьте на уровне верхнего угла борта, следующие — через каждые 7 см. Всего должно быть 6 петель. Передний край петель заведите на 0,5 см за среднюю линию в сторону края борта. Длина петли равна диаметру пуговицы плюс 0,2 см.

8. Постройте линию рельефа. От точки 27 вдоль проймы отложите 8 см. Полученную точку и точку 23 соедините слегка выпуклой линией, далее — вертикально до пересечения с линией низа. Полочку по построенной линии разрежьте, образуя центральную и боковую части.

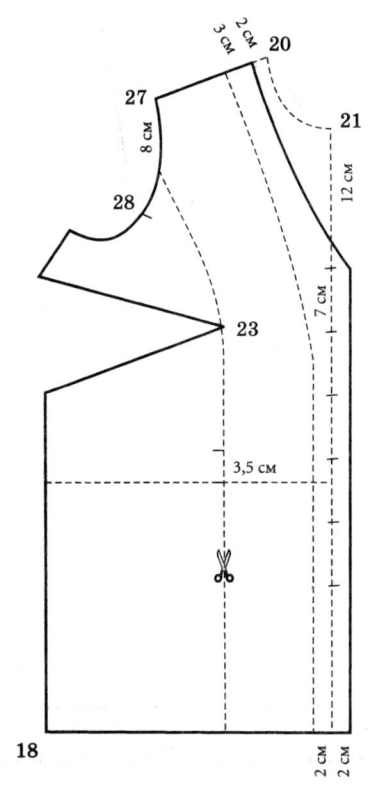

Рис. 151. Оформление полочки

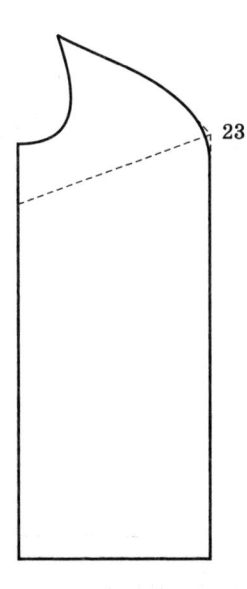

Рис. 152. Окончательная форма боковой части полочки

9. Окончательно оформите боковую деталь, совместив стороны вытачки и слегка закруглив линию рельефа в точке 23 (рис. 152).

10. Разметьте пояс. Первую метку расположите вдоль рельефа на уровне линии талии, вторую — через 3,5 см.

Рукав (рис. 153—154):

11. Постройте линию низа рукава. Для этого удлините рукав основы на 2 см и выполните заужение с каждой стороны на 2 см.

12. Выполните разметку склад по низу рукава так, как показано на рис. 153.

13. Постройте манжету в виде прямоугольника 8 × 24 см (ее размеры в готовом виде — 4 × 24 см) (рис. 154). Пуговицу наметьте

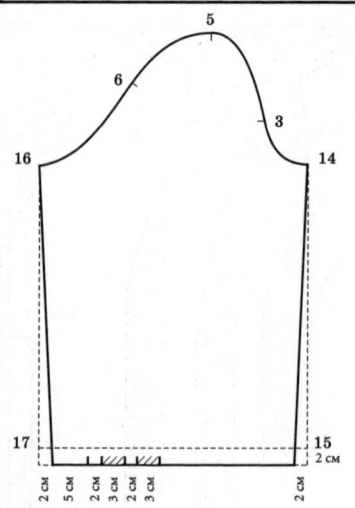

Рис. 153. Оформление рукава

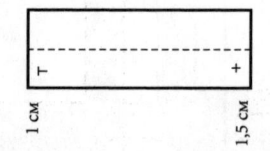

Рис. 154. Построение манжеты

посередине манжеты на расстоянии 1,5 см, петлю — на расстоянии 1 см от края.

Дополнительные детали:

14. Подготовьте оборку горловины в виде полоски размером:

— длина = 1,5 · (длина ростка + длина горловины) = 1,5 · 35 = = 52,5 см ≈ 53 см;

— ширина = ширине оборки в готовом виде = 3,5 см.

15. Постройте пояс в виде полоски размером 3,5 × 65 см.

Детали кроя:

1 — спинка, 1 деталь со сгибом;
2 — центральная часть полочки, 2 детали;

Модели блуз   231

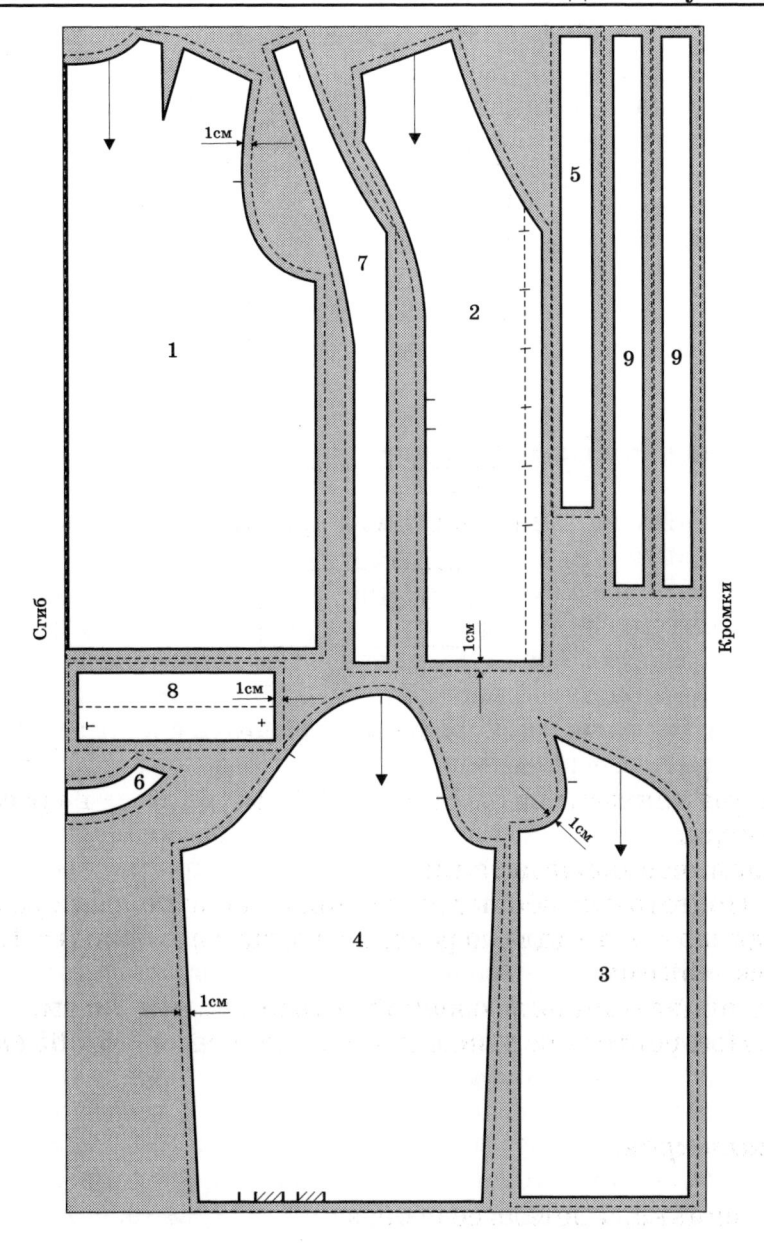

Рис. 155. Раскладка лекал на ткани

3 — боковая часть полочки, 2 детали;
4 — рукав, 2 детали;
5 — оборка, 1 деталь;
6 — обтачка ростка, 1 деталь со сгибом;
7 — подборт, 2 детали;
8 — манжета, 2 детали;
9 — пояс, 4 детали.

Расход ткани: 1,4 м при ширине 1,50 м.

Также вам потребуется: тонкая клеевая прокладка для обтачки, подборта и манжет, 8 пуговиц.

Последовательность пошива

1. Сметайте и стачайте стороны плечевых вытачек, временные стежки удалите, каждую заутюжьте к центру детали.

2. Части пояса сложите попарно лицевой стороной внутрь, обтачайте по контуру. Углы высеките, пояса выверните, выправьте и проложите по краю отделочную строчку. Подготовленные детали приметайте к центральным частям полочки по разметке.

3. Центральные и боковые части полочки сложите лицом к лицу, сметайте вдоль рельефов, стачайте. Срезы обметайте, заутюжьте к центру детали.

4. Спинку и полочку сложите лицевыми сторонами внутрь, сметайте плечевые и боковые срезы, стачайте. Открытые срезы обметайте, удалите временные стежки, швы разутюжьте.

5. Один продольный срез оборки обметайте, припуск отверните на изнаночную сторону и настрочите. Вдоль второй стороны проложите двойную строчку с ослабленной верхней нитью, сводя на нет к концам оборки. Деталь присоберите, сборку распределите равномерно. Оборку уложите лицом к лицу с изделием, приметайте.

6. Продублируйте подборта и обтачку ростка, соедините их по плечевым срезам, швы разутюжьте, отлетной срез обметайте. Подготовленную деталь сложите лицом к лицу с изделием, приметайте, притачайте. Припуски шва на закруглениях рассеките, подборта выверните, выправьте.

7. Нижний срез блузы обметайте, припуск отверните на изнаночную сторону и настрочите. Проложите отделочную строчку вдоль бортов и горловины.

8. Выполните рукавные швы, срезы обметайте, швы разутюжьте.

9. Вметайте и втачайте рукава в проймы, срезы обметайте.

10. Манжеты сложите вдвое по длине лицом к лицу, стачайте короткие срезы, углы высеките, выверните, выправьте. По контуру проложите отделочную строчку на расстоянии 0,1 см от края. Уложите манжету лицом к лицу с рукавом, излишек нижнего среза рукава заберите в складки по разметке, притачайте. Срезы обметайте, припуск рукава между краями манжеты отверните на изнаночную сторону и закрепите строчкой.

11. Выполните петли, пришейте пуговицы.

12. Изделие окончательно отутюжьте.

Модель № 8
(размер 56, рост 170)

Блуза с центральной застежкой на пуговицы, отложным воротником к открытой горловине и двумя клапанами. Рукава прямой формы с притачными манжетами.

Подготовка деталей

Модель № 8 выполняется на конструктивной основе № 2. Пересними́те на кальку детали основы и внесите изменения в соответствии с моделью.

Спинка (рис. 156):

1. Оформите росток. От точки 13 вдоль плечевого среза отложите 1 см. Полученную точку и точку 1 соедините округлой линией.

Полочка (рис. 157—158):

2. Нагрудную вытачку перенесите в боковую линию, расположив ее на расстоянии 6 см от точки 17. Длину новой вытачки уменьшите на 2,5 см.

3. Оформите горловину. От точки 20 вдоль плечевого среза отложите 1 см, от точки 21 вниз — 2 см. Полученные точки соедините округлой линией.

4. Постройте линию борта. Полочку от средней линии расширьте на 2 см и достройте срез горловины и низ так, как показано на рис. 158.

5. Постройте линию перегиба лацкана. На продолжении плечевого среза вверх отложите высоту стойки воротника, равную 2 см. Полученную точку соедините прямой линией с точкой, расположенной на 7 см ниже горловины вдоль средней линии (мелкий пунктир на чертеже).

Модели блуз

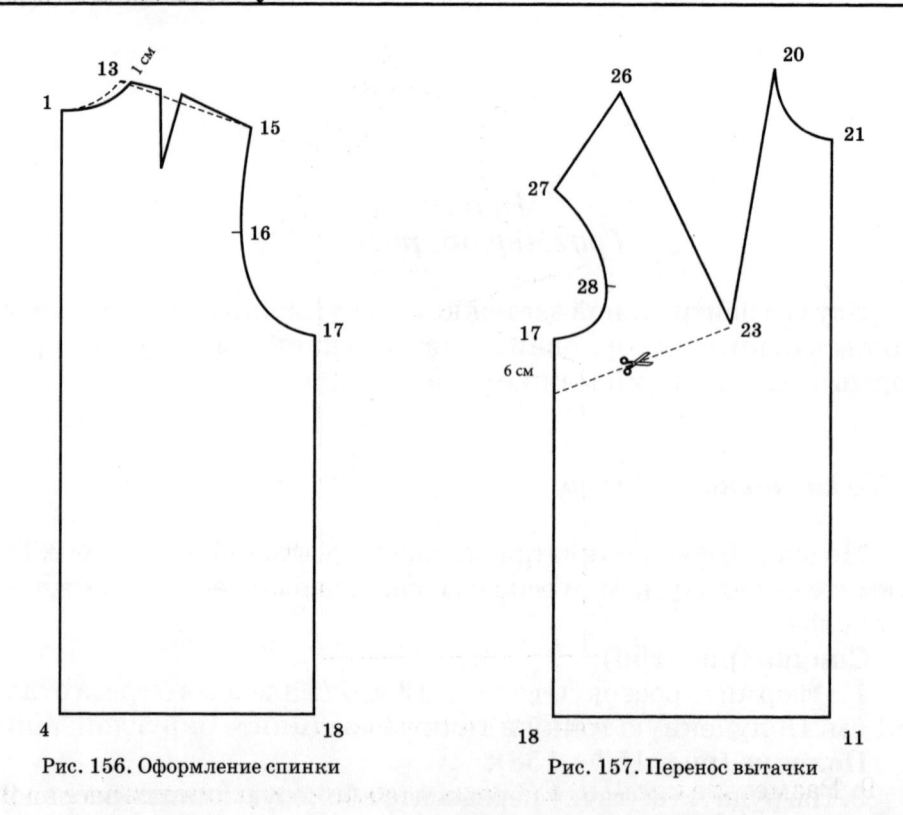

Рис. 156. Оформление спинки

Рис. 157. Перенос вытачки

6. Окончательно оформите лацкан. От линии борта на продолжении горловины отложите 3 см. Полученную точку соедините прямой с точкой пересечения линии перегиба лацкана и линии борта.

7. Постройте подборт. Его ширина по плечевому срезу равна 3 см, по линии низа — 4 см. Отложите эти значения на чертеже и проведите внутреннюю линию подборта, повторяя характер борта. Полученную деталь переснимите на кальку как самостоятельный элемент.

8. Разметьте петли. Расположите их вдоль средней линии полочки. Первую нанесите на уровне верхнего угла борта, следующие — через каждые 7 см. Всего должно быть 6 петель. Передний их край заведите на 0,5 см за среднюю линию в сторону края борта. Длина петли равна диаметру пуговицы плюс 0,2 см.

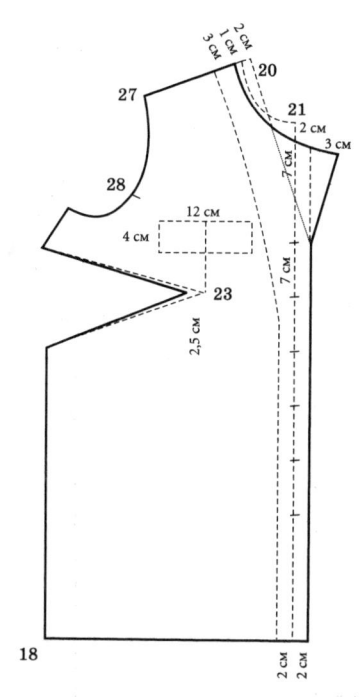

Рис. 158. Оформление полочки

9. Разметьте клапан. Его верхнюю линию расположите на 9 см выше точки 23. Размеры этой детали 4 × 12 см.

Рукав (рис. 159—160):

10. Постройте линию низа рукава. Для этого удлините рукав основы на 2 см и выполните заужение с каждой стороны на 2 см.

11. Выполните разметку склад по низу рукава так, как показано на рис. 159.

12. Постройте манжету в виде прямоугольника размером 8 × 24 см (ее размеры в готовом виде — 4 × 24 см) (рис. 160). Пуговицу наметьте посередине манжеты на расстоянии 1,5 см, петлю — на расстоянии 1 см от края.

Дополнительные детали:

13. Выполните построение воротника к открытой горловине (рис. 161).

Модели блуз

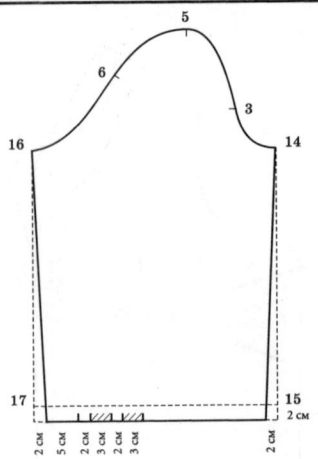

Рис. 159. Оформление рукава

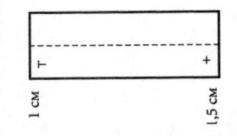

Рис. 160. Построение манжеты

Из точки перегиба лацкана к линии горловины проведите касательную. От точки пересечения ее с плечевым срезом вверх отложите длину ростка (измеряется по чертежу). В нашем примере это 9,5 см. Полученную точку и точку касания соедините слегка вогнутой линией, образуя линию втачивания воротника в горловину. В самой верхней точке к проведенной линии восстановите перпендикуляр (это средняя линия воротника). По ней отложите 7 см. Вновь к проведенной линии восстановите перпендикуляр и достройте передний угол воротника. Для этого от угла лацкана отложите 4 см и поставьте метку конца втачивания воротника. Из полученной точки проведите прямую под углом 30° и отложите по ней 4 см.

Детали кроя:

1 — спинка, 1 деталь со сгибом;

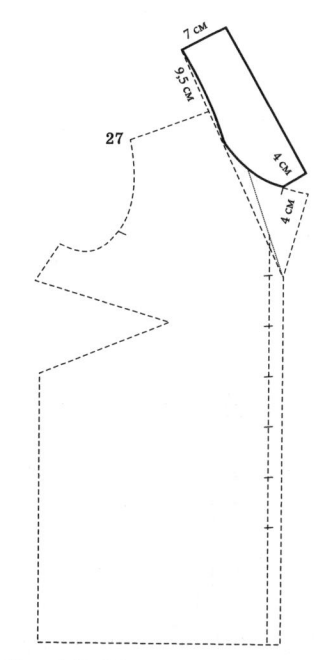

Рис. 161. Построение воротника

2 — полочка, 2 детали;
3 — рукав, 2 детали;
4 — подборт, 2 детали;
5 — воротник, 2 детали со сгибом;
6 — клапан, 4 детали;
7 — манжета, 2 детали.

Расход ткани: 1,5 м при ширине 1,50 м.

Также вам потребуется: тонкая клеевая прокладка для подборта, манжет, воротника и клапанов, 10 пуговиц.

Последовательность пошива

1. Сметайте и стачайте стороны плечевых вытачек, временные стежки удалите, каждую заутюжьте к центру детали.

240 Модели блуз

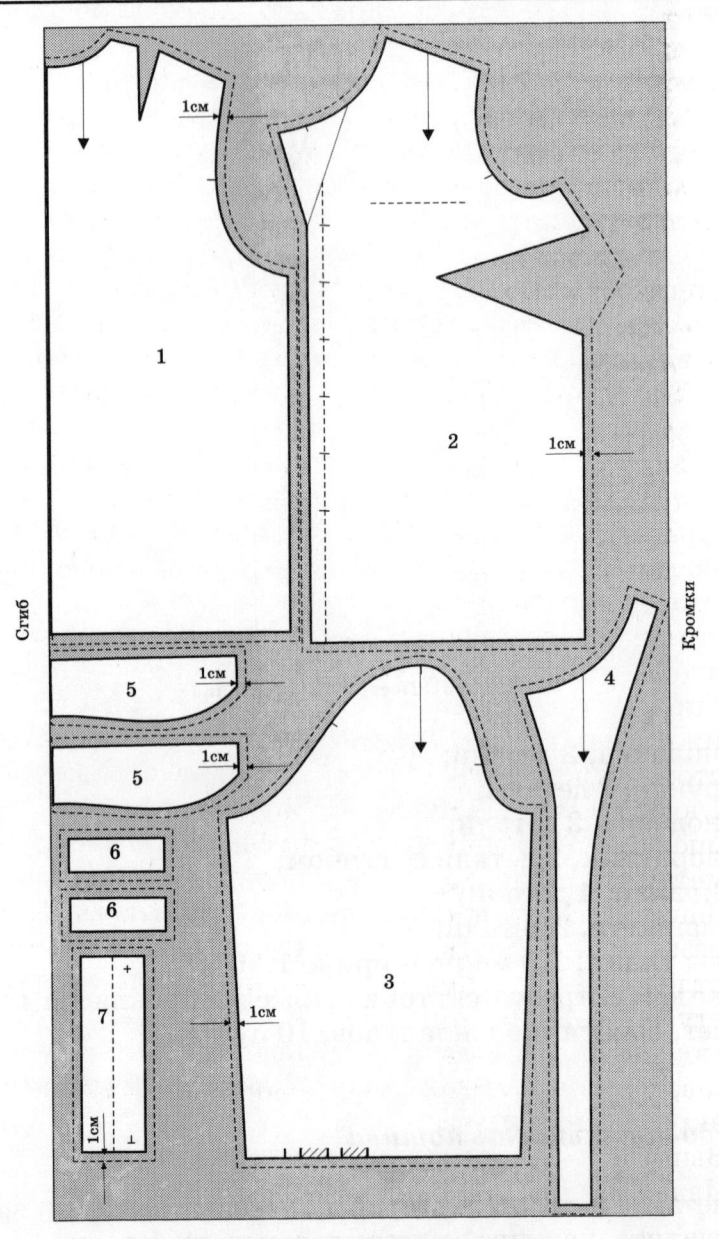

Рис. 162. Раскладка лекал на ткани

2. Сметайте и стачайте стороны нагрудных вытачек, временные стежки удалите, каждую заутюжьте вверх.

3. Спинку и полочки сложите лицевыми сторонами внутрь, сметайте плечевые и боковые срезы, стачайте. Открытые срезы обметайте, удалите временные стежки, швы разутюжьте.

4. Продублируйте верхний воротник и подборта. Верхний и нижний воротники сложите лицевыми сторонами внутрь, обтачайте по контуру, углы высеките. Воротник выверните на лицевую сторону, выправьте углы, выметайте с образованием канта.

5. Воротник вметайте в горловину, сверху уложите подборта, притачайте. Углы высеките, подборта выверните на изнаночную сторону, выметайте. Припуски шва на отрезке ростка между подбортами обметайте и настрочите на спинку (0,1 см).

6. Продублируйте верхние клапаны. Части сложите попарно лицевыми сторонами внутрь, обтачайте по контурам, углы высеките. Клапаны выверните на лицевую сторону, выправьте и проложите по краю двойную отделочную строчку. Подготовленные детали по разметке приметайте к полочке, укладывая их лицом к лицу в развернутом виде, притачайте. Временные стежки удалите, клапаны верните в естественное положение и настрочите на расстоянии 0,5 см от предыдущего шва.

7. Нижний срез блузы обметайте, припуск отверните на изнаночную сторону и настрочите. Вдоль воротника и бортов проложите двойную отделочную строчку.

8. Выполните рукавные швы, срезы обметайте, швы разутюжьте.

9. Вметайте и втачайте рукава в проймы, срезы обметайте.

10. Манжеты сложите вдвое по длине лицом к лицу, стачайте короткие срезы, углы высеките, выверните, выправьте. По контуру проложите отделочную строчку на расстоянии 0,1 см от края. Уложите манжету лицом к лицу с рукавом, излишек нижнего среза рукава заберите в складки по разметке и притачайте. Срезы обметайте, припуск рукава между краями манжеты отверните на изнаночную сторону и закрепите строчкой.

11. Выполните петли, пришейте пуговицы.

12. Изделие окончательно отутюжьте.

Модель № 9
(размер 56, рост 170)

Блуза с фигурной линией низа, настрочной планкой и оборкой вдоль округлой горловины. Щелевидная центральная застежка на две навесные петли с пуговицами. Рукава прямой формы с широкими оборками по низу.

Подготовка деталей

Модель № 9 выполняется на конструктивной основе № 2. Переснимите на кальку детали основы и внесите изменения в соответствии с моделью.

Спинка (рис. 163):

1. Оформите росток. От точки 13 вдоль плечевого среза отложите 2 см, от точки 1 вниз — 1 см. Полученные точки соедините лекальной линией.

2. Постройте настрочную планку. От ростка равномерно отложите по 3 см до пересечения со средней линией и плечевым срезом, образовавшуюся деталь переснимите на кальку как самостоятельный элемент.

3. Оформите линию низа. От точки 18 вверх отложите 7 см. Полученную точку и точку 4 соедините лекальной линией.

Полочка (рис. 164—165):

4. Нагрудную вытачку перенесите в боковую линию, расположив ее на расстоянии 6 см от точки 17. Длину новой вытачки уменьшите на 2,5 см.

5. Оформите горловину. От точки 20 вдоль плечевого среза отложите 2 см, от точки 21 вниз — 7 см. Полученные точки соедините округлой линией.

6. Постройте настрочную планку. От горловины равномерно отложите по 3 см до пересечения со средней линией и плечевым сре-

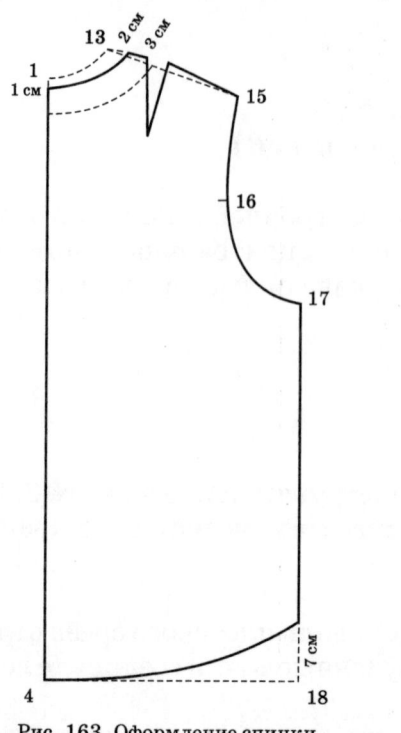

Рис. 163. Оформление спинки

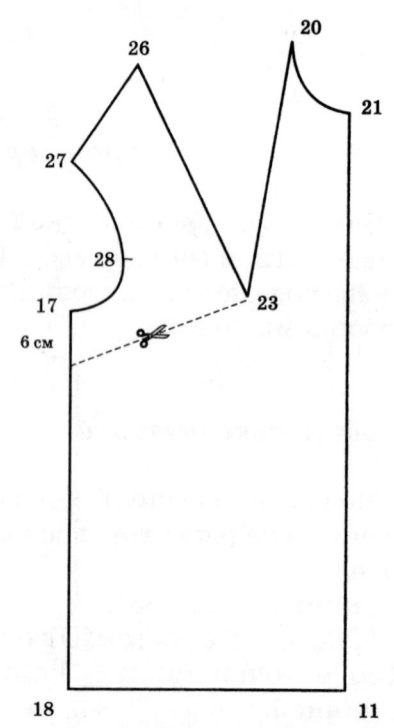

Рис. 164. Перенос вытачки

зом. Образовавшуюся деталь переснимите на кальку как **самостоятельный элемент**.

7. Разметьте разрез. От горловины вниз отложите 12 см и поставьте метку конца разреза.

8. Оформите линию низа. От точки 18 вверх отложите 7 см. Полученную точку и точку 11 соедините лекальной линией.

Рукав (рис. 166):

9. Нанесите линию притачивания оборки. Рукав основы укоротите на 12 см и выполните заужение с каждой стороны на 2 см.

10. Постройте оборку рукава в виде полоски размером:

— длина = 1,5 · длину линии притачивания оборки рукава = 1,5 · 35 = 52,5 см × 53 см;

— ширина = 16 см.

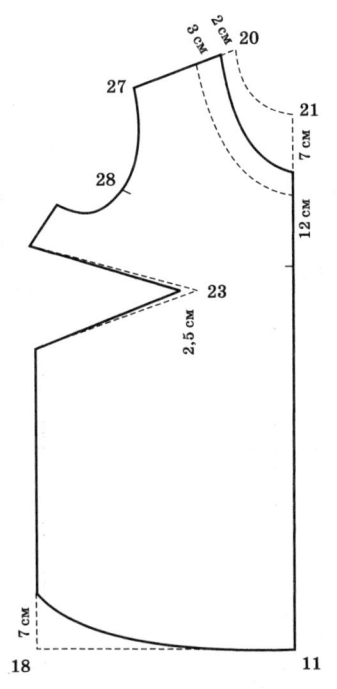

Рис. 165. Оформление полочки

Дополнительные детали:

11. Окончательно оформите настрочную планку. Для этого планку спинки и полочки совместите по плечевым срезам, образуя целую деталь (рис. 167).

12. Постройте оборку горловины в виде полоски размером:
— длина = 1,5 · длину линии притачивания оборки горловины = 1,5 · 37 = 56 см;
— ширина = 8 см.

Внимание! Расчет выполнен на половину объема изделия.

Детали кроя:

1 — спинка, 1 деталь со сгибом;

Модели блуз

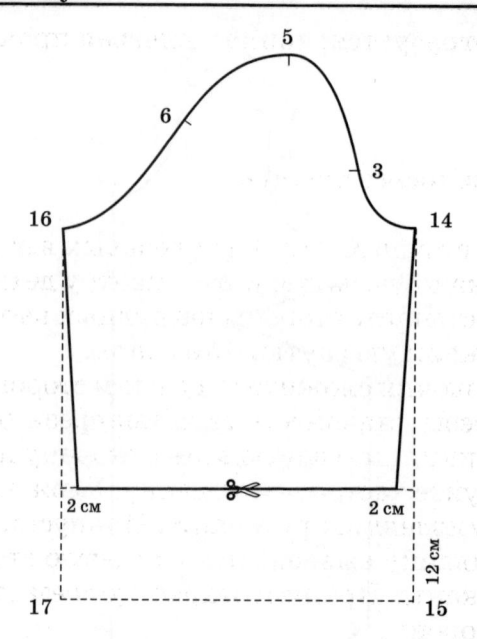

Рис. 166. Построение рукава

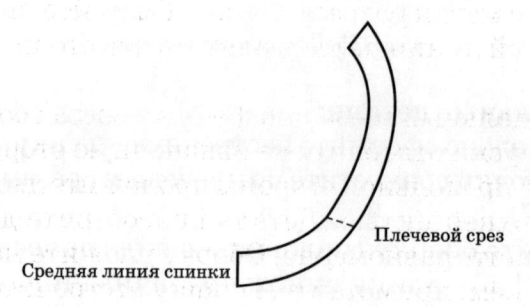

Рис. 167. Окончательная форма настрочной планки

2 — полочка, 2 детали;
3 — рукав, 2 детали;
4 — планка, 1 деталь со сгибом;
5 — оборка горловины, 1 деталь со сгибом;
6 — оборка рукава, 2 детали.
Расход ткани: 1,55 м при ширине 1,50 м.

Также вам потребуется: тонкая клеевая прокладка для планки, 2 пуговицы.

Последовательность пошива

1. Сметайте и стачайте стороны плечевых вытачек, временные стежки удалите, каждую заутюжьте к центру детали.

2. Сметайте и стачайте стороны нагрудных вытачек, временные стежки удалите, каждую заутюжьте вверх.

3. Спинку и полочки сложите лицевыми сторонами внутрь, сметайте плечевые срезы, стачайте. Открытые срезы обметайте, удалите временные стежки, швы заутюжьте в сторону полочки.

4. Продублируйте настрочную планку. Уложите ее лицом на изнаночную сторону изделия, притачайте. Припуски шва на закруглениях рассеките, планку выверните на лицевую сторону и выметайте с образованием канта. Припуск открытого среза планки заутюжьте на изнаночную сторону.

5. Полочки сложите лицевыми сторонами внутрь, стачайте вдоль средней линии до метки разреза. Срезы обметайте, шов разутюжьте. Припуски средней линии перестрочите на расстоянии 0,1 см от предыдущего шва.

6. Один продольный и оба поперечных среза оборки горловины обметайте, припуски отверните на изнаночную сторону и настрочите. Вдоль второй продольной стороны проложите двойную строчку с ослабленной верхней нитью. Деталь присоберите до длины 74 см, сборку распределите равномерно. Оборку уложите между планкой и основным изделием, приметайте. Планку отстрочите с обеих сторон отделочной строчкой.

7. Нижние срезы блузы обметайте, припуски отверните на изнаночную сторону и настрочите.

8. Выполните боковые швы, срезы обметайте, разутюжьте.

9. Вдоль одного продольного среза оборок рукавов проложите по две строчки с ослабленной верхней нитью. Детали присоберите до длины 37 см, сборку распределите равномерно. Подготовленные оборки уложите лицом к лицу с соответствующими рукавами, приметай-

248 Модели блуз

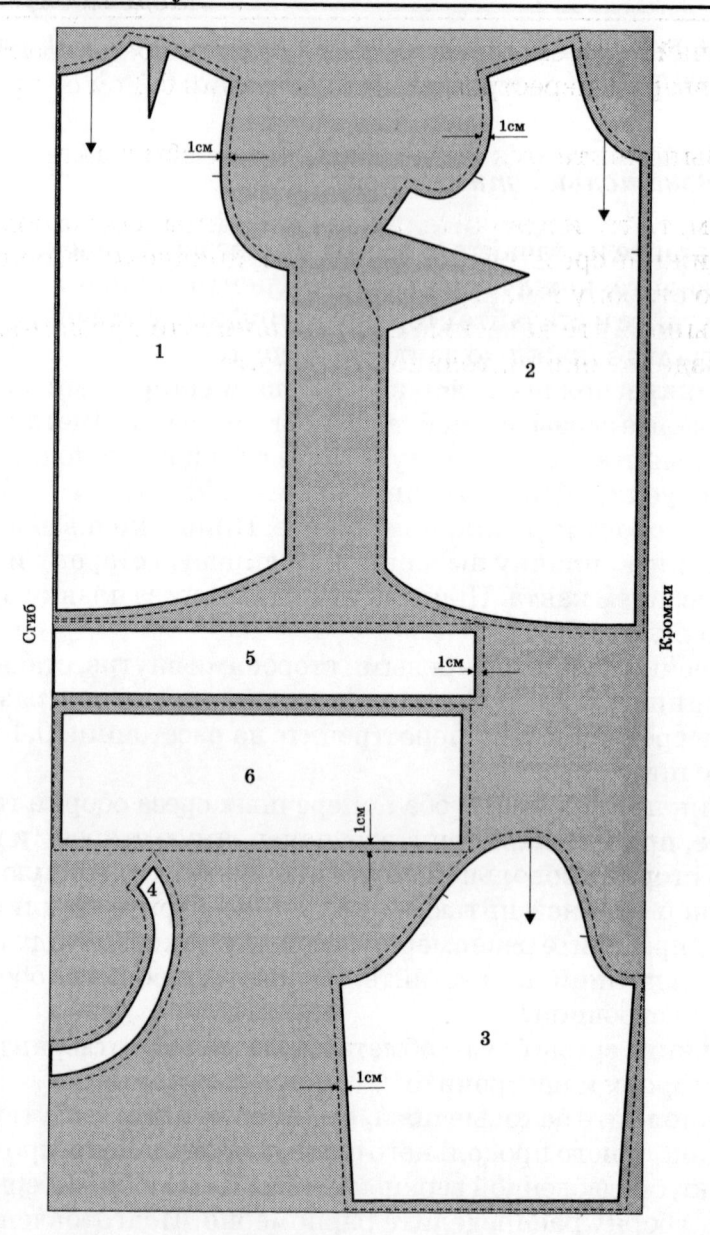

Рис. 168. Раскладка лекал на ткани

те, притачайте. Временные стежки удалите, срезы обметайте, заутюжьте вверх и перестрочите на расстоянии 0,1 см от предыдущего шва.

10. Выполните рукавные швы, срезы обметайте, швы разутюжьте.

11. Вметайте и втачайте рукава в проймы, срезы обметайте.

12. Нижние срезы оборок обметайте, припуски отверните на изнаночную сторону и настрочите.

13. Выполните навесные петли, пришейте пуговицы.

14. Изделие окончательно отутюжьте.

Модель № 10
(размер 56, рост 170)

Блуза с округлой горловиной, вырезом в виде «слезки», боковыми разрезами и завязывающимся поясом. «Слезка» и горловина окантованы отделочной тесьмой. Рукава прямой формы с двойным воланом по низу.

Подготовка деталей

Модель № 10 выполняется на конструктивной основе № 2. Переснимите на кальку детали основы и внесите изменения в соответствии с моделью.

Спинка (рис. 169):

1. Оформите росток. От точки 13 вдоль плечевого среза отложите 2 см. Полученную точку и точку 1 соедините округлой линией.

Полочка (рис. 170—171):

2. Нагрудную вытачку перенесите в боковую линию, расположив ее на расстоянии 6 см от точки 17. Длину новой вытачки уменьшите на 2,5 см.

3. Оформите горловину. От точки 20 вдоль плечевого среза отложите 2 см, от точки 21 вниз — 7 см. Полученные точки соедините округлой линией.

4. Разметьте «слезку». Вдоль горловины отложите 2,5 см, вдоль средней линии — 8 см. Полученные точки соедините округлой линией.

5. Разметьте разрез. От точки 18 вверх отложите 7 см и поставьте метку конца разреза.

Рукав (рис. 172—173):

6. Нанесите линию притачивания воланов. Рукав основы укоротите на 12 см и выполните заужение с каждой стороны на 2 см.

7. Выполните построение верхнего волана (рис. 173). Для этого проведите две полуокружности:

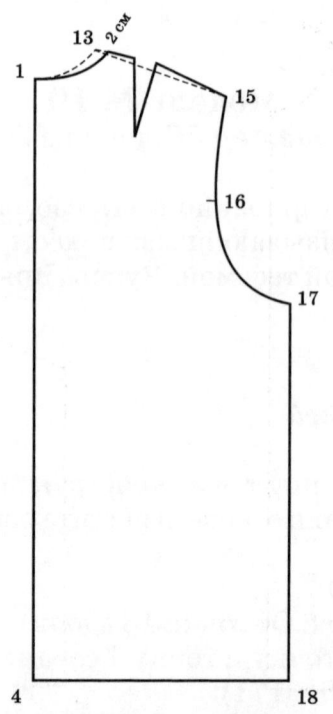

Рис. 169. Оформление спинки

$R_1 = 0{,}32 \cdot$ длину линии притачивания волана $= 0{,}32 \cdot 35 = 11{,}2$ см;
$R_2 = R_1 +$ ширина верхнего волана $= 11{,}2 + 17 = 28{,}2$ см.

8. Выполните построение нижнего волана по аналогии с верхним, только вторую окружность проведите радиусом $R_2 = R_1 +$ ширина нижнего волана $= 11{,}2 + 23 = 34{,}2$ см.

Детали кроя:

1 — спинка, 1 деталь со сгибом;
2 — полочка, 1 деталь со сгибом;
3 — рукав, 2 детали;
4 — верхний волан, 2 детали;

Модели блуз   253

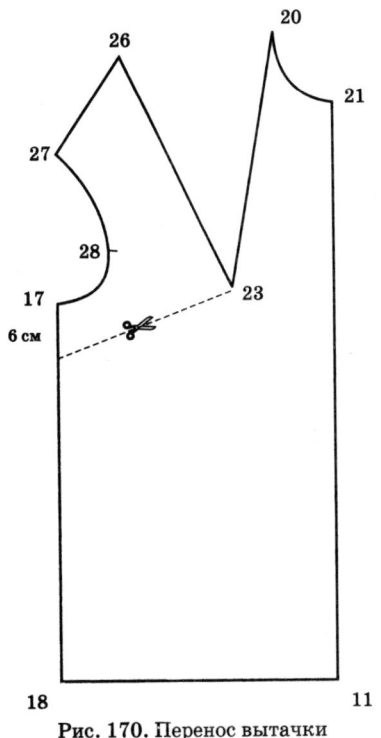

Рис. 170. Перенос вытачки

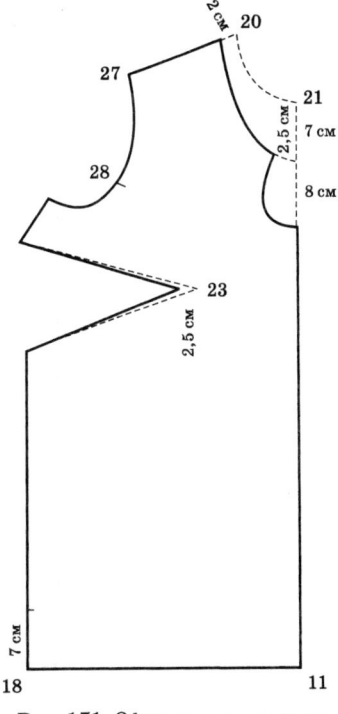

Рис. 171. Оформление полочки

5 — нижний волан, 2 детали.

Расход ткани: 1,65 м при ширине 1,50 м.

Также вам потребуется: 1 м отделочной тесьмы для окантовки (из них 0,25 м — для «слезки» и 0,75 м — для горловины), 1,5 м шнура для пояса.

Последовательность пошива

1. Сметайте и стачайте стороны плечевых вытачек, временные стежки удалите, каждую заутюжьте к центру детали.

2. Сметайте и стачайте стороны нагрудных вытачек, временные стежки удалите, каждую заутюжьте вверх.

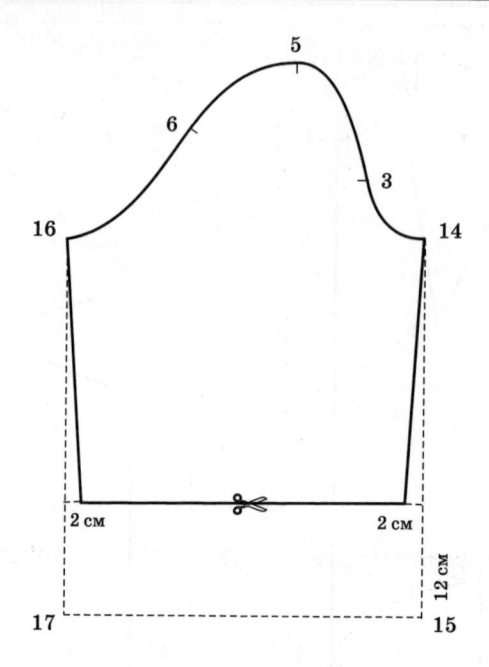

Рис. 172. Построение рукава

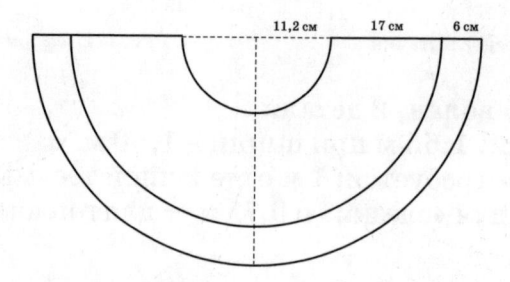

Рис. 173. Построение воланов рукава

3. Спинку и полочки сложите лицевыми сторонами внутрь, сметайте плечевые срезы, стачайте. Открытые срезы обметайте, удалите временные стежки, швы заутюжьте в сторону полочки.

4. Окантуйте «слезку», окантуйте горловину, оставляя одинаковые отрезки для завязок.

Модели блуз 255

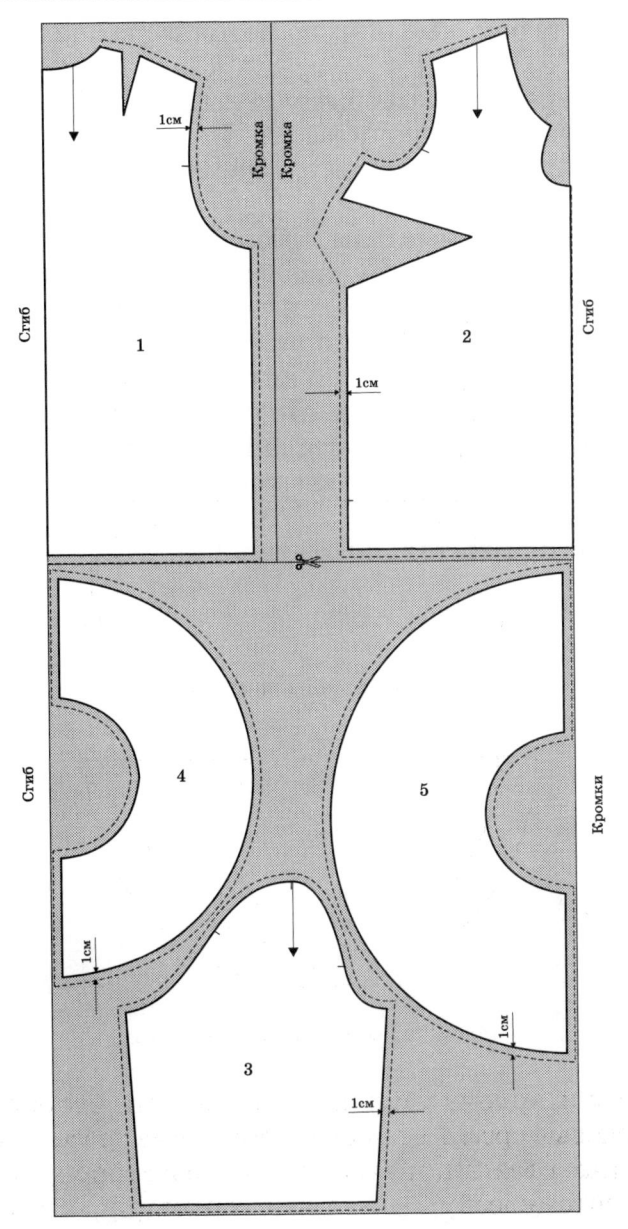

Рис. 174. Раскладка лекал на ткани

Модели блуз

5. Выполните боковые швы до меток разрезов, срезы обметайте, разутюжьте.

6. Нижние срезы блузы обметайте, припуски отверните на изнаночную сторону и настрочите.

7. Вдоль разрезов проложите отделочную строчку на расстоянии 0,5 см от края.

8. Выполните рукавные швы, срезы обметайте, швы разутюжьте.

9. Вметайте и втачайте рукава в проймы, срезы обметайте.

10. Воланы сложите лицевыми сторонами внутрь, стачайте боковые стороны, обметайте. Выполните пиковку вдоль нижних срезов каждого волана. Попарно сложите верхний и нижний воланы, сметайте вдоль верхних срезов. Подготовленные детали лицом к лицу приметайте к рукавам, притачайте. Временные стежки удалите, срезы обметайте, заутюжьте вверх и перестрочите на расстоянии 0,1 см от предыдущего шва.

11. Изделие окончательно отутюжьте.

Модели костюмов

Конструктивная основа плечевого изделия № 3
(для моделей № 1, 3, 5, 6)
(размер 58, рост 164)

Расчет и подготовка деталей основы плечевого изделия

Таблица № 14

Усл. обозн.	Сш	Сг$_2$	Ст	Сб	Шс	Шпр	Шг$_2$	Шг$_1$	Шп	Дт.с$_1$	Вп.к.с	Вб	Дт.п$_2$	Вг$_2$	Цг	Вп.к.п	Дт.о
Типовой разм. 58, рост 164	20,3	60,3	49,4	62	20,6	13,3	26,4	19,3	13,7	40,8	45,6	18,5	55,7	40,6	11,7	27	91
Ваши мерки																	

Прибавки:
Пг = 6 см
Пс.пр = 3 см
Ши = Сг$_2$ + Пг = 60,3 + 6 = 66,3 см

Ваши данные:
Пг =
Пс.пр =
Ши = Сг$_2$ + Пг =

Таблица № 15

Последовательность построения	Расчетные формулы	Примеры расчета	Ваши вычисления
Базисная сетка			
1. Точка 1			
2. ↓ [1—2]	Дт.с$_1$ + 0,5 см	40,8 + 0,5 = 41,3 см	
3. ↓ [2—3]	18—20 см	19 см	
4. ↓ [1—4]	Ди	65 см	
5. ↑ [2—5]	Вб − Пс.пр	18,5 − 3 = 16,5 см	
6. Через точки 1, 2, 3, 4, 5 − горизонтали			
7. → [5—6]	Шс + 0,3 Пг	20,6 + 0,3 · 6 = 22,4 см	

8. → [6—7]	Шпр + 0,5 Пг	13,3 + 0,5 · 6 = 16,3 см	
9. → [7—8]	Шг$_2$ + 0,2 Пг	26,4 + 0,2 · 6 = 27,6 см	
10. Через точку 8 – вертикаль – т. 9, 10, 11			
	Спинка		
1. → [1—12]	0,3 Сш + 1 см	0,3 · 20,3 + 1 = 7 см	
2. ↑ [12—13]	Таблица № 12	3,7 см	
3. Из точки 13 ↓ перпендикуляр – т. 14			
4. R$_1$ из точки 13	Шп + вытачка	13,7 + 3 = 16,7 см	
5. R$_2$ из точки 2	Вп.к.с + 0,5 см + 1 см	45,6 + 0,5 + 1 = 47,1 см	
6. Соединить точки 13 и 15 прямой			
7. Плечевая вытачка	Раствор – 3 см, длина – 10 см		
8. ↑ [6—16]	1/2 [6—15]	0,5 · 24 = 12 см	
9. → [5—17]	1/2 [5—8] – 1 см	0,5 · 66,3 – 1 = 32,2 см	
10. Точки 15, 16 и 17 – лекально			
11. → [4—18]	[5—17]	32,2 см	
	Полочка		
1. ↑ [9—19]	Дт.п$_2$ – $l_{ростка}$ + 0,5 см	55,7 – 9,2 + 0,5 = 47 см	
2. Проверка точки 19	[9—19] + [13—14] = Дт.о + 1 см	47 + 45 = 92 см 91 + 1 = 92 см	
3. ← [19—20]	[1—12]	7 см	
4. ↓ [19—21]	[19—20] + 1 см	7 + 1 = 8 см	
5. Точки 20 и 21 – лекально			
6. ← [8—22]	Цг + 0,5 см	11,7 + 0,5 = 12,2 см	
7. Через точку 22 – вертикаль			
8. R из точки 20 на вертикали – т. 23	Вг$_2$ – $l_{ростка}$	40,6 – 9,2 = 31,4 см	
9. R из точки 23 – точка 24	Цг	11,7 см	
10. ← [24—25]	Шг$_2$ – Шг$_1$	26,4 – 19,3 = 7,1 см	
11. Точки 23 и 25 – прямая по ней [23—26]	[20—23]	31,4 см	
12. R$_1$ из точки 26	Шп	13,7 см	
13. R$_2$ из точки 23	Вп.к.п + 1 см	27 + 1 = 28 см	

Модели костюмов

14. Соединить точки 26 и 27 прямой			
15. ↑[7—28]	1/2 [6—16]	0,5 · 12 = 6 см	
16. Точки 27, 28 и 17 – лекально			
17. Контроль Пб	Ши – Сб	66,3 – 62 = 4,3 см	

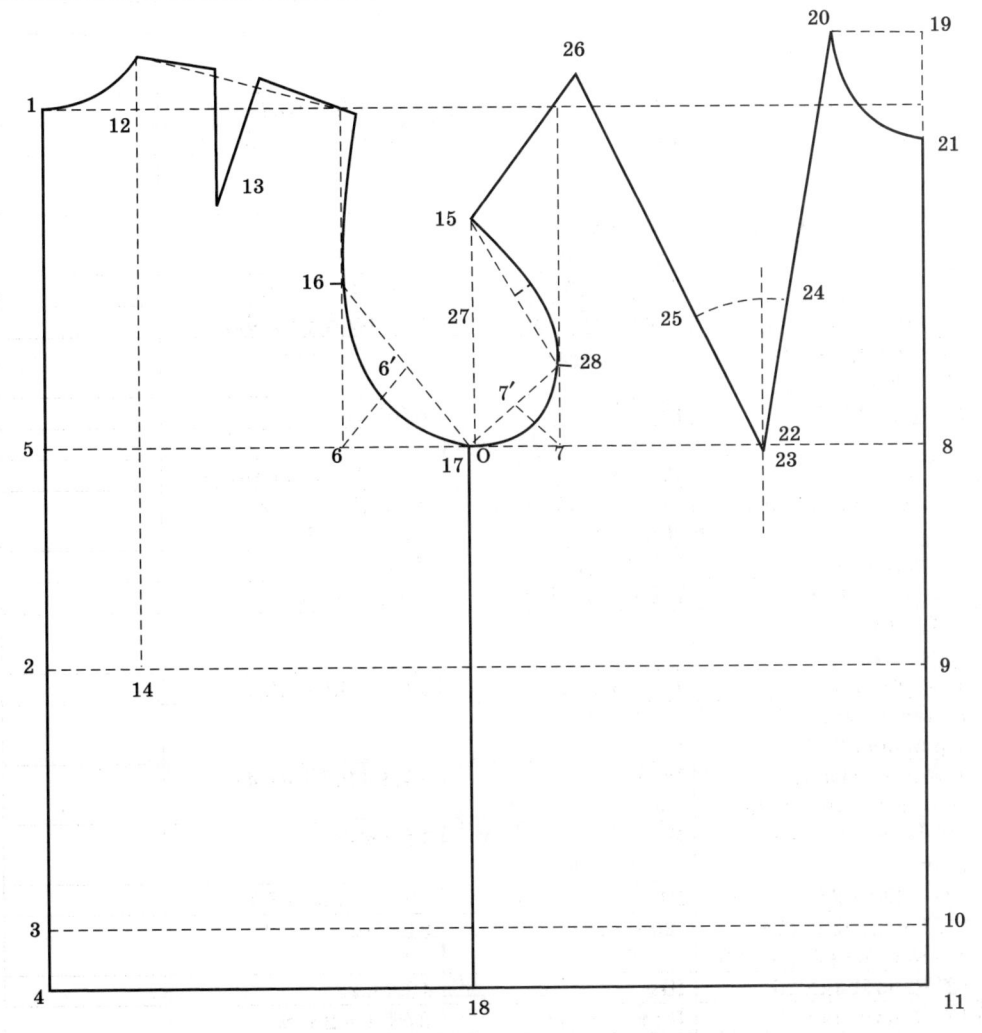

Рис. 175. Конструктивная основа плечевого изделия

Построение основной схемы втачного рукава

Таблица № 16

Усл. обозн.	Вок	[15—16]	[16—17]	[27—28]	Др	Оп	Шр.н
Типовой разм. 58, рост 164	17 см	12,2 см	17 см	13 см	56,5 см	36,4 см	-
Ваши данные							

Таблица № 17

Последовательность построения	Расчетные формулы	Примеры расчета	Ваши вычисления
1. Точка 1			
2. ↑[1—2]	Вок	17 см	
3. ↑[1—3]	[7—28] – с чертежа полочки	6 см	
4. ←[1—4]	[17—7] – с чертежа полочки	6,5 см	
5. От точки 1 – под наклоном	[7—7'] – с чертежа полочки	2,3 см	
6. Точки 4, 1' и 3 – лекально			
7. R_1 из точки 3	[27—28] + 0,5—1 см	13 + 1 = 14 см	
8. [3—5] : 3 – перпендикуляр	1,5—2,5 см	2 см	
9. R_2 из точки 5	[15—16] + 1 см с чертежа спинки	12,2 + 1 = 13,2 см	
10. R_3 из точки 4	[16—17] + 0,7—1 см с чертежа спинки	17 + 1 = 18 см	
11. Через точку 6 – вертикаль – т. 7, 8			
12. [5—6] : 3 – перпендикуляр	1—2 см	1 см	
13. [4—6] : 3 – перпендикуляр	1,5—2,5 см	1,5 см	

Модели костюмов 261

14. Контроль По.п	2 · [1—8] − Оп	2 · 20,5 − 36,4 = 4,6 см	
15. ↓ [2—9]	Др	56,5 см	
16. ↓ [2—10]	[2—9] : 2 + 5 см	56,5 : 2 + 5 = 33,3 см	
17. Через точку 7 – вертикаль – т. 11, 12			
18. Через точку 4 – вертикаль – т.13			
19. Разворот вокруг [3—9] – т. 14, 15			
20. Разворот вокруг [6—12] – т. 16, 17			

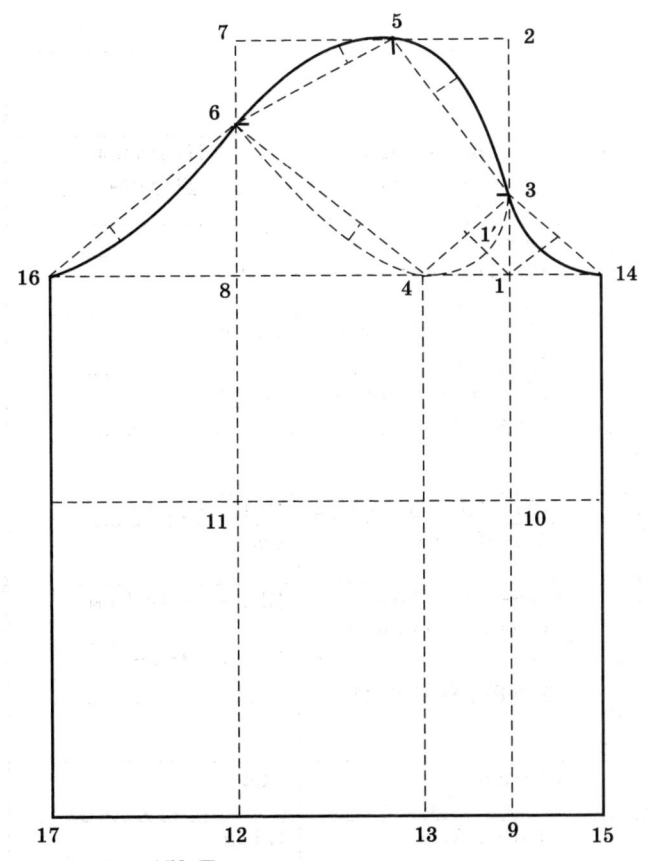

Рис. 176. Построение основы втачного рукава

Конструктивная основа прямой юбки № 2
(для моделей № 2, 4, 7)
(размер 58, рост 164)

Расчет и подготовка деталей основы юбки

Таблица № 9

Условные обозначения	Ст	Сб	Дю
Типовой размер 58, рост 164 см	49,4	62,0	80,0 (по модели)
Ваши мерки			

Прибавки:
Пт = 0,6 см
Пб = 2 см

Ваши значения прибавок:
Пт =
Пб =

Таблица № 10

Последовательность построения	Расчетные формулы	Примеры расчета	Ваши вычисления
1. Точка 1			
2. ↓ [1—2]	18—20 см	19,0 см	
3. ↓ [1—3]	Дю	80,0 см	
4. Через точки 2, 3 – горизонтали			
5. → [2—4]	Сб + Пб	62 + 2 = 64,0 см	
6. Через точку 4 – вертикаль (точки 5, 6)			
7. → [2—7]	[2—7] = [2—4] : 2 – 1,5—2 см	64 : 2 – 2 = 30,0 см	
8. Через точку 7 – вертикаль (точки 8, 9)			
9. Σ В (суммарная вытачка)	(Сб + Пб) – (Ст + Пт)	(62 + 2) – (49,4 + 0,6) = = 14,0 см	

10. Боковая вытачка	0,5 Σ В	0,5 · 14 = 7 см	
11. Задняя вытачка	0,3 · Σ В	0,3 · 14 = 4,2 см	
12. Передняя вытачка	0,2 · Σ В	0,2 · 14 = 2,8 см	
13. ↑[8—10]	1—1,5 см	1,5 см	
14. Через точку 10 – горизонталь			
15. ←[10—11], →[10—12]	По 1/2 боковой вытачки	7 : 2 = 3,5 см	
16. Точки 11, 7, 9 и 12, 7, 9 соединить			
17. →[2—13]	0,4 [2—7]	0,4 · 30 = 12,0 см	
18. Через точку 13 – вертикаль (точка 14)			
19. От точки 14 вправо и влево	По 1/2 задней вытачки	4,2 : 2 = 2,1 см	
20. ↑[13—15]	3—4см	3,5 см	
21. Оформить заднюю вытачку			
22. ←[4—16]	0,4 [4—7]	0,4 · 34 = 13,6 см	
23. Через точку 16 – вертикаль (точка 17)			
24. От точки 17 вправо и влево	По 1/2 передней вытачки	2,8 : 2 = 1,4 см	
25. ↓[17—18]	8—10 см	9,5 см	
26. Оформить переднюю вытачку			
27. Точки 1 и 11, 12 и 5 – соединить лекально			

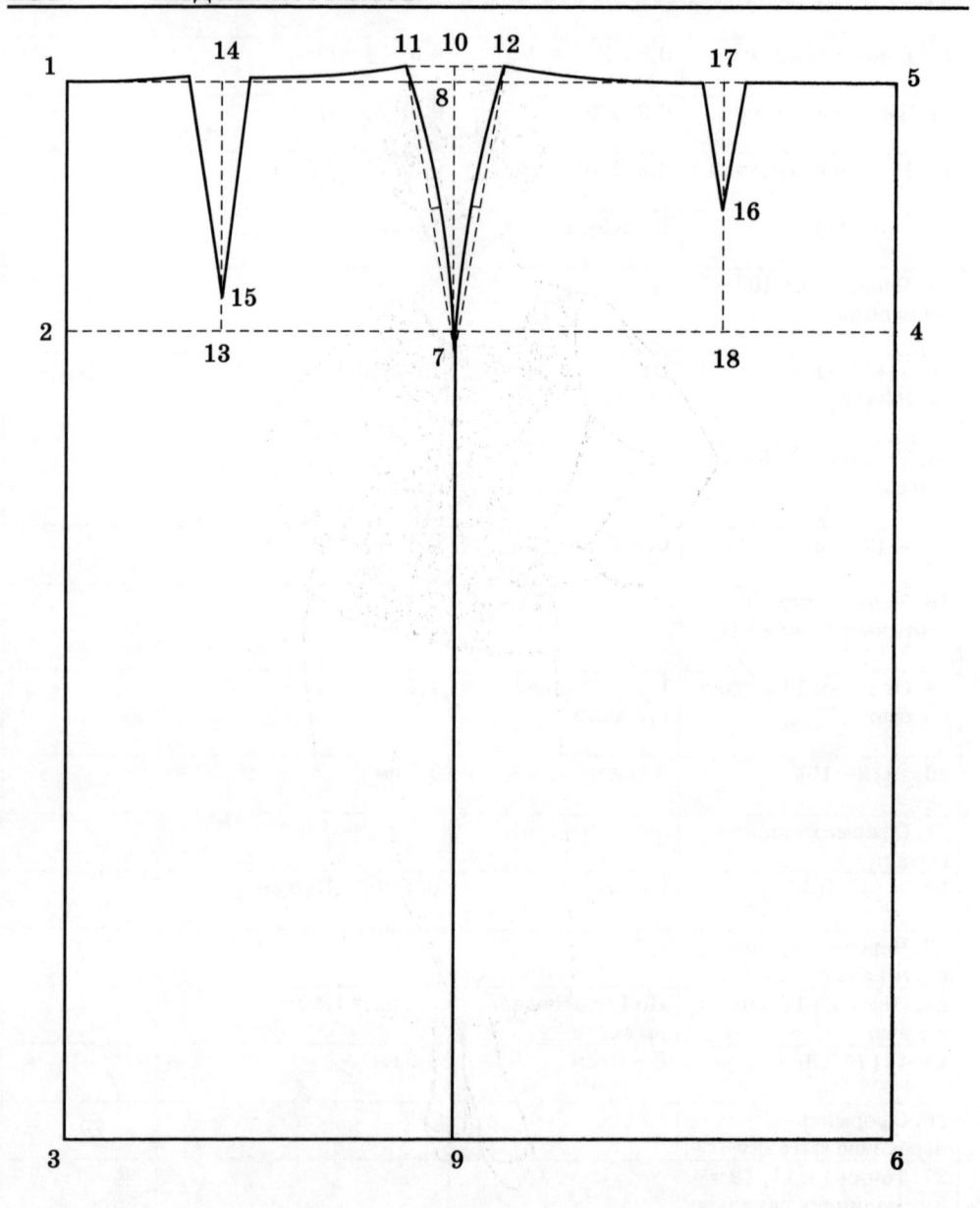

Рис. 177. Конструктивная основа прямой юбки

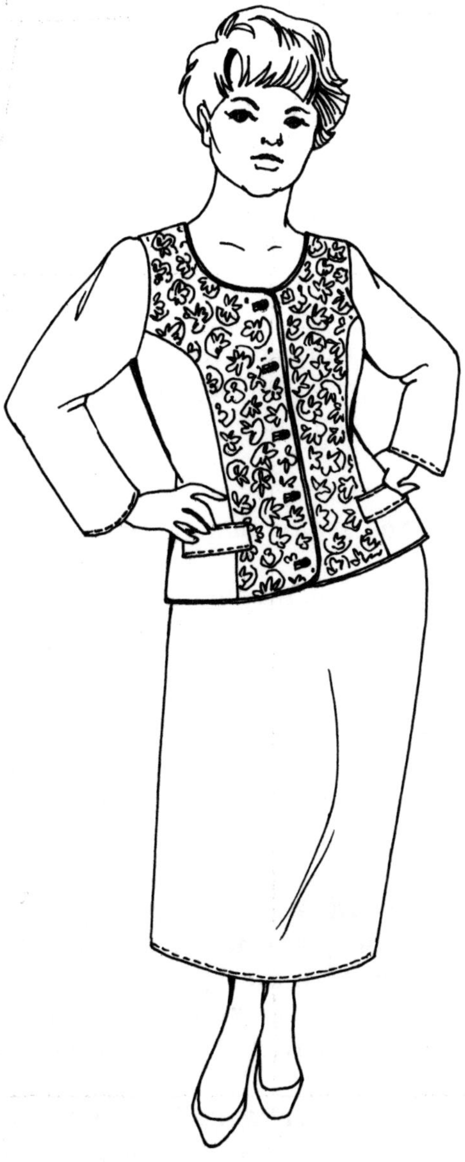

Костюм № 1. Модели № 1—2
(размер 58, рост 164)

Модель № 1 — укороченный жакет с круглыми рельефами, центральной застежкой на пуговицы, прорезными петлями и клапанами. Центральная часть полочки на подкладке выполнена из гобеленовой ткани. Горловина, борта и низ полочки окантованы полоской из основной ткани. Рукава прямой формы слегка заужены книзу.

Модель № 2 — юбка прямой формы с задней шлицей. Боковая застежка на «молнии». Талия на жестком поясе.

Подготовка деталей жакета

Модель № 1 выполняется на конструктивной основе № 3. Переснимите на кальку детали основы и внесите изменения в соответствии с моделью.

Спинка (рис. 178):

1. Оформите росток. От точки 13 вдоль плечевого среза отложите 2 см. Полученную точку и точку 1 соедините округлой линией.

2. Постройте линию низа. От точки 4 вверх отложите 9 см. Через полученную точку проведите горизонталь, спинку по ней разрежьте.

Полочка (рис. 179—181):

3. Нагрудную вытачку временно перенесите в нейтральную зону, например в боковую линию (рис. 179—180).

4. Постройте линию низа. От точки 11 вверх отложите 9 см, через полученную точку проведите горизонталь, полочку по ней разрежьте.

5. Оформите горловину. От точки 20 вдоль плечевого среза отложите 2 см, от точки 21 вниз — 2 см. Полученные точки соедините округлой линией.

Модели костюмов 267

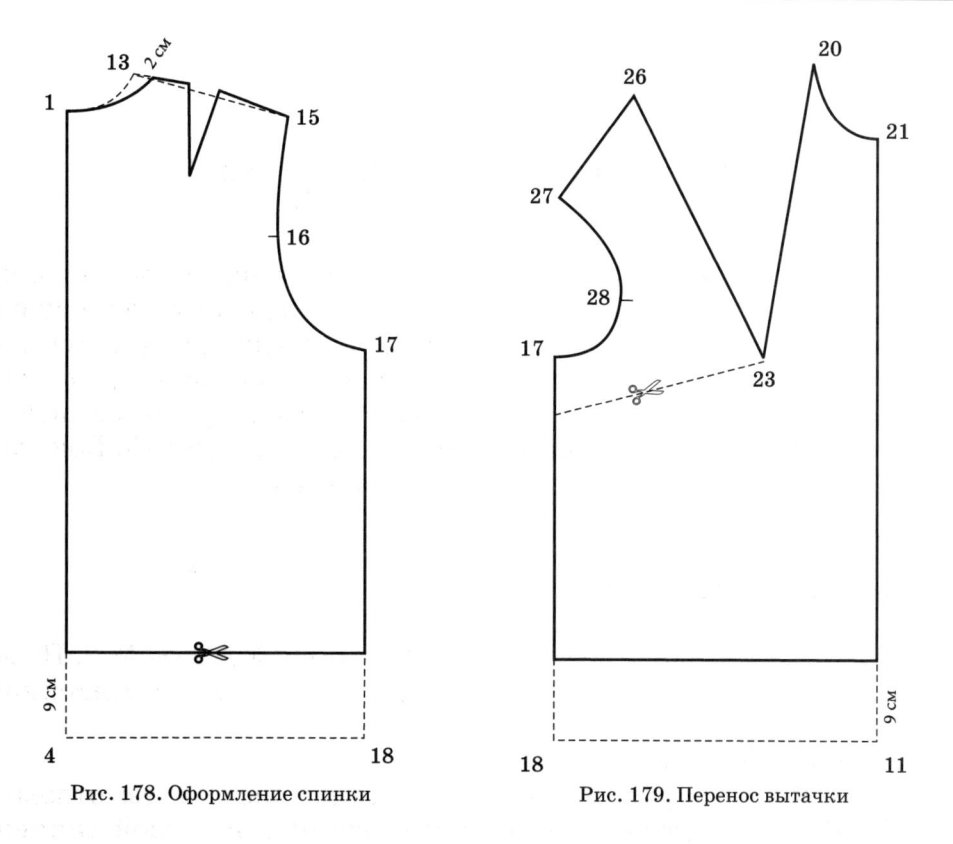

Рис. 178. Оформление спинки

Рис. 179. Перенос вытачки

6. Постройте линию борта. Полочку от средней линии расширьте на 2 см и достройте срез горловины и низ, как показано на рис. 180. Верхний и нижний углы закруглите.

7. Разметьте петли. Расположите их вдоль средней линии полочки. Первую нанесите на 2,5 см ниже горловины, следующие — через каждые 9 см. Всего должно быть 5 петель. Передний их край заведите на 0,5 см за среднюю линию в сторону края борта. Длина петли равна диаметру пуговицы плюс 0,3 см.

8. Постройте линию рельефа. Точки 28 и 23 соедините слегка вогнутой линией, далее — вертикально вниз до пересечения с линией низа. В точке 23 линию рельефа закруглите. Полочку по построенной линии разрежьте, образуя центральную и боковую части.

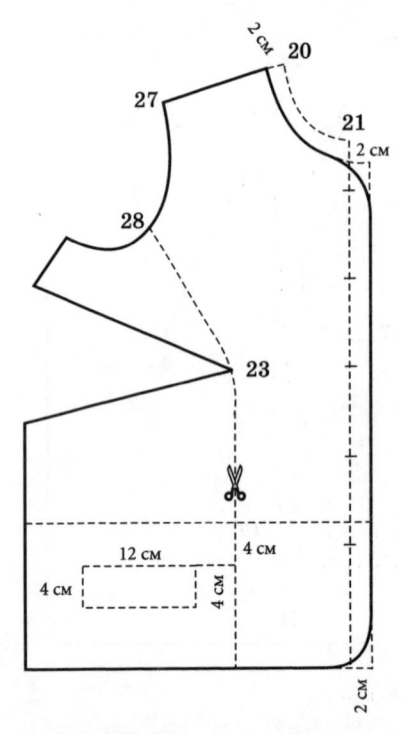

Рис. 180. Оформление полочки

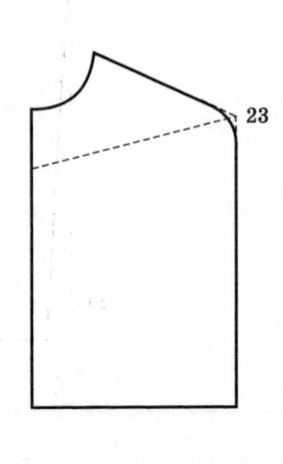

Рис. 181. Окончательная форма боковой части полочки

9. Окончательно оформите боковую деталь, совместив стороны вытачки и слегка закруглив линию рельефа в точке 23 (рис. 181).

10. Разметьте клапан. Расположите его на 4 см ниже линии талии и на 4 см влево от линии рельефа. Размеры клапана 4 × 12 см.

Рукав (рис. 182):

11. Постройте линию низа рукава. Для этого деталь основы удлините на 3 см и выполните заужение с каждой стороны на 2,5 см.

Дополнительные детали:

12. Подготовьте кант в виде полоски размером:

— длина = длине ростка + длина горловины + длина борта + длина низа полочки = 111 см;

— ширина = 3 см.

Внимание! Расчет выполнен на половину объема изделия.

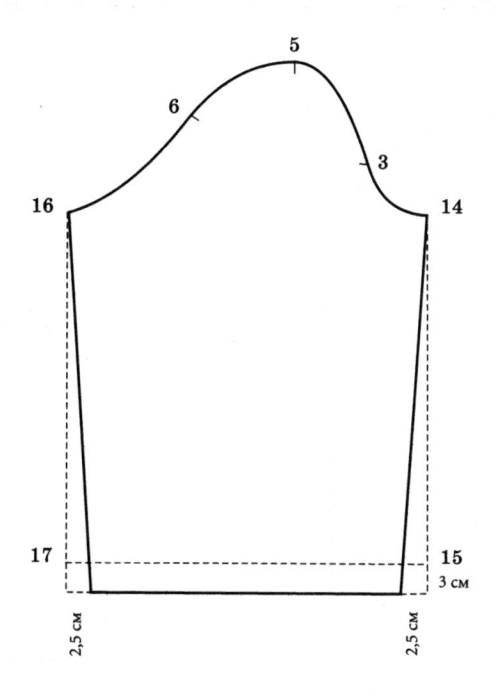

Рис. 182. Построение рукава

Подготовка деталей юбки

Модель № 2 выполняется на конструктивной основе прямой юбки № 2. Перенесите на кальку детали основы и внесите изменения в соответствии с моделью.

Заднее полотнище юбки (рис. 183):

1. Нанесите новую среднюю линию полотнища. От точки 1 вправо отложите 0,5 см. Полученную точку и точку 2 соедините прямой линией до пересечения с линией низа. Откорректируйте длину до 80 см.

2. Постройте шлицу. Вдоль новой средней линии от низа вверх отложите 35 см, под прямым углом к ней — 4 см (ширина шлицы). Достройте до прямоугольника.

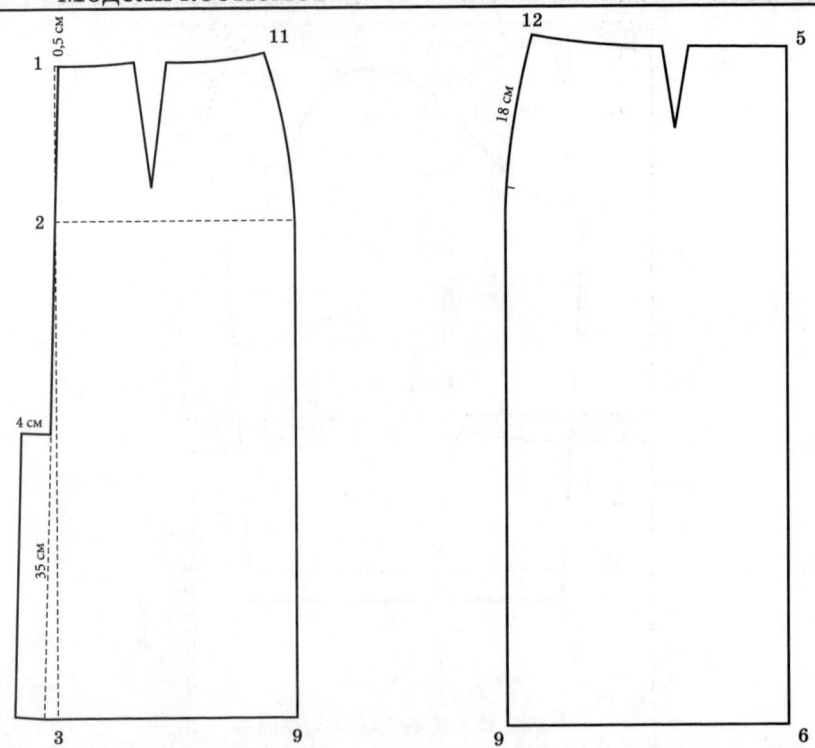

Рис. 183. Оформление заднего полотнища юбки   Рис. 184. Оформление переднего полотнища юбки

Переднее полотнище юбки (рис. 184):

3. Разметьте застежку. От талии вдоль боковой линии отложите 18 см и поставьте метку конца застежки.

Дополнительные детали:

4. Подготовьте пояс в виде полоски размером:

— длина = 2 · (Ст + Пт) + 3 = 2 · 50 + 3 = 103 см, где 3 см — припуск на застежку;

— ширина = 2 · ширину пояса в готовом виде = 2 · 4 = 8 см.

Детали кроя из основной ткани:

1 — спинка, 1 деталь со сгибом;

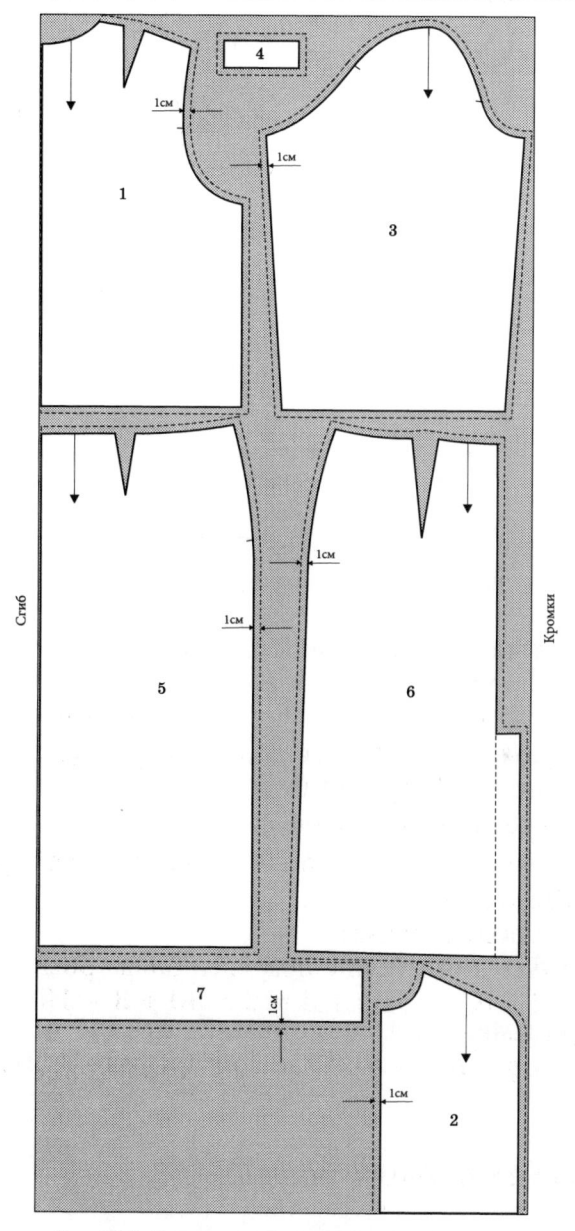

Рис. 185. Раскладка лекал на основной ткани

Модели костюмов

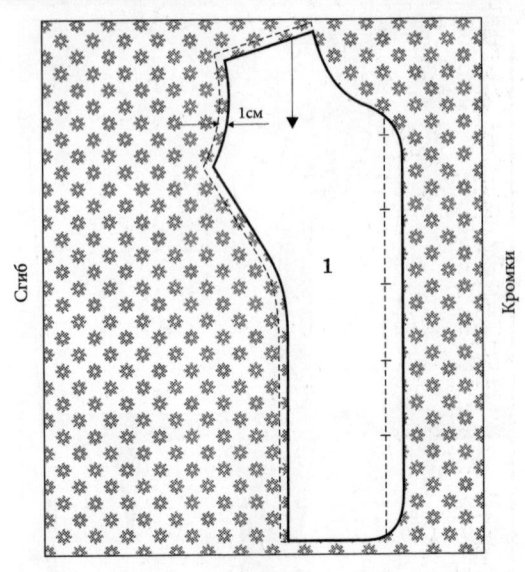

Рис. 186. Раскладка лекал на ткани гобелен

2 — боковая часть полочки, 2 детали;
3 — рукав, 2 детали;
4 — клапан, 4 детали;
5 — переднее полотнище юбки, 1 деталь со сгибом;
6 — заднее полотнище юбки, 2 детали;
7 — пояс, 1 деталь со сгибом.
Расход основной ткани: 2 м при ширине 1,50 м.

Детали кроя из ткани гобелен:

1 — центральная часть полочки, 2 детали.
Расход ткани гобелен: 0,65 м при ширине 1,50 м.

Детали кроя из подкладочной ткани:

1 — центральная часть полочки, 2 детали;

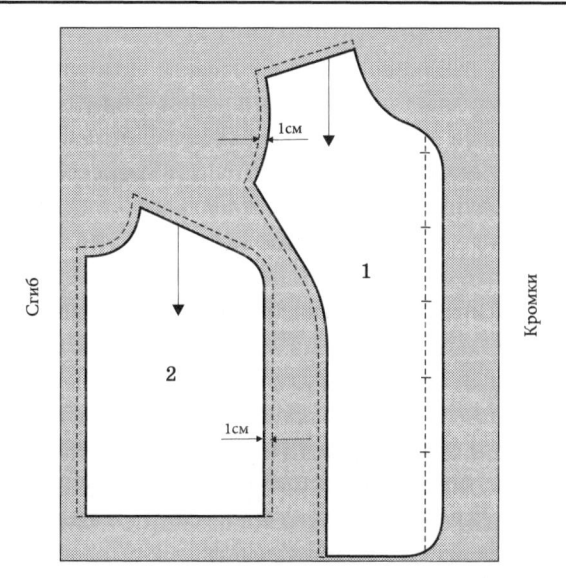

Рис. 187. Раскладка лекал на подкладочной ткани

2 — боковая часть полочки, 2 детали.

Расход подкладочной ткани: 0,65 м при ширине 1,50 м.

Также вам потребуется: клеевая прокладка для клапанов, центральной и боковой частей полочки, 5 больших отделочных пуговиц, 2 маленькие отделочные пуговицы, 1 пуговица для юбки, 1,05 м клеевой корсажной ленты шириной 4 см, «молния» длиной 18 см, подплечники.

Последовательность пошива жакета

1. Продублируйте центральную часть полочки. По разметке выполните обтачные петли (по типу кармана в рамку) из основной ткани. По контуру петель проложите отделочную строчку на расстоянии 0,1 см от рамки.

2. Продублируйте боковые части полочки. Сложите их лицом к лицу с центральными, сметайте вдоль рельефов, стачайте. Временные стежки удалите, припуски швов заутюжьте к центру полочки.

3. Продублируйте центральную часть полочки из подкладочной ткани в местах петель. Центральные и боковые части сложите лицом к лицу, стачайте вдоль рельефов, припуски заутюжьте к центру целой детали.

4. Подкладку совместите с полочками изнанкой к изнанке, приметайте вдоль рельефов и по всему контуру.

5. Стачайте стороны плечевых вытачек, каждую заутюжьте к центру детали.

6. Спинку и полочки сложите лицевыми сторонами внутрь, сметайте плечевые срезы, стачайте. Открытые срезы обметайте, удалите временные стежки, швы разутюжьте.

7. Подготовьте косую полоску для окантовки (соединив ее по частям до длины 2,24 м), один продольный срез обметайте. Окантуйте нижние срезы полочек, борта и горловину подготовленной полоской так, чтобы ширина канта в готовом виде была равна 1 см.

8. Нижний срез спинки обметайте.

9. Спинку и полочки сложите лицом к лицу, нижние углы боковых срезов полочки оберните припусками спинки, сметайте боковые срезы, стачайте. Временные стежки удалите, срезы обметайте, заутюжьте в сторону полочки. Нижний припуск спинки выверните на лицевую сторону и настрочите швом 0,7 см.

10. Продублируйте верхние клапаны, сложите их попарно с нижними лицевыми сторонами внутрь, обтачайте по контуру. Углы высеките, выверните на лицевую сторону. Проложите отделочную строчку на расстоянии 0,5 см от края. Подготовленные детали по разметке приметайте к полочкам в развернутом виде, притачайте. Временные стежки удалите, припуски высеките до ширины 0,3 см, клапаны верните в естественное положение и настрочите на расстоянии 0,5 см от предыдущего шва.

11. Выполните рукавные швы, срезы обметайте, швы разутюжьте.

12. Обметайте нижние срезы рукавов, припуски отверните на изнаночную сторону и настрочите.

13. Вметайте и втачайте рукава в проймы, срезы обметайте.

14. Подкладочную ткань в местах петель разрежьте, припуски подверните и закрепите вручную.

15. Пришейте пуговицы.
16. Пришейте подплечники.
17. Изделие окончательно отутюжьте.

Последовательность пошива юбки

1. Сметайте и стачайте стороны талевых вытачек переднего и заднего полотнищ, временные стежки удалите, каждую заутюжьте к средней линии целой детали.

2. Обметайте продольный срез шлицы левого полотнища, припуск шириной 0,7 см отверните на изнаночную сторону и настрочите. Обметайте срезы средней линии и шлицы каждой части заднего полотнища, сложите их лицевыми сторонами внутрь, сметайте, стачайте до метки шлицы. Временные стежки удалите, шов заутюжьте в сторону правого полотнища и проложите отделочную строчку сначала вдоль предыдущего шва, затем под углом 45°, закрепляя между собой шлицу и основную деталь.

3. Переднее и заднее полотнища сложите лицевыми сторонами внутрь, стачайте боковые срезы (правый — до метки застежки). Швы разутюжьте, срезы обметайте.

4. Втачайте «молнию».

5. Верхний срез юбки обработайте жестким поясом, по контуру проложите отделочную строчку.

6. Нижний срез юбки обметайте, припуск отверните на изнаночную сторону и настрочите.

7. Выполните петлю, пришейте пуговицу.

8. Изделие окончательно отутюжьте.

Костюм № 2. Модели № 3—5
(размер 58, рост 164)

Модель № 3 — укороченный приталенный жакет с вертикальными рельефами, центральной застежкой на пуговицы и двойной оборкой вдоль борта и горловины. Верхняя оборка — из основной ткани с однотонным шифоновым кантом, нижняя — из шифоновой ткани. Рукава прямой формы с воланами. Низ воланов окантован шифоном.

Модель № 4 — юбка прямой формы из основной ткани с задней застежкой на «молнию» и разрезом. Талия на жестком поясе.

Модель № 5 — топ из шифоновой ткани с округлой горловиной и боковыми разрезами.

Подготовка деталей жакета

Модель № 3 выполняется на конструктивной основе № 3. Переснимите на кальку детали основы и внесите изменения в соответствии с моделью.

Спинка (рис. 188):

1. Выполните приталивание вдоль средней линии спинки. От точки 2 вправо отложите 1,5 см. Полученную точку соедините с точками 1 и 3 прямыми линиями, слегка закруглите образовавшиеся углы.

2. Выполните боковое приталивание. Внесите боковую вытачку раствором 2,5 см. С учетом этого оформите новую боковую линию детали.

3. Оформите росток. От точки 13 вдоль плечевого среза отложите 2 см. Полученную точку и точку 1 соедините округлой линией.

4. Постройте обтачку ростка. Спинку вокруг ростка обведите на ширине 3 см. Полученную деталь переснимите на кальку как самостоятельный элемент.

Рис. 188. Оформление спинки

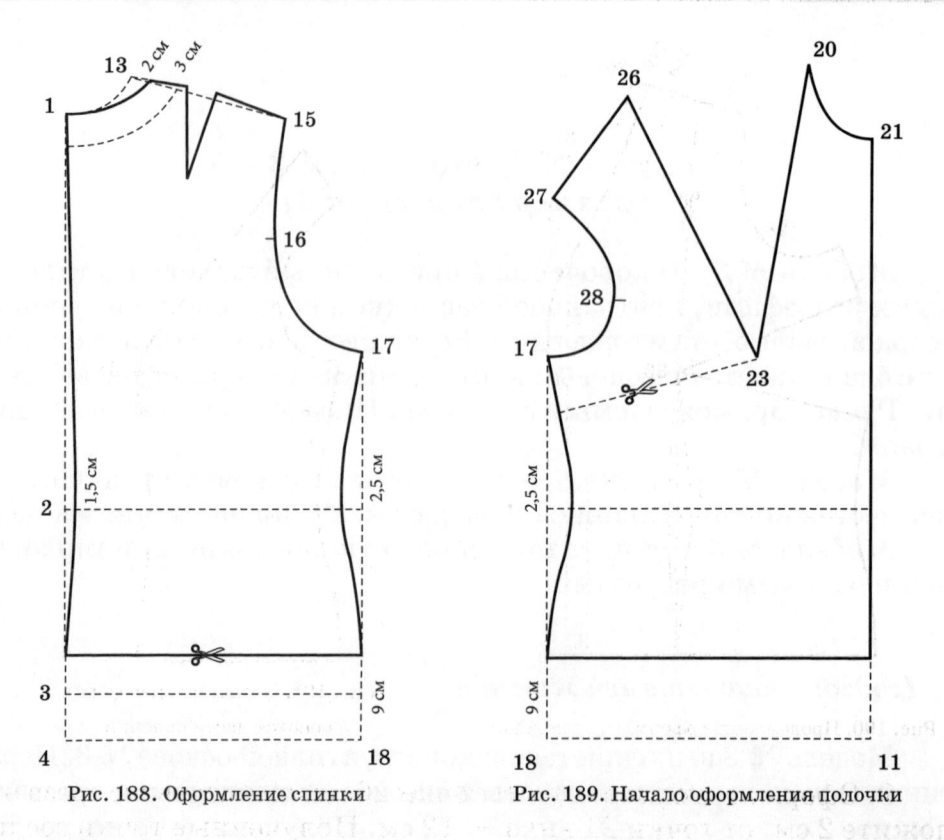

Рис. 189. Начало оформления полочки

5. Постройте линию низа. От точки 18 вверх отложите 9 см. Через полученную точку проведите горизонталь, спинку по ней разрежьте.

Полочка (рис. 189—191):

6. Выполните боковое приталивание. Внесите боковую вытачку раствором 2,5 см. С учетом этого оформите новую боковую линию полочки (рис. 189—190).

7. Нагрудную вытачку временно перенесите в нейтральную зону, например в боковую линию.

8. Постройте линию низа. От точки 18 вверх отложите 9 см, через полученную точку проведите горизонталь, полочку по ней разрежьте.

Модели костюмов 279

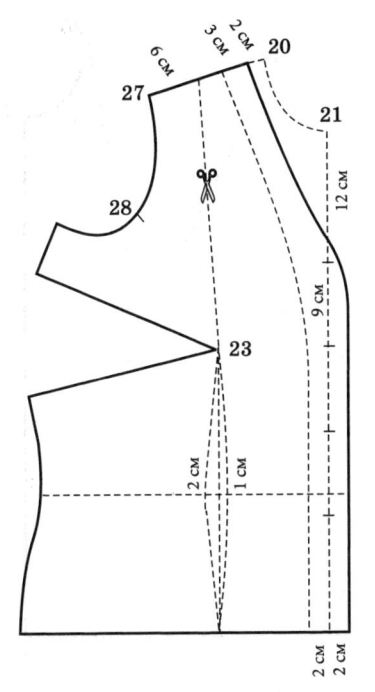

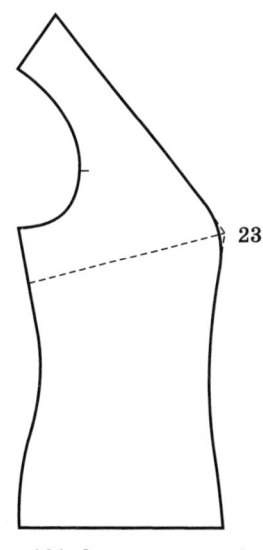

Рис. 190. Продолжение оформления полочки

Рис. 191. Окончательная форма боковой части полочки

9. Оформите горловину. От точки 20 вдоль плечевого среза отложите 2 см, от точки 21 вниз — 12 см. Полученные точки соедините слегка вогнутой линией.

10. Постройте линию борта. Полочку от средней линии расширьте на 2 см и достройте срез горловины и низ так, как показано на рис. 190. Верхний угол закруглите.

11. Разметьте петли. Расположите их вдоль средней линии полочки. Первую нанесите на 2,5 см ниже горловины, следующие — через каждые 9 см. Всего должно быть 4 петли. Передний край петель заведите на 0,5 см за среднюю линию в сторону края борта. Длина петли равна диаметру пуговицы плюс 0,2 см.

12. Постройте подборт. Его ширина по плечевому срезу равна 3 см, по линии низа — 4 см. Отложите предложенные значения на чертеже и постройте внутреннюю линию, повторяя характер линии борта. Полученную деталь переснимите на кальку как самостоятельный элемент.

13. Постройте линию рельефа. От точки 27 вдоль плечевого среза отложите 6 см. Полученную точку и точку 23 соедините прямой линией, далее — вертикально вниз до пересечения с линией низа.

14. Выполните приталивание в линии рельефа. Внесите талевую вытачку раствором 1 см к центральной части и 2 см — к боковой. С учетом этого оформите линии рельефа каждой части. Полочку по построенной линии разрежьте.

15. Окончательно оформите боковую деталь, совместив стороны вытачки и слегка закруглив линию рельефа в точке 23 (рис. 191).

Рукав (рис. 192—193):

16. Постройте линию притачивания волана. Для этого деталь основы укоротите на 12 см и выполните заужение с каждой стороны на 2,5 см.

17. Выполните построение волана (рис. 193). Для этого проведите две полуокружности:

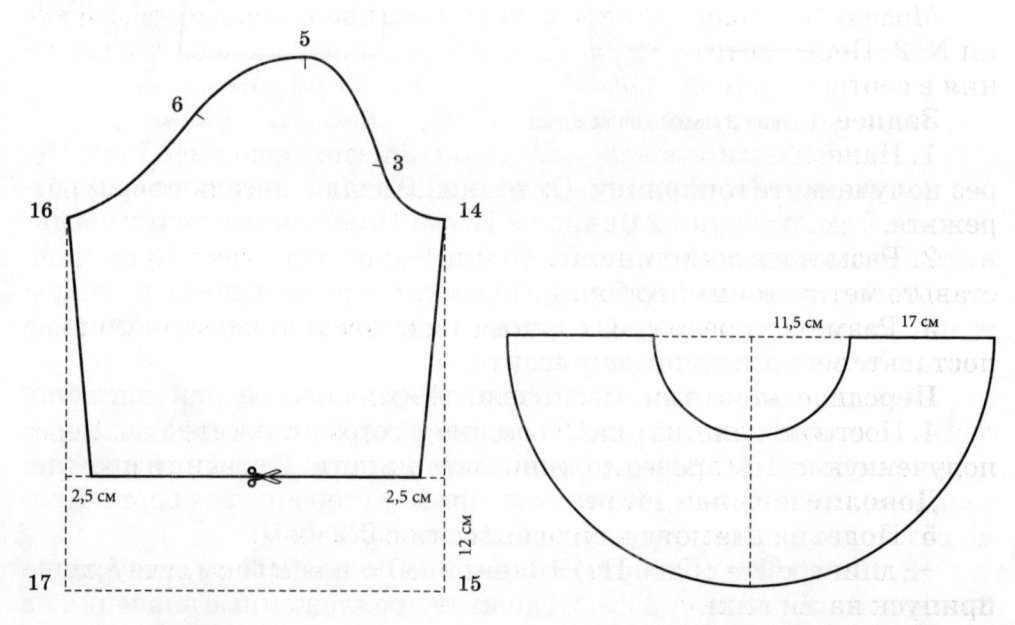

Рис. 192. Оформление рукава

Рис. 193. Построение волана рукава

$R_1 = 0{,}32$ · длину линии притачивания волана $= 0{,}32 \cdot 36 = 11{,}5$ см;
$R_2 = R_1 +$ ширина верхнего волана $= 11{,}5 + 17 = 28{,}5$ см.

18. Подготовьте полоску канта для рукава размером 3×90 см.

Дополнительные детали:

18. Подготовьте верхнюю оборку в виде полоски размером:
— длина $= 1{,}5$ · (длине ростка + длина горловины + длина борта) $= 1{,}5 \cdot 74 = 111$ см;
— ширина $= 3$ см.

Внимание! Расчет выполнен на половину объема изделия и без припусков на швы. Общая длина оборки 2,22 м (составляется из нескольких частей).

19. Подготовьте нижнюю оборку размером 7×222 см.
20. Подготовьте полоску канта размером 3×222 см.

Подготовка деталей юбки

Модель № 4 выполняется на конструктивной основе прямой юбки № 2. Переснимите на кальку детали основы и внесите изменения в соответствии с моделью.

Заднее полотнище юбки (рис. 194):

1. Нанесите линию низа. От точки 3 вверх отложите 5 см. Через полученную точку проведите горизонталь, деталь по ней разрежьте.

2. Разметьте застежку. От точки 1 вниз отложите 18 см и поставьте метку конца застежки.

3. Разметьте разрез. От линии низа вверх отложите 20 см и поставьте метку конца разреза.

Переднее полотнище юбки (рис. 195):

4. Постройте линию низа. От точки 6 вверх отложите 5 см. Через полученную точку проведите горизонталь, деталь по ней разрежьте.

Дополнительные детали:

5. Подготовьте пояс в виде полоски размером:
— длина $= 2 \cdot (\text{Ст} + \text{Пт}) + 3 = 2 \cdot 50 + 3 = 103$ см, где 3 см — припуск на застежку;
— ширина $= 2$ · ширину пояса в готовом виде $= 2 \cdot 4 = 8$ см.

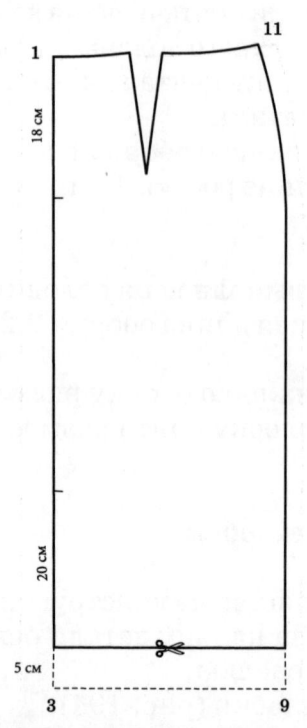

Рис. 194. Оформление заднего полотнища юбки

Подготовка деталей топа

Модель № 5 выполняется на конструктивной основе № 3. Переснимите на кальку детали основы спинки и полочки и внесите изменения в соответствии с моделью.

Спинка (рис. 196):

1. Оформите росток. От точки 13 вдоль плечевого среза отложите 4 см, от точки 1 вниз — 2 см. Полученные точки соедините лекальной линией.

2. Постройте обтачку ростка. Спинку вокруг ростка обведите на ширине 3 см. Полученную деталь переснимите на кальку как самостоятельный элемент.

Рис. 195. Оформление переднего полотнища юбки

3. Оформите пройму. Ширину детали вдоль проймы равномерно уменьшите на 1,5 см.

4. Постройте обтачку проймы. Спинку вокруг проймы обведите на ширине 3 см. Полученную деталь переснимите на кальку как самостоятельный элемент.

Полочка (рис. 197—198):

5. Нагрудную вытачку перенесите в боковую линию, расположив ее на расстоянии 6 см от точки 17. Длину новой вытачки уменьшите на 2,5 см (рис. 197—198).

6. Оформите горловину. От точки 20 вдоль плечевого среза отложите 4 см, от точки 21 внлз — 14 см. Полученные точки соедините округлой линией.

284 Модели костюмов

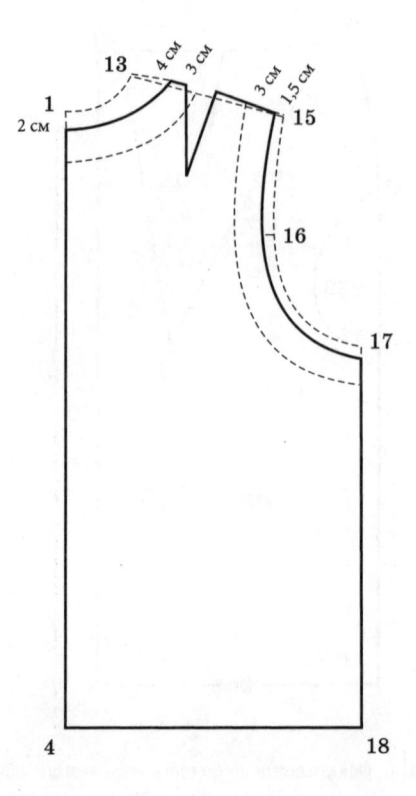

Рис. 196. Оформление спинки

7. Постройте обтачку горловины. Полочку вокруг горловины обведите на ширине 3 см. Полученную деталь переснимите на кальку как самостоятельный элемент.

8. Оформите пройму. Ширину детали вдоль нее равномерно уменьшите на 1,5 см.

9. Постройте обтачку проймы. Полочку вокруг проймы обведите на ширине 3 см. Полученную деталь переснимите на кальку как самостоятельный элемент.

10. Разметьте разрез. От точки 18 вверх отложите 7 см и поставьте метку конца разреза.

Модели костюмов   285

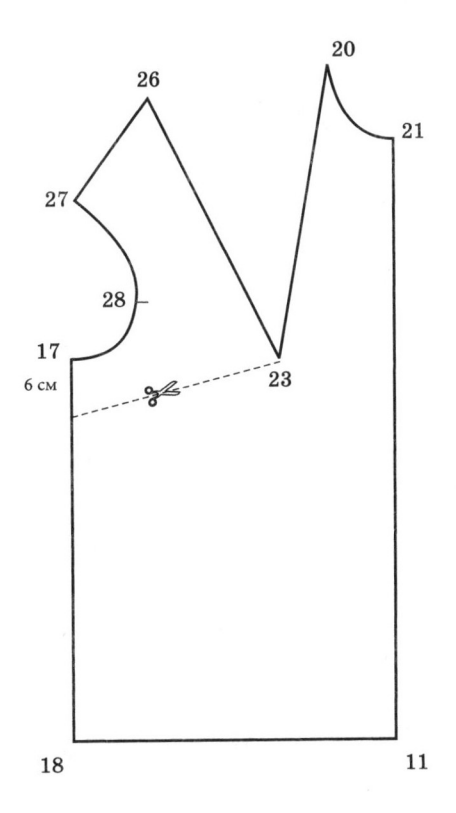

Рис. 197. Перенос вытачки

Детали кроя из основной ткани:

1 — спинка, 2 детали;
2 — центральная часть полочки, 2 детали;
3 — боковая часть полочки, 2 детали;
4 — рукав, 2 детали;
5 — волан, 2 детали;
6 — оборка, 2 детали;
7 — подборт, 2 детали;

Модели костюмов

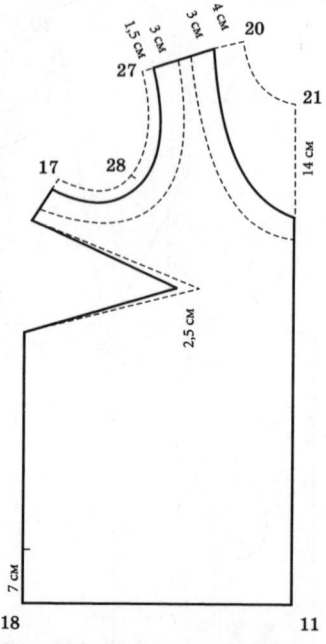

Рис. 198. Оформление полочки

8 — обтачка ростка, 1 деталь со сгибом;
9 — переднее полотнище юбки, 1 деталь со сгибом;
10 — заднее полотнище юбки, 2 детали;
11 — пояс, 1 деталь со сгибом.
Расход основной ткани: 2,10 м при ширине 1,50 м.

Детали кроя из шифона:

1 — полочка топа, 1 деталь со сгибом;
2 — спинка топа, 1 деталь со сгибом;
3 — обтачка ростка, 1 деталь со сгибом;
4 — обтачка горловины, 2 детали;
5 — обтачка проймы спинки, 2 детали;
6 — обтачка проймы полочки, 2 детали;

Модели костюмов 287

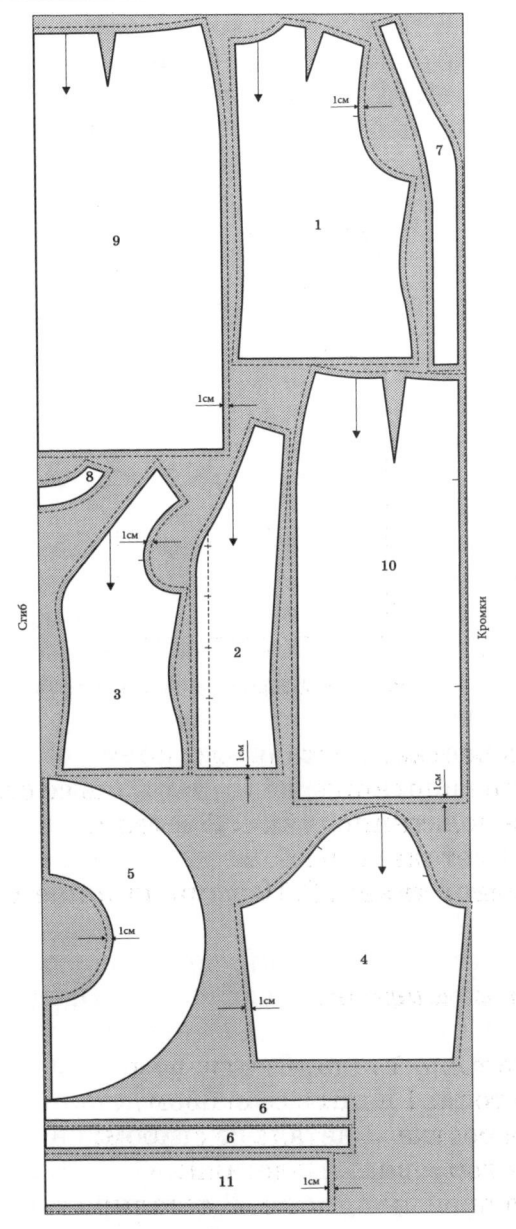

Рис. 199. Раскладка лекал на основной ткани

7 — оборка жакета, 2 детали со сгибом.

Расход шифона: 1,10 м при ширине 1,10 м.

Также вам потребуется: клеевая прокладка для подбортов и обтачек, 4 больших отделочных пуговицы, 1 пуговица для юбки, 1,05 м клеевой корсажной ленты шириной 4 см, «молния» длиной 18 см, подплечники.

Последовательность пошива жакета

1. Части спинки сложите лицевыми сторонами внутрь, сметайте вдоль средней линии, стачайте. Временные стежки удалите, срезы обметайте и разутюжьте.

2. Стачайте стороны плечевых вытачек, каждую заутюжьте к центру детали.

3. Центральные и боковые части полочки сложите лицом к лицу, стачайте вдоль рельефов. Припуски заутюжьте к центру целой детали и отстрочите на расстоянии 0,1 см от предыдущего шва.

4. Спинку и полочки сложите лицевыми сторонами внутрь, сметайте плечевые срезы, стачайте. Открытые срезы обметайте, удалите временные стежки, швы разутюжьте.

5. Части верхней оборки стачайте, срезы обметайте, шов разутюжьте. Один продольный срез окантуйте полоской из шифона, вдоль второго проложите двойную строчку с ослабленной верхней нитью, сводя ее на нет к концам. Оборку присоберите до длины 1,48 м, сборку распределите равномерно. Подготовленную оборку лицом к лицу приметайте к изделию.

6. Части оборки из шифона стачайте, шов разутюжьте. Полоску сложите вдоль пополам изнанкой внутрь. Вдоль открытых срезов проложите двойную строчку с ослабленной верхней нитью, сводя ее на нет к концам. Оборку присоберите до длины 1,48 м, сборку распределите равномерно. Подготовленную деталь уложите лицом на изнаночную сторону верхней оборки, приметайте.

7. Продублируйте подборта и обтачку ростка, соедините их по плечевым срезам, швы разутюжьте, отлетной срез обметайте. Подготовленную деталь сложите лицом к лицу с изделием, приметай-

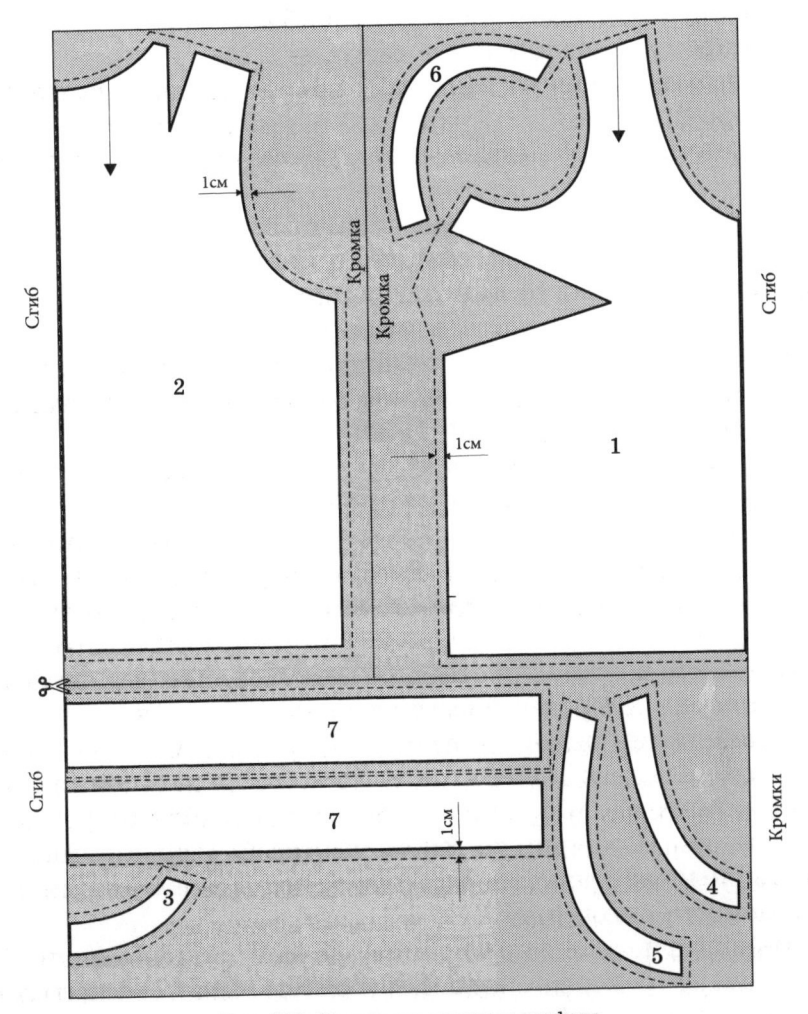

Рис. 200. Раскладка лекал на шифоне

те, притачайте. Припуски шва на закруглениях рассеките, подборта выверните, выправьте.

8. Спинку и полочки сложите лицом к лицу, сметайте боковые срезы, стачайте. Временные стежки удалите, срезы обметайте, швы разутюжьте.

9. Нижний срез блузы обметайте, припуск отверните на изнаночную сторону и настрочите.

10. Борта и горловину выметайте. Проложите по контуру отделочную строчку.

11. Выполните рукавные швы, срезы обметайте, швы разутюжьте.

12. Окантуйте нижние срезы воланов шифоновыми полосками, соедините рукавные срезы, обметайте, разутюжьте.

13. Воланы сложите лицом к лицу с рукавами, приметайте, притачайте. Срезы обметайте, заутюжьте в стороны рукавов и перестрочите на расстоянии 0,1 см от предыдущих швов.

14. Вметайте и втачайте рукава в проймы, срезы обметайте.

15. Выполните петли, пришейте пуговицы.

16. Пришейте подплечники.

17. Изделие окончательно отутюжьте.

Последовательность пошива юбки

1. Сметайте и стачайте стороны талевых вытачек переднего и заднего полотнищ, временные стежки удалите, каждую заутюжьте к средней линии целой детали.

2. Части заднего полотнища сложите лицевыми сторонами внутрь, сметайте вдоль средней линии, стачайте от метки застежки до метки разреза. Временные стежки на отрезке строчки удалите, срезы обметайте и разутюжьте. Удалите остатки временных стежков.

3. Втачайте «молнию».

4. Переднее и заднее полотнища сложите лицевыми сторонами внутрь, стачайте боковые срезы. Швы разутюжьте, срезы обметайте.

5. Верхний срез юбки обработайте жестким поясом, по контуру проложите отделочную строчку.

6. Нижний срез юбки обметайте, припуск отверните на изнаночную сторону и настрочите.

7. Вдоль заднего разреза проложите отделочную строчку на расстоянии 0,5 см от края.

8. Выполните петлю, пришейте пуговицу.

9. Изделие окончательно отутюжьте.

Последовательность пошива топа

1. Стачайте стороны плечевых вытачек, каждую заутюжьте к центру детали.
2. Стачайте стороны нагрудных вытачек, каждую заутюжьте вверх.
3. Спинку и полочку сложите лицевыми сторонами внутрь, сметайте плечевые срезы, стачайте. Открытые срезы обметайте, удалите временные стежки, швы заутюжьте в сторону полочки.
4. Продублируйте обтачки ростка и горловины, соедините их по плечевым срезам и вдоль средней линии полочки, швы разутюжьте, отлетной край обметайте. Подготовленную деталь сложите лицом к лицу с изделием, приметайте, притачайте. Припуски шва на закруглениях рассеките, обтачку выверните, выметайте с образованием канта из основных деталей. Вдоль горловины проложите двойную отделочную строчку на расстоянии 0,1 см и 3 см от края. Временные стежки удалите.
5. Продублируйте обтачки проймы спинки и полочки, соедините их между собой по плечевым срезам, обметайте, разутюжьте, отлетной край обметайте. Подготовленные детали сложите лицом к лицу с изделием, приметайте, притачайте. Припуски шва на закруглениях рассеките, обтачки выверните, выметайте с образованием канта из основных деталей. Вдоль пройм проложите двойную отделочную строчку на расстоянии 0,1 см и 3 см от края. Временные стежки удалите.
6. Спинку и полочку сложите лицом к лицу, сметайте боковые срезы, стачайте до меток разрезов. Временные стежки удалите, срезы обметайте, швы разутюжьте.
7. Нижние срезы спинки и полочки подверните двойной подгибкой.
8. Отстрочите боковые разрезы на расстоянии 0,5 см от края.
9. Изделие окончательно отутюжьте.

Костюм № 3. Модели № 6—7
(размер 58, рост 164)

Модель № 6 — свободный блузон спортивного стиля с V-образной горловиной, центральной застежкой на пуговицы, боковыми разрезами, нагрудным карманом и завязывающимся поясом. Рукава длинные, прямой формы.

Модель № 7 — юбка прямой формы с рельефами, боковыми разрезами и боковой застежкой на «молнию». Талия на жестком поясе.

Подготовка деталей жакета

Модель № 6 выполняется на конструктивной основе № 3. Переснимите на кальку детали основы и внесите изменения в соответствии с моделью.

Спинка (рис. 201):

1. Оформите росток. От точки 13 вдоль плечевого среза отложите 2 см, от точки 1 вниз — 0,5 см. Полученные точки соедините лекальной линией.

2. Постройте обтачку ростка. Спинку вокруг ростка обведите на ширине 3 см. Полученную деталь переснимите на кальку как самостоятельный элемент.

Полочка (рис. 202—203):

3. Нагрудную вытачку перенесите в боковую линию, расположив ее на расстоянии 6 см от точки 17. Длину новой вытачки уменьшите на 2,5 см.

4. Оформите горловину. От точки 20 вдоль плечевого среза отложите 2 см, от точки 21 вниз — 12 см. Полученные точки соедините слегка вогнутой линией.

5. Постройте линию борта. Полочку от средней линии расширьте на 2 см и достройте срез горловины и низ так, как показано на рис. 133.

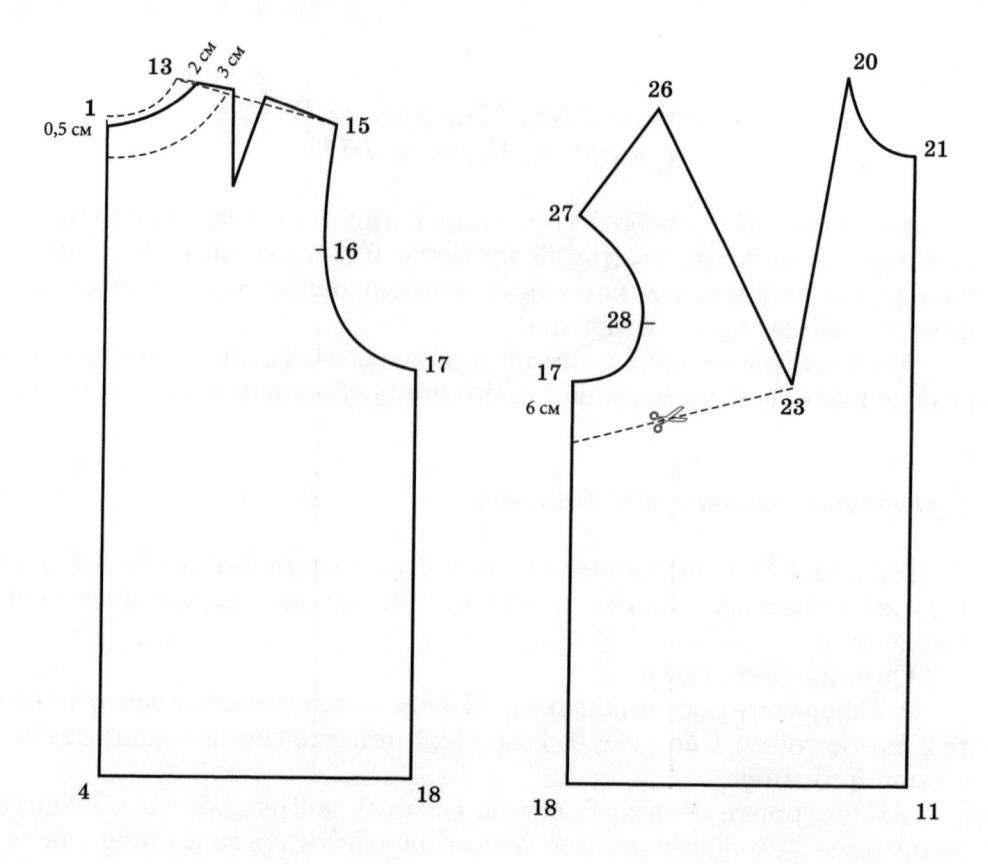

Рис. 201. Оформление спинки

Рис. 202. Перенос вытачки

6. Разметьте петли. Расположите их вдоль средней линии полочки. Первую нанесите на уровне верхнего угла борта, следующие — через каждые 8 см. Всего должно быть 5 петель. Передний край петель заведите на 0,5 см за среднюю линию в сторону края борта. Длина петли равна диаметру пуговицы плюс 0,2 см.

7. Постройте подборт. Ширина детали по плечевому срезу равна 3 см, по линии низа — 6 см. Отложите значения на чертеже и оформите внутреннюю линию, повторяя характер контура борта. Полученную деталь перенимите на кальку как самостоятельный элемент.

Модели костюмов 295

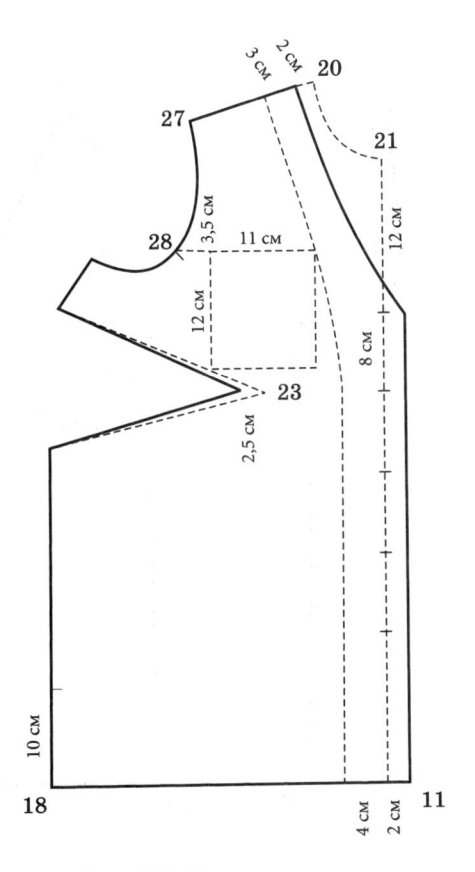

Рис. 203. Оформление полочки

8. Разметьте разрез. От точки 18 вверх отложите 10 см и поставьте метку конца разреза.

9. Нанесите карман. Расположите его на уровне точки 28 и на расстоянии 3,5 см от нее. Размеры кармана 11 × 12 см.

Рукав (рис. 204):

10. Постройте линию низа рукава. Для этого деталь основы удлините на 4 см и выполните заужение с каждой стороны на 2 см.

Дополнительные детали:

11. Подготовьте пояс в виде полоски размером 6 × 150 см.

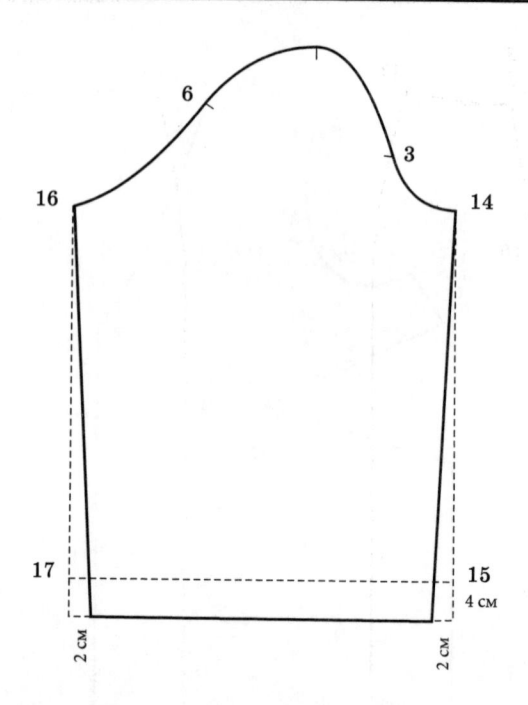

Рис. 204. Оформление рукава

Подготовка деталей юбки

Модель № 7 выполняется на конструктивной основе прямой юбки № 2. Переснимите на кальку детали основы и внесите изменения в соответствии с моделью.

Заднее полотнище юбки (рис. 205):

1. Постройте линию низа. От точки 3 вверх отложите 15 см. Через полученную точку проведите горизонталь, деталь по ней разрежьте.

2. Оформите вытачку для рельефа. Заднюю вытачку раствором 4,2 см распределите следующим образом: к центральной части — 1,4 см, к боковой — 2,8 см. Отложите эти значения от точки 14 вправо и влево.

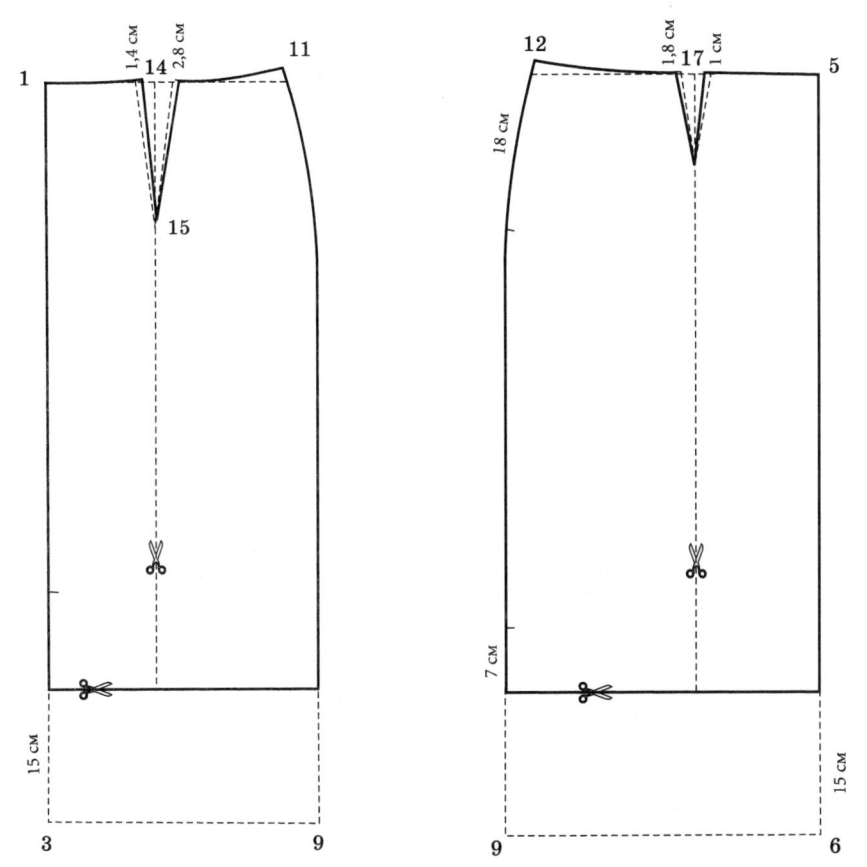

Рис. 205. Оформление заднего полотнища юбки Рис. 206. Оформление переднего полотнища юбки

3. Постройте линию рельефа. Через точку 15 проведите вертикаль до пересечения с линией низа. В линию рельефа внесите оформленную ранее вытачку, слегка закругляя образовавшиеся углы в точке 15. Заднее полотнище вдоль построенных линий разрежьте, образуя боковую и центральную части.

Переднее полотнище юбки (рис. 206):

4. Постройте линию низа. От точки 6 вверх отложите 15 см. Через полученную точку проведите горизонталь, деталь по ней разрежьте.

5. Оформите вытачку для рельефа. Переднюю вытачку раствором 2,8 см распределите следующим образом: к центральной части — 1 см, к боковой — 1,8 см. Отложите эти значения от точки 17 вправо и влево.

6. Постройте линию рельефа. Через точку 18 проведите вертикаль до пересечения с линией низа. В линию рельефа внесите оформленную ранее вытачку, слегка закругляя образовавшиеся углы в точке 18. Переднее полотнище вдоль построенных линий разрежьте, образуя боковую и центральную части.

7. Разметьте застежку. От точки 12 вдоль боковой линии отложите 18 см и поставьте метку конца застежки.

8. Разметьте разрез. От линии низа вдоль боковой линии вверх отложите 7 см и поставьте метку конца разреза.

Дополнительные детали:

9. Подготовьте пояс в виде полоски размером:
— длина = 2 · (Ст + Пт) + 3 = 2 · 50 + 3 = 103 см, где 3 см — припуск на застежку;
— ширина = 2 · ширину пояса в готовом виде = 2 · 4 = 8 см.

Детали кроя:

1 — спинка, 1 деталь со сгибом;
2 — полочка, 2 детали;
3 — рукав, 2 детали;
4 — обтачка ростка, 1 деталь со сгибом;
5 — подборт, 2 детали;
6 — карман, 1 деталь;
7 — завязывающийся пояс, 1 деталь со сгибом;
8 — центральная часть переднего полотнища юбки, 1 деталь со сгибом;
9 — боковая часть переднего полотнища юбки, 2 детали;
10 — центральная часть заднего полотнища юбки, 1 деталь со сгибом;
11 — боковая часть заднего полотнища юбки, 2 детали;
12 — пояс юбки, 2 детали.

Модели костюмов 299

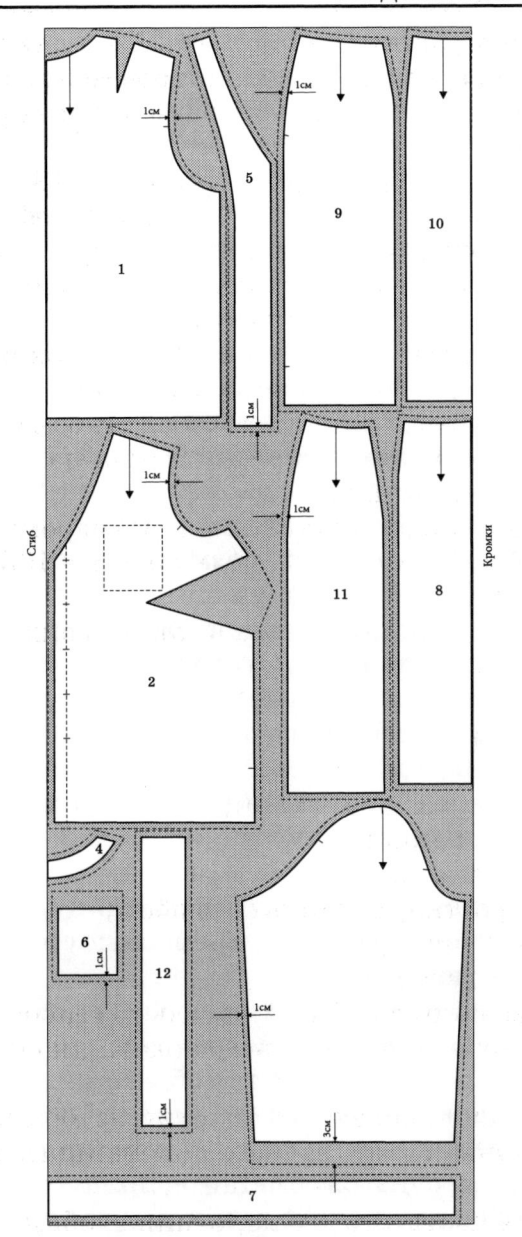

Рис. 207. Раскладка лекал на ткани

Расход ткани: 2,10 м при ширине 1,50 м.

Также вам потребуется: клеевая прокладка для обтачки и подбортов, 5 отделочных пуговиц, 1 пуговица для юбки, 1,05 м клеевой корсажной ленты шириной 4 см, «молния» длиной 18 см, подплечники.

Последовательность пошива жакета

1. Сметайте и стачайте стороны плечевых вытачек, временные стежки удалите, каждую заутюжьте к центру детали.

2. Сметайте и стачайте стороны нагрудных вытачек, временные стежки удалите, каждую заутюжьте вверх.

3. Верхний срез кармана обметайте, припуск отверните на изнаночную сторону и настрочите двойной строчкой: на расстоянии 0,1 см и 3 см от сгиба. Заутюжьте на изнаночную сторону остальные открытые срезы. Карман по разметке приметайте к полочке, притачайте. Временные стежки удалите, приутюжьте.

4. Спинку и полочки сложите лицевыми сторонами внутрь, сметайте плечевые срезы, стачайте. Открытые срезы обметайте, удалите временные стежки, швы заутюжьте в сторону полочек.

5. Продублируйте подборта и обтачку ростка, соедините их по плечевым срезам, швы разутюжьте, отлетной край обметайте. Подготовленную деталь сложите лицом к лицу с изделием, приметайте, притачайте. Припуски шва на закруглениях рассеките, подборта выверните, выправьте.

6. Спинку и полочки сложите лицом к лицу, сметайте боковые срезы, стачайте до меток разрезов. Временные стежки удалите, срезы обметайте, разутюжьте.

7. Нижние срезы спинки и полочек обметайте, припуски отверните на изнаночную сторону и настрочите.

8. Горловину и борта выметайте с образованием канта из основных деталей. Проложите отделочные строчки на расстоянии 0,1 см и 6 см от края. Временные стежки удалите, приутюжьте.

9. Нижние срезы рукавов обметайте, припуски отверните на изнаночную сторону и настрочите двойной строчкой: на расстоянии 0,1 см и 3 см от края.

10. Выполните рукавные швы, срезы обметайте, швы разутюжьте.

11. Вметайте и втачайте рукава в проймы, срезы обметайте.

12. Выполните петли, пришейте пуговицы.

13. Пришейте подплечники.

14. Пояс сложите вдоль пополам изнанкой вверх, обтачайте по контуру, оставляя небольшой отрезок для выворачивания. Углы высеките, пояс выверните, выметайте и проложите отделочную строчку на расстоянии 0,1 см от края.

15. Изделие окончательно отутюжьте.

Последовательность пошива юбки

1. Центральную и боковые части заднего полотнища сложите лицом к лицу, сметайте вдоль рельефов, стачайте. Временные стежки удалите, срезы обметайте, заутюжьте к центру детали и проложите двойную отделочную строчку.

2. Центральную и боковые части переднего полотнища сложите лицом к лицу, сметайте вдоль рельефов, стачайте. Временные стежки удалите, срезы обметайте, заутюжьте к центру детали и проложите двойную отделочную строчку.

3. Переднее и заднее полотнища сложите лицевыми сторонами внутрь, стачайте боковые срезы (левый — от метки застежки до метки разреза, правый — до метки разреза). Швы разутюжьте, срезы обметайте.

4. Втачайте «молнию».

5. Верхний срез юбки обработайте жестким поясом, предварительно соединив его части между собой. По контуру проложите двойную отделочную строчку.

6. Нижний срез юбки обметайте, припуск отверните на изнаночную сторону и настрочите.

7. Отстрочите боковые разрезы на расстоянии 0,5 см от края.

8. Выполните петлю, пришейте пуговицу.

9. Изделие окончательно отутюжьте.

Содержание

Введение 3

Двенадцать этапов для получения хорошего результата
при пошиве любого изделия 4

Поясные изделия. Юбки
    Прямые юбки 29
    Клиньевые юбки 35

Плечевые изделия. Блузы, платья, сарафаны
    Построение чертежа-основы плечевого изделия 39
    Построение чертежа-основы втачного рукава 51

Моделирование 59
    Оформление силуэтной формы плечевого изделия 60
    Перенос нагрудной вытачки 70
    Оформление рельефов 77

Особенности построения изделий
для нетиповых фигур
    Расчет и построение прямой формы юбки
    с помощью дополнительных мерок 96
    Оформление сторон талевых вытачек 100
    Расчет и построение деталей плечевого изделия
    с помощью дополнительных мерок 101

Модели юбок
    Конструктивная основа прямой юбки № 1
    (для моделей № 1—5) 107
        Модель № 1 111
        Модель № 2 117
        Модель № 3 123

Содержание

    Модель № 4 129
    Модель № 5 137
  Конструктивная основа клиньевой юбки № 2
  (для моделей № 6—7) 142
    Модель № 6 145
    Модель № 7 151
  Конструктивная основа клиньевой юбки № 3
  (для моделей № 8—10) 155
    Модель № 8 158
    Модель № 9 163
    Модель № 10 168

Модели блуз
  Конструктивная основа № 1 (для моделей № 1—5) 172
    Модель № 1 178
    Модель № 2 185
    Модель № 3 191
    Модель № 4 199
    Модель № 5 207
  Конструктивная основа № 2 (для моделей № 6—10) ... 213
    Модель № 6 219
    Модель № 7 227
    Модель № 8 235
    Модель № 9 243
    Модель № 10 251

Модели костюмов
  Конструктивная основа плечевого изделия № 3
  (для моделей № 1, 3, 5, 6) 257
  Конструктивная основа прямой юбки № 2
  (для моделей № 2, 4, 7) 262
    Костюм № 1 266
    Костюм № 2 277
    Костюм № 3 293

Издание для досуга

РУКОДЕЛИЕ. ДОМАШНЕЕ АТЕЛЬЕ

Долгопольская Людмила Владимировна
ОДЕЖДА ДЛЯ ВЫДАЮЩИХСЯ ЖЕНЩИН

Ответственный редактор *Л. Панкова*
Редактор *Ю. Голоперова*
Художественный редактор *Е. Гузнякова*
Верстка *И. Шиповалов*
Корректоры *С. Хиль, Ю. Кулик*

«Издательство СКИФ»™
83050, Украина, г. Донецк, ул. Университетская, 59.
Тел. + 38 (062) 347-76-48, + 38 (050) 474-51-17.
E-mail: skifpres@dn.farlep.net

ООО «Издательство «Эксмо»
127299, Москва, ул. Клары Цеткин, д. 18/5. Тел. 411-68-86, 956-39-21.
Home page: www.eksmo.ru E-mail: info@eksmo.ru

Оптовая торговля книгами «Эксмо»:
ООО «ТД «Эксмо». 142702, Московская обл., Ленинский р-н, г. Видное,
Белокаменное ш., д. 1, многоканальный тел. 411-50-74.
E-mail: reception@eksmo-sale.ru

По вопросам приобретения книг «Эксмо» зарубежными оптовыми
покупателями обращаться в отдел зарубежных продаж ТД «Эксмо»
E-mail: international@eksmo-sale.ru

International Sales: International wholesale customers should contact
Foreign Sales Department of Trading House «Eksmo» for their orders.
international@eksmo-sale.ru

По вопросам заказа книг корпоративным клиентам, в том числе в специальном
оформлении, обращаться по тел. 411-68-59, доб. 2115, 2117, 2118.
E-mail: vipzakaz@eksmo.ru

Подписано в печать 28.12.2010. Формат 70x90 $^1/_{16}$.
Печать офсетная. Усл. печ. л. 22,17.
Тираж 5000 экз. Заказ № 338
Отпечатано с готовых файлов заказчика в ОАО «ИПК
«Ульяновский Дом печати». 432980, г. Ульяновск, ул. Гончарова, 14

ISBN 978-5-699-47943-6